まえがき

――この「規範国語読本」をつくった目的と趣旨――

今日《こんにち》、若い世代における国語学力の低下という事実は、教育関係者のみならず一般識者《しきしゃ》の憂《うれ》いとなりつつあります。欧米《おうべい》諸国の義務教育中に消化される国語教材と、わが国現行のものとの間にある、甚《はなは》だしい質量的なへだたりについても、すでに指摘《してき》されています。しかもこの事実に対応する教材の供給という点に、全然手がつけられていない状態であります。

もともと、国の義務教育を終了した者は、祖先のすぐれた文化遺産である古典を読むことができるという自信と、その意味での、古典に対する心やすさとを持つべきであります。その自信と心やすさを与えることに、国語教育の一つの大きい目標があると考えられます。そのこと自体、国民として円満な教養をもつ根底であり、国民としての正しい教養を持つことなくしては、人類の文明に寄与するすべがありません。

こうした点から見ますと、現在行なわれている国語教科書は、構成にも内容にも甚だしく不備なものが多く、さらに一般出版界の現状は、商業主義の弊害《へいがい》の極《きわ》まった状態であります。若い人々の読書の傾向や、その選択のみを批判することは、酷《こく》と申さねばなりません。新学社は、ここに思いをいたし、国語教育の本質上で、なさねばならぬ目的を考え、その目的に適《かな》う教材として、佐藤春夫先生の監修のもとに、多くの有識者の協力を得て、この「規範国語読本」をつくりました。

「規範国語読本」の内容は、わが国が近代国家として世界に登場した時代の文章の精《せい》粋《すい》をあつめ、その時代の精神と意志と態度を学ぼうとするものであります。この時代のわが国の躍進は、世界史上の一大驚異とされています。しかも、こうした驚異の時代にふさわしく、国語国文の面では、驚くべき多様と変化を示した時代でありました。初期の文語体、美文調の和文体、言文《げんぶん》一致体、口語文、翻訳《ほんやく》調をへた近代論文など、これに詩歌その他の新様式を加えますと、封建の六百年間になかった多くの変化と多様性がこの短期間に見られます。

これらを、国語国文の学習として一通りわきまえることは、若き国民として、近い祖先の偉業をつぐものの当然の義務であり、教養ある日本人としての資格をもつことであります。このことは一見容易ならぬことのようでありますが、事実は決して難事ではありません。もっともすぐれた人々の考え方や文章は、万人に共感され、老幼男女に共通する真理だからであります。真理は簡明《かんめい》であり、正しい生活をしている人には容易に理解できるのです。

「規範国語読本」の内容は、これらの点に留意しつつ、近代日本をつくった本質的な第一流の人々の、すでに古典的な権威を認められた著作のみを集めました。こうした教材の選択のしかたは、国語読本としての当然のゆきかたであります。

教育の目的は自主独立の国民をつくるにあり、つめ込み主義を排するというのも、このためであります。しかし自主的な学力を身につけるためには、そのような教材を選ばねばなりません。この「規範国語読本」では、その点にとくに留意し、文章の生命にふれる読み方の啓発《けいはつ》に心をつかい、問題のたて方と探究の方法において、自主的に問題をつくり答えを出すという学修の進め方を強調しました。これは一般の読本とか教科書というものに例を見ぬことであります。現行の多くの教科書の内容と構成、指示された扱い方は、依然《いぜん》としてつめ込み主義の面を脱せず、読書力を養い、国語の学力を増大し、自学自修の独立精神と情操《じょうそう》の育成に不十分なものが感じられます。その点に関連して「規範国語読本」の大きい特徴の一つは、国語の本質を解明することによって、日本人のものの考え方と心ばえを明らかにし、すすんで国語愛を喚起《かんき》するところにあります。

この「規範国語読本」の目的の一つは、以上のごとく今日の国語教育の欠を補うにありますが、その内容は最高の文学文章を集め、種々の研修会の教材として活用されることも十分考慮したのであります。親と子とが、先生と生徒とが、先輩と後輩とが、同じ真剣さで向かうことのできるのが、この「規範国語読本」です。

目次

装画・カット　棟方志功

春の朝

時《とき》は春、
日《ひ》は朝《あした》、
朝は七時《じ》、
片《かた》岡《おか》に露みちて、
揚《あげ》雲雀《ひばり》なのりいで、
蝸牛《かたつむり》枝《えだ》に這《は》ひ、
神、そらに知《し》ろしめす。
すべて世《よ》は事《こと》も無《な》し。

ロバート・ブラウニング
上《うえ》田《だ》敏《びん》訳

大和の春

〔鑑　賞〕

これはまた微細《びさい》なものを簡潔に層々《そうそう》とたたみかけて歌う、変わっためずらしい手法《しゅほう》の最後の二句に、宇宙の大調和を得た、しずかにうららかな春の朝の平和を讃美《さんび》して、さながらに詩中の揚雲雀《あげひばり》の歌を聞くような快い作である。

作者ブラウニングは十九世紀の英詩人で、知性的な詩風を特色として宗教的もしくは哲学的な詩人とされ、長句を歌って有名な作が多いが、こういう短章にもその特色はよくうかがわれる。まことに高雅《こうが》に美しく大きい。

柳村《りゅうそん》先生の訳も平易になだらかで美しく、愛誦《あいしょう》に適するものである。「揚雲雀なのりいで」というのは、ただ雲雀が鳴き出したというだけのことをいう詩語であるが、名の鳥が鳴く音によってその素性《すじょう》を明かすと見立てて、名のり出でとは古人もおもしろいことばを考えておいてくれたものである。揚雲雀などの場合、特に適切なのをここには巧みに使って見せてくれている。それにつけても今ごろの田園がなつかしく思い出される。

（佐《さ》藤《とう》春《はる》夫《お》）

〔解　説〕

この詩は、明治三十八年出版の上田敏博士の訳詩集「海潮音《かいちょうおん》」の中のものです。当時のわが詩壇《しだん》は、藤村《とうそん》、晩翠《ばんすい》、蒲原有明《かんばらありあけ》《ゆうめい》、薄田泣菫《すすきだきゅうきん》などの出現した黄金時代でした。「海潮音」は明治に生まれた新詩のみならず、あらゆる分野の芸術文芸に生新優美な気分を与え、国文におよぼした影響の最も甚大《じんだい》な文学作品の一つです。

上田博士は明治七年東京に生まれ、東京帝国大学卒業、京都帝国大学教授となられ、大正五年四十三歳でなくなられました。柳村は先生の号《ごう》です。

詩の味わい方を学ぶために、佐藤春夫先生のお書きになった鑑賞をかかげました。この文章は今日広く読まれている新聞の一つに連載されたもので、後にそれらを集めて、「初級詩歌入門書」ととなえられ「美の世界」という書名で、昭和三十七年出版されました。

佐藤先生は明治二十五年（一八九二）和歌山県新宮《しんぐう》で生まれ、慶応大学に学ばれました。芸術院の会員で、昭和三十五年文化勲章を受けられました。文学者として当代第一の詩人です。

二 過ぎ去った今

河井寛次郎《かわいかんじろう》

子どもたちは、どこの米かわからないような米ではなく、土地の米から、土地の野菜から、近くの海の魚《さかな》から彼らの身体《からだ》をもらった。（一）土地の声である地方語から心をもらった。なだらかな山と静かな入《い》り海と湖と、それにはさまれたこきざみの田や畑から気質《きしつ》（二）をもらった。

中海《なかうみ》と宍道湖《しんじこ》のみがきのかかった床《とこ》の間《ま》に秀麗《しゅうれい》な大山《だいせん》（三）の大幅《たいふく》（四）のかかった座敷。こんな座敷で、出雲《いずも》の子どもたちは育った。それから複雑な地形はいろいろな食物を育てた。大量にとれるものはなかったが、そうかといって、どんな暮らしにもゆき渡らないものはなかった。だから、石見《いわみ》（五）や伯耆《ほうき》（六）の人たちが日本海からのきびしいしつけ（七）を受けていたのに比べると、たぶんに甘やかされていた。

また、中海と宍道湖とは出雲人《いずもじん》にとっては鏡でもあった。この二つの合《あ》（八）わせ鏡をして松江《まつえ》の町は今に自分の姿をうっとりと見とれている。

「過ぎ去った今」この題の意味は、子どもの日の思い出は、過去のものとして、なくなったものではなく、今の心のたいせつな部分をしめて生きつづけているという意味である。

（一） 身体をつくってもらった、身体をいただいた。ふつうなら、成長したというところを感謝やしたしみをふくめて、このように表現している。

（二） 気質　きだて。気持ち。

（三） 大山　山陰道第一の高峰。山陰から中国山脈すじでは山をセンと呼ぶことがある。

（四） 大幅　大きな掛軸（かけじく）。出雲の国を一つの座敷と見て、中海や宍道湖を床の間（とこのま）と見なし、大山を、その床の間にかけられた大きな絵に見たてている。

子どもたちの町だってそうであった。十神山《とかみやま》に立てかけられた入り込んだ港の水鏡《みずかがみ》を前にして、この千軒《せんげん》の町（九）安来《やすぎ》は身を（一〇）やつしていた。

どこの子どもたちもそうであるように、ここの子どもたちも、（一一）ものごころがつくとみな群《む》れて遊んだ。そして、（一二）同じ焦点《しょうてん》に向かってシャッターを切った。明治三十年前後の町の子どもたちはどういうものを見ていたか、また、どういうものに見られていたか。そのうちのひとりが、六十年もたって現像して見たこれらのものは、その影像の一部である。

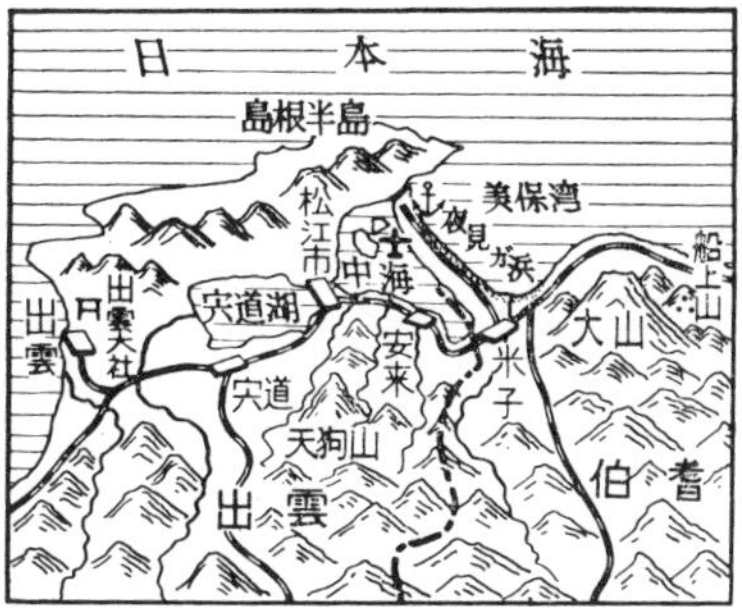

浜《はま》鳴《な》り

三月は終わりに近づいても、寒さはいまだなごりを惜しむのか、そこらにいすわって、なかなか去ろうとはしない。冬はものの陰《かげ》や、すきまや、（一三）隅《すみ》くだに、もうすっかり古びてよれよれになってはいたが、（一四）それでもありたけの力を出して寒々としがみついていた。

丘の南受《みなみう》けの斜面や座敷の縁側などはすでに春に、新しい春に席をゆずっているとは

（五）石見　島根県の南西部。
（六）伯耆　鳥取県の西部。
（七）自然のきびしさをいう。
（八）前の鏡に、後ろから別の鏡を手でかざして、後ろ姿をうつして見ること。
（九）安来　島根県東部の都市。安来節の発祥（はっしょう）地。その安来節に「安来千軒、名のあるところ」とある。
（一〇）身をやつす　姿を美しくかざる。ここは安来の町の擬人法。この文章中には、擬人法をつかった表現がいたるところにある。
（一一）ものごころがつく　ものごとのけじめがわかる年ごろになること。
（一二）子どもたちの心や眼が一様に同じ興味や行動に向けられていたことをいっている。
（一三）隅くだ　隅くた、隅っこのこと。関西地方の方言。
（一四）早春の寒気が擬人法でかかれている。

いうものの、北の中海《なかうみ》から夜見《よみ》ガ浜《はま》へかけて、冬はまだ腰をすえてこちらをにらんでいた。その冬と春とにはさまれて、町は次の季節を待っていた。冬と春とが結んだりほどけたり、いっこうはっきりしないなかにも、この月はしかしいちばん趣《おもむき》があり深さがあった。

町の人たちは（一五）彼岸《ひがん》の声を聞くと、もうどんなに寒さにからだが縛《しば》られていようと、心だけは飛び出して春をつかまえていた。春の山は笑うという。（一六）人はなかなか大きく笑えるものだ。町の人たちは山を借《か》りてさえ笑いたくなっていた。おとなさえそうなのだ。子どもたちはもうじっとしてはいられなかった。（一七）子どものなかにいる未知の者たちは、あらゆる緑を求めて起き上がろうと、子どもたちをかり立てた。

このころになると、夜ごとに浜鳴りが聞こえてくるようになる。浜鳴りというのは、町の向こうの夜見ガ浜に打ち寄せる外海《そとうみ》の波の音が、中海を渡ってこの町に持ってくる春の音信《たより》をそういった。

三月の声を聞くと、ひと夜はひと夜と、この浜鳴りはかすかな暖かさと、明るさを持ってきて、この凍《こご》えた町をもみ和《やわ》らげていった。ドードーと五里の砂浜に寄せる幾億万の波の音が分厚《ぶあつ》くたばねられて、浜から中海へかけて二里の厚さの距離に（一八）篩《ふる》われ、丸められ、暖められてこの町に来るのであった。これは空からだけではなかった。地の底を

（一五）　彼岸　春分、秋分を中日としたその前後の一週間。ここでは春の彼岸。

（一六）　この町の人たちは、春の山は笑うというのである。そういう人々は「山が笑う」という途方もない大きい笑いを知っていたのである。自分らの大きい笑いを、山が笑うという形で表現した。この意味を、人は大きく笑えるものだと、飛躍して、直接的に表現しているのが、ここの文章である。その人々が、自分らの大きい笑いを、山が笑うという形で表現しているのは、山に笑わせる、山といっしょに笑っていることでもある。この文章は思想内容のふかい詩的表現である。中国の古い本に「春山淡冶而如笑」という句がある。

（一七）　子どもの心がいつも生き生きと活動し働いているさまを、このようにあらわした。

（一八）　篩われ、丸められ　浜鳴りの音を詩的に表現している。

くぐっても来た。
[一九]この音はやがて町家《まちや》の小庭の梅を咲かせ、その枝に月をかけた。そして[二〇]夜もすがら寝静まる町家をとりまき、かすかではあったが、ドードードーと子どもたちの夢路をゆさぶりながら、[二一]まどかなものにしないではおかなかった。

模様《もよう》の国《くに》[二二]紺屋《こうや》の仕事《しごと》

そのころの町ではどこの家でも[二三]手織機《てばた》をもたない家はなかった。だからふだん着《ぎ》というふだん着はみな手織《ており》に限られていたくらいであった。いろいろな[二四]絣《かすり》や[二五]縞物《しまもの》がどこの家でも織られていた。

紺屋といえばそういう糸を染めてくれるところであったが、ここはまた大まかな模様の付けられた夜具地《やぐじ》とか、ふろしき類とか、出産祝いの[二六]湯上《ゆあ》げとか、屋号《やごう》入りの暖簾《のれん》などを注文で染めてもくれた。この町にもそういう紺屋が何軒かあった。

紺地《こんじ》に白い線で染めぬかれたいろいろな[二七]定紋《じょうもん》入りのめでたい大柄《おおがら》な模様、時には朱《しゅ》や黄や青色がさされたこんな模様。そういうものが盛んに作られていた。

そのころの子どもたちには町はある意味では教室でもあった。というのは、たいていの[二八]生業《なりわい》は街道《かいどう》に沿《そ》う表《おもて》の間《ま》でされていたものだから。紺屋はまた町の[二九]子どもたちをいろ

篩（ふるい）というのはものをよりわける農具。
（一九）浜鳴りのこと、ここも擬人法。
（二〇）夜もすがら　一晩中。ひねもす（一日中）に対することば。
（二一）まどか　安らか、おだやか。
（二二）紺屋　染物屋のこと。紺は藍（あい）で染める。こんや。
（二三）手織機　手足をつかって織るはたおり機械。
（二四）おりものの種類。
（二五）おりものの種類。
（二六）出雲（いずも）では、木綿の湯上げを出産祝いにおくる風習があった。
（二七）定紋　家の紋。
（二八）生業　家業の生活や仕事。
（二九）子どもたちの心にいろいろの興味や影響を与えたことを生き生きと書いてある。

いろに染めるところでもあった。

片方には藍《あい》(三〇)がめが並んでいる表《おもて》の板間《いたのま》で、張《は》り竹《だけ》に張り広げられた大きな四角な白もめんに向かって紺屋のおじさんは合羽筒《かっぱづつ》を握りながら、絞《しぼ》り出すのりの線で模様を描いていた。合羽筒というのは一尺四方くらいな合羽紙(三一)を円すい形に巻いて、とがった先に真鍮《しんちゅう》の口金《くちがね》を付けただけの道具で、これにのりをいっぱいにつめて押えて絞ると口金の先からのりがひものようになって出てきた。

これは筆とちがって、とろとろと、あとからあとから出てくるうどんのような丸いひもが、生きもののようにはい回るのであった。子どもたちは動くものは何でも好きであった。紺屋のおじさんなんかは目にはいらなかったが、こんな生きた動くひもを見のがすはずはなかった。子どもたちは虫に心をとられるようにこんなものには心をとられた。のびのびと延びた線に、ところどころ節《ふし》が付けられては竹《たけ》の幹《みき》になった。くぎのような線が並べられて松葉《まつば》ができた。いくつかの輪が描かれ、これがつながれると梅《うめ》になった。それぞれちがった松と竹と梅とは入り乱れながら一つのものになっていった。三つ(三二)巴《どもえ》のように、一つが三つ、三つが一つに組み合った。

そこにはまた鶴《つる》(三三)の丸《まる》などという模様があった。この鳥はここでは首を曲げられ、両翼《りょうよく》をたばねられ、丸い輪《わ》の中に押し込められていながら、大空《おおぞら》にいるときよりはどれだけ

(三〇)　藍がめ　染料の藍汁をたくわえたかめ。

(三一)　合羽紙　油紙。桐油で作ったものが多く、以前は合羽を作るのに用いた。合羽とは油紙で作った古い時代のレインコート。

(三二、三三)　模様の一種で定紋（じょうもん）にもなっている。

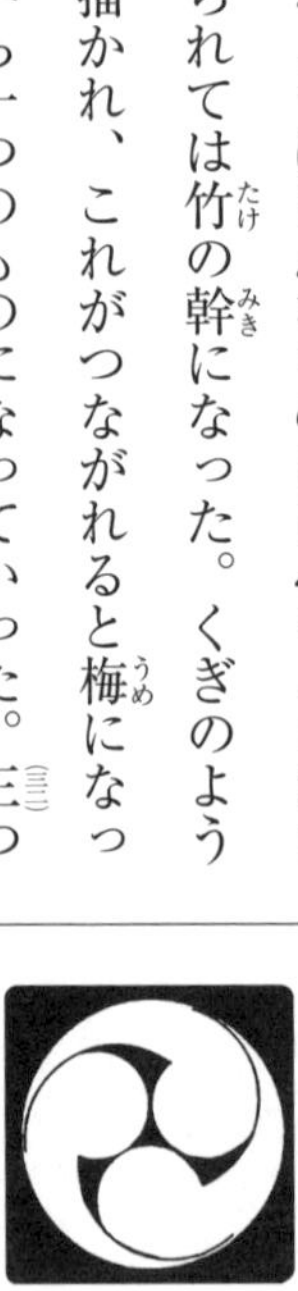
(三つ巴)

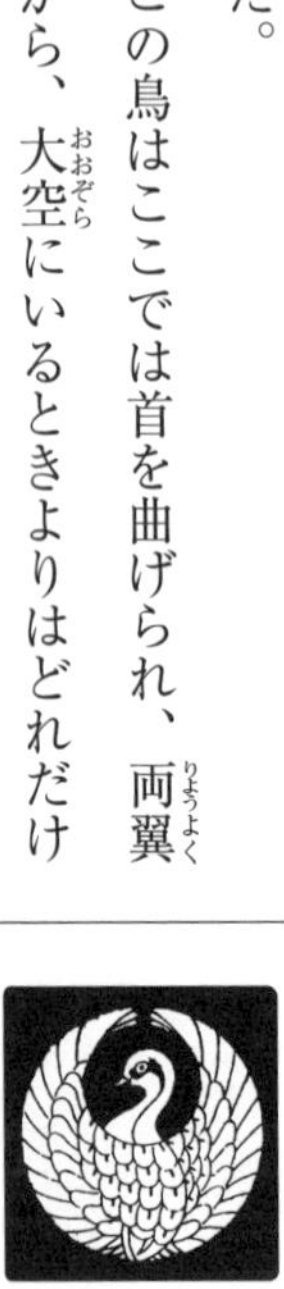
(鶴の丸)

おおらかで、自由で、楽しそうにされているのか、知れたものではなかった。ここでは自然がなし得ないことが平気でなされた。鶴亀模様《つるかめもよう》というのがあった。鶴と亀とのように別々の世界にいるものさえもが、ここでは顔をつき合わせて話し合う機会が与えられた。

いつも朝から晩までたしない(三四)食物を追ってせかせかしている雀《すずめ》も、ここではこの世の幸福を一身に集めたふくら雀になった。おそろしい力そのもののような獅子《しし》だって、ここでは全身に愛きょうを出して、手まりをついたりしなければならなかった。虎《とら》だってそうであった。ここでは、おかしいほどとぼけて竹の葉っぱにじゃれついたりしなければならなかった。

ここにはまた、生きているうちは、こんなにみごとには跳《は》ねられなかっただろう大鯛《おおだい》がいた。そしてこれは、たんなる食慾《しょくよく》の対象《たいしょう》ではないぞと描き添えられたささの葉が、いやがうえにもめでたいものにしないではおかなかった。

鯉《こい》が滝《たき》を登ったり、獅子が牡丹《ぼたん》にたわむれたりするとは、何というすばらしいできごとなのだろう。そこにはまた目を奪うような大きな熨斗《のし》があった。朝とはこんなにも美しいものかと思われる松に日《ひ》の出《で》があった。見ただけでもしあわせになれる宝づくし(三五)があった。これから始まろうとする子どもたちの生涯《しょうがい》の記録の初めのページに、紺屋のお

(三四)　たしない　とぼしい。

(三五)　宝づくし　むかしの人の知っていた宝ものをたくさん集めた模様。

じさんたちは、こんな模様をたくさん描いておいてくれた。

そして染められる前の、こんなのりがきの模様が、黄色いぬかをふりかけられて、浮き彫りのようにふっくらとふくらんでいるのは、子どもたちをわけもなく楽しくした。

町はずれの街道に沿う水ぬるむ三月の小川を前にして、紺屋の干し場にならんだこんな染め物の行列は、少し青ばんだ柳《やなぎ》の芽とともに、行きかう人の目にもとめられず、だれにも見返られることもなく、この町をこの時代を限りもなく美しいものにしていた。

町の神々

しんこ(三六)細工《ざいく》のじいさんや、あめ屋や、せんべい屋は、雪が消えて道がかわくとかわるがわるやって来た。町の小さいあき地の、芽を出したばかりの柳の下などに屋台店《やたいみせ》をすえて、かんなくずでこしらえたラッパを吹いたり、太鼓《たいこ》をたたいたりして、子どもたちを集めた。

しんこ細工のじいさんは子どもの好きなもので作れぬものはなかった。どんなむずかしい注文を出しても、びっくりするほどたやすく作ってくれた。じいさんにはどれくらいの腕まえがあるのか、子どもたちには底が知れなかった。鯨《くじら》なんかという大きなものは困るだろうと思って頼むと、親指ぐらいなほどのものにしてくれた。鶴《つる》だの鷺《さぎ》だのな

(三六) しんことというのは、白米をひいた粉を、ねって、むして、餅のようにしたもの。

んかの、くちばしや足はどうなるのだろうかと頼むと、胴体を作るなり、引き出しから出した割り竹を使って、さっさとこの難題をかたづけてしまった。

じいさんは複雑なものほど単純に、単純なものほど複雑に作った。兎《うさぎ》なんか頼むと驚くほど精巧に作ってくれた。——兎ならばだんごを丸めてはさみでちょんちょんと耳を切り出し、赤い目玉を付けさえすればよいのに、それぐらいなことはついこの間《あいだ》まで子どもたちは雪でさんざん作っていたことをじいさんはちゃんと知っていたからだ。また清正《きよまさ》（三七）や正成《まさしげ》（三八）は複雑きわまるはずなのに泥天神《どろてんじん》（三九）のように省略し、一つには菊水《きくすい》の旗を、一つには虎《とら》狩《が》りのやりを持たせただけで、同じ人物を二つに使い分けたりした。

じいさんは子どもたちの好みの焦点と限界を知りぬいていた。そして、そのなかで自分の技術を最も有効に使った。だから、子どもたちがどんなとっぴな注文を出したと思っても、じいさんからすれば、みなこのわく内《ない》（四〇）に属さないものはなく、一つ一つ子どもたちの好みの焦点をつかないではおかなかった。

このじいさんは、食べるものをたんに食べるものとしてではなく、見るものとして、見ることだけでも値うちのあるものとして、子どもたちを魅《み》了《りょう》（四一）した。子どもたちはこんな手（四二）のころもちはきたないといって食べるとしかられたが、すでに目で食べていたから不服ではなかった。

（三七）　加藤清正　安土桃山時代の武将（一五六二—一六一一）。豊臣秀吉の臣。征韓の役に朝鮮にわたりトラ退治をしたという。

（三八）　楠木正成　吉野朝時代の武将（一二九四—一三三六）。建武の中興に大功があり、のち、湊川（みなとがわ）で戦死す。楠木氏の家紋は菊水であった。

（三九）　泥天神　泥人形の天神像。節句に飾りつける。今でも鳥取県倉吉地方ですぐれたものが作られている。

（四〇）　わく内　その範囲内。

（四一）　魅了　すっかり人の心をひきつけること。

（四二）　手のころもち　手の上でまるめた餅。

あめ屋はしんこ屋よりも、もひとつ工程に飛躍があったので、子どもたちには人気《にんき》があった。これはまた、ふくらすということのなかから、どんなものでもつまみ出して見せてくれた。

こんな屋台店《やたいみせ》にはまたせんべいを焼いて見せてくれるじいさんがいた。このじいさんは、真鍮《しんちゅう》の容器のつぎ口から流れ出るうどん粉《こ》の液で、驚くべき技術を鉄板の上に出して見せた。子どもたちの好きなものというものを片っぱしから、よくもこれほど好きなものがわかるものかとあきれるくらい、好きなものを出して見せた。つぎ口から出る黄色い丸いひものようなこの液体は、生きもののように鉄板の上をはい回り、曲がったりくねったり、行ったり来たりして、出発点へ帰りついてものの形ができ上がるまで、子どもたちの目という目はつかれた(四三)ようにこのひもに引き回された。そしてそこには、たるみのないみごとな線のなかに金魚だの、小鳥だの、熊《くま》などが躍動した。しかしそれもつかの間、じいさんは子どもたちの気持ちなどにはかけかまいもなく、いきなりこんなものの上にどろどろと液を流して、平さじでくちゃくちゃに押し広げて、このみごとな線をみな消してしまった。子どもたちは、せっかくなものを取られたようにがっかりしたが、しかしそれは思い過ぎであった。じいさんはそれを見ぬいてでもいるかのように、じろりじろりと子どもたちを見回しながら、少し待たせておいて、さて、ころあいを見

(四三) つかれる 霊魂などがのりうつって、ものにとりつかれるようなようすを言っている。

はからってから平さじでぱっとひっくり返した。と同時に、子(四四)どもたちもひっくり返された。そこには前よりはずっと美しい、こんがりと焼けこげた線にくまどられたものの姿が、生き生きと湯気《ゆげ》をたてているのであった。

　こういうじいさんたちは、そろいもそろって、動物や植物や歴史なんかを驚くほどよく知っていた。ものの特徴をつかみ出すことでは、その道の専門家よりは子どもたちにずっと直接に訴《うった》えるものがあった。しんこ細工も、あめ細工も、このせんべいも、できたものは一つとしてうそ(四五)ではないものはなかったのにもかかわらず、子どもたちには実物からでは見えない多くの真実を、このじいさんたちは取り出してみせてくれた。

　およそ開闢《かいびゃく》(四六)の仕事は完了しているように見えるが完了はしていないのだ。

　子どもたちにはすべてのものはまだ定まるところなく、雲霧《うんむ》のごとくに漂《ただよ》っていた。そして新しい国土を開く神々の出現が待たれた。で、このじいさんたちもまた、むかしの神様のようにそれぞれ一役を申しつかって、子どもたちを神話の海に浮かべ、新しい伝説の船に乗せて、果《は》てしもないかなたへかなたへと国を捜《さが》しに送っていった。

(四四)　いっしんに見つめている子どもたちの心のありさまや動きが、よくあらわされている。

(四五)　ここに書かれていることは、芸術上の真実という問題に通じるたいせつなことがらである。子どもたちはだれもかれもそれを知っていたということが書かれている。

(四六)　開闢は天地のはじめ。

　神々によって天と地が分けられ、万物がつくられた神話の開闢が、いまも子どもたちの心の中には生き生きとして現実にあるということを、開闢はまだ終わっていないと書かれている。生き生きとした子どもの心が次々にものをつくり出すはたらきを表現したもの。

六月の皿《さら》山《やま》

六月はものの産月《うみづき》。地はあえぐ。木立《こだち》の下に立って耳をすますと、かすかにそのうめきを聞く。木も草も伸びる、茂る。

椎《しい》、樫《かし》、楡《にれ》、欅《けやき》などの大建築は新しい緑の窓《まど》掛《か》けをかけて、丸々と大気の中に盛れ上がる。草山の斜面には、白い日がさをさして山ゆりが散歩する。つつじの一団が緋毛氈《ひもうせん》を敷いて弁当を食べる。

小道に沿う垣根の野ばらの香水店、その隣りには毒《どく》だみの紺絣《こんがすり》の店が続く。あやめを刺《し》しゅうした田川の帯、それに描かれた土橋を渡ると、矢車草《やぐるまそう》や雛罌粟《ひなげし》のモスリン友禅《ゆうぜん》の窓飾りが続く。そこにはまた輝く麦の黄八丈《きはちじょう》(四七)。苗《なわ》しろ田(四八)の蚊帳《かや》も広げられる。

日がはいると河原《かわら》いちめんに月見草《つきみそう》の電燈がつく。螢《ほたる》がネオン燈をともす。やがてどこからともなく聞こえる地虫《じむし》(四九)のブザーを合図に、芥火《あくたび》(五〇)の煙りにかすむおぼろ月のシャンデリア(五一)のともった森の講堂からは、梟《ふくろ》の放送が始まる。

この老儒《ろうじゅ》(五二)は語る——たとえわたしのことばはわからなくとも、わたしの声を聞くほどの人は、それでそのまま存在の秘密に当面する者だ、それでそのまま幽玄《ゆうげん》(五三)の実体に触れている者だ。——そうだ、あの不可解《ふかかい》の問題をこの老学人《ろうがくじん》はことばでは説《と》かなかった。

(四七)　黄八丈　八丈島でつくられた黄色い織物の名。

(四八)　苗しろ田　稲の苗を育てる田。

(四九)　地虫　地面や土の中に住む虫。

(五〇)　芥火　ごみやちりを焼く火。

(五一)　シャンデリア　天じょうからつり下げた装飾電燈。

(五二)　老儒　年をとって学識に長じた学者。ここではふくろのこと。

(五三)　幽玄　奥深くてはかりしれないこと。深い余情のあること。

ほんのひと声ふた声ではあったが、くり返しくり返しこのなぞを説きあかしていた。

それから姿のない鳥、水鶏《くいな》(五四)と時鳥《ほととぎす》(五五)が、人々の浅い眠りの上にかすかな幾片《いくひら》かの音譜をまいていく。

唐津場《からつば》とか皿山《さらやま》とかいわれた町はずれの窯場《かまば》は、この月は野仕事《のしごと》に忙しく仕事を休んだ。茶つみ、麦刈り、田植えと、ここの人たちはせきたてられていた。仕事場に続く山には松蟬《まつぜみ》が鳴いていた。けだるい人気《ひとけ》のない油のような空気のなかに、植木《うえき》ばちや水甕《みずがめ》や土瓶《どびん》や行平《ゆきひら》(五六)などが小屋《こや》のたなに積み重ねられたまま軽い呼吸《いき》をして眠り続けていた。ここのすべては陶器が専業になる前の暮らし、陶と農とがいまだに分かれない暮らし、そういう暮らしのここは見本のような窯場であった。

麦の穂《ほ》が出るころになると、子どもたちはこの皿山の水簸場《すいひば》(五七)である新川《しんかわ》の小屋へよく行った。蟻《あり》がどんなところにでもある甘味《あまみ》を知っているように、子どもたちはここの粘《ねん》土《ど》を見のがさなかった。そのころの学校には手工なんかという科目はなかったが、子どもたちは自分の手で自分に手工を教えた。子どもたちには、その教材である粘土が入用であった。

はねつるべ(五八)のかかった井戸のかたわらには土溜《つちだ》めの池があって、そこでかき混ぜた上《うわ》水《みず》をこし込んでたまらせた泥《どろ》は、素焼《すやき》のはちに盛られて、開《あ》けっぱなしの長い小屋の何

(五四)　水鶏　小形の水鳥。初夏、戸をたたくような声で鳴く。

(五五)　時鳥　初夏のころ鋭い声で「てっぺんかけたか」と鳴く。

(五六)　行平　薄い褐色の陶製の平鍋。

(五七)　水簸場　陶土を精製する場所。

(五八)　はねつるべ　柱の上に横木を渡し、その一端に石を、他端につるべをとりつけて、石の重みでつるべをはね上げ、水をくむようにしたもの。

段にも作られたたなに載《の》せられてずらっと並んでいた。

子どもたちはこんなものを見のがすはずはなかった。かってにいるだけ持ってゆけといわんばかりに、これは見せびらかされているようなものであった。子どもたちは麦田《むぎた》のうねの中を、頭を出さないようにしてここへ来た。そしてだれもみな小屋のかたわらにはえている蕗《ふき》の葉をちぎっては、このねばっこい黄色な泥《どろ》をかきとっては包んだ。

しかし、おりが悪いと、そこの老人に見つかった。「（五九）わえちゃ、何ひろぐだ――」と、この老人は大きな声で追いかけてきた。が、そのときはもうおそかった。子どもたちは老人の姿の見えるか見えないうちに、雲雀《ひばり》のように麦田の中に隠れてしまった。

皿山は子どもたちに土を与えただけではなかった。ここは陶器を作ると同時に、子どもたちをも作るところであった。

手轆轤（てろくろ）

子どもたちは始終《しじゅう》皿山へ遊びに行ったので、いつのまにか、目だけではだれをもひととおりの陶工《とうこう》に作りあげた。土のこね方、轆轤《ろくろ》（六〇）のひきよう、すりばちの目の立て方、土瓶《どびん》の口や耳の付け方。およそこんな仕事をひととおりは遊びながら

（五九）「おまえら、何しているのか――」出雲の方言。

（六〇）轆轤　茶わんや鉢（はち）や皿などを作るのに使う。台を固定し、上にまわる円盤がついている。上の図版参照。

年季[六一]を入れあげさせた。大きな水甕《みずがめ》の薬掛《くすりか》[六二]けや、土瓶《どびん》の模様の描《か》き方、そんなものもいつのまにか目だけはできるようにした。

轆轤の仕事は、そのなかでもいちばん子どもたちをひきつけた。ものが生まれるとはこのことであった。土のなかから、きりきり回る中から、形はわいて出てきた。くびれたり、太ったりしながら泥手《どろて》のなかからわき出す形。子どもたちは土といっしょに、こうしてここではこね回された。

大きなものからだんだん小さいものを積み重ねてつめられた窯詰《かまづめ》[六三]はみごとであった。甕《かめ》は甕と並び、鉢《はち》は鉢と隣合《となりあ》わせ、片口《かたくち》[六四]は片口どうし口をそろえて行列した。そしてその間から、合いづめのぽてぽて[六五]茶わんなどが互いちがいに顔を出したりしていた。

子どもたちはこれまで見たことのない火をここで見た。たき口からのぞける水甕も、すりばちも、片口も真白く火でなでられて、てかてかに光っている火。なんというこれは火の力、なんというこれは火の業《わざ》だ。水のなかに寒冷がはいり込んで、あの美しい氷を作るように、土のなかにはいった火。やみのなかに光りが差し込むように、土をかためた火。子どもたちは知らず知らずにこんな火に焼かれていった。

（六一）年季を入れる　修練を積む。

（六二）薬掛け　陶磁器の表面にうわぐすりをかける作業。

（六三）窯詰　すやきのものをかまに詰める作業。

（六四）片口　一方に注口（つぎぐち）のある器。

（六五）ぽてぽて茶わん　ぽてぽて茶に使った茶わん。ぽてぽて茶というのは、番茶に少量の茶の花を入れて煮だしたものを、大きな茶筅（ちゃせん）でぽてぽてと泡だてて、その中へ少量のご飯と薬味を入れて食べるおやつ。出雲地方で行なわれる。

子どもの先達《せんだつ》(六六)

子どもたちが炎天《えんてん》(六七)の真白く焼けた道を歩いていると、どこからともなく五色《ごしき》の火の子のような虫が飛んできて、道の真ん中にとまって近寄るのを待っていた。もう二、三歩というところでこの虫はすうっと先へ飛んで、またちゃんと道の真ん中に待っていた。おやと思って近づくと、近づけば飛び、近づけば飛び、際限《さいげん》なくこの虫は子どもたちを引っぱっていった。はんみょうは、このあたりでは道しるべといったが、この虫はまず最初にその色で、五色のまばゆい色で、子どもたちをつった。そして、あの見えすいてはいたが、ふしぎな力をもったくり返しの術《じゅつ》で、子どもたちをたぐり寄せた。季節は、真白く焼けた野道にこういう道案内を出して、くたびれないようにしてくれていることには気づかずに、子どもたちはこの案内者をつかまえようとした。が、これは、できそうでできなかった。案内者はいつも一歩先に、永久に(六八)一歩先にいるものだから。で、尋《じん》常《じょう》な手段ではだめなので、かけ足をしたり、石を投げたりすることになる。さてこうして、こんな美しい道の示標《しひょう》の象嵌《ぞうがん》(六九)をなくしてみると、子どもたちは後悔《こうかい》した。残されたものは、干《ほ》された刈り草のむせるようなにおいをのせた白い炎天の道が、まっすぐに続いているだけであった。

(六六)　先達　案内者。指導者。
(六七)　炎天　やけつくように照りつける暑い空。
(六八)　子どもたちは、先達はいつも一歩さきにいるものだということを、一様にみんなの心にのこしたのである。
(六九)　象嵌　金属に、金・銀などをはめこんで模様を現わした金工作品。ここでは炎天の白い道に、象嵌されたようにとまって、五色にひかっているはんみょうの形容。

洋燈《ランプ》・幻《げん》燈《とう》

そのころの洋燈には美しいものがあった。つりランプも置《お》きランプも、同じものを見たことがなかったほど、種類が多かった。

石油を入れるガラスのつぼと、(七〇)火屋《ほや》を結びつける口金《くちがね》と、凸《とつ》形の針金《はりがね》と、平ぺったい紙のかさ。こんないちばん簡単な(七一)安けたつりランプでも、ちゃんと整った比例をもっていた。

こんな洋燈を使うような家やへやは、このランプからだけでも(七二)わびしさがともった。しかし、それはたんにわびしいだけではなかった。わびしいなかに何ともいえないものがともっていた。

豪勢《ごうせい》なものには、ニッケルめっきをした大きな油つぼと、模様のはいった口金と、(七三)切《きり》子《こ》のすりガラスの大きなかさのついたものなどがあった。こんなものは、床の間や違いだなや欄間《らんま》や障子《しょうじ》の日本に、少し外国くさい光線をあてた。

(七四)そこになると、竹の胴に丸いガラスの火屋のついた置きランプには、長く親しんできた行燈の灯が入れ代わってついていたので、人々に親しまれた。

かわいらしいのは豆ランプであった。どれもこれもおもちゃのように美しかった。素

(七〇)　火屋　ランプの火をおおうガラス製の筒。

(七一)　安けた　安価なつりランプ。安けたは方言。

(七二)　わびしさがともった　さびしいへやにともっている状態をこのように表現している。わびしいというのは、日本の詩歌の情を味わう上でたいせつな意味をもったことばである。

(七三)　切子　四角なもののかどかどを切り落とした形。

(七四)　それらとくらべると、というほどの意味。

朴なカンテラ(七五)の裸火《はだかび》に代わって、これは、庭回りのやみの中やふろ場の湯気のなかにぽうっとやさしい丸い花を咲かせた。

　ランプそうじは子どもの役目《やくめ》であった。夕方になると、どこの子どももランプそうじをさせられた。木の棒や竹の先に布や紙を巻きつけて、呼吸《いき》を吹きかけながら火屋《ほや》をみがいた。

　子どもたちの勉強机の上に使った小さい置きランプにも美しいものがあった。ひっくり返らないようにすべてが考慮された安全な形。しんの上げ下げで光度をかげんできた気安さ。机のぐるりにただよう軽い油煙の親しいにおい。電燈と違って子どもたちには世話がやけたが、それだけに、ランプは意識され、愛された。

　そのころの子どもが初めて電燈を見たとき、石油はどこに入れてあるかと聞いたといわれるが、電燈しか知らない今の子どもがランプを見て、どこにコードがついているかと問うたというから、昔の子どもだけを笑ってしまうわけにはいかない。子どもたちは違った形で同じことを出して見せる。

　そのころの子どもたちはよく幻燈会《げんとうかい》をやった。機械はブリキにエナメル塗りのやにこ(七六)いものであったが、ランプのためについている煙突と正面から突き出しているレンズの筒《つつ》とが適度な比例を保って、この機械に安心(七七)のできる形を与えていた。

(七五)　カンテラ　綿紙の芯（しん）に火を点じた携帯用ランプ。

(七六)　やにこい　よわい。もろい。

(七七)　「安心のできる形」ということをよく考えてみよう。そしてつくる人の親切心ということも考えてみよう。

三人や四人のときはこたつの上からふすまに写したりした。絵は二寸四方ぐらいなガラス板を二枚合わせた中にはさまれていて、ふちはこげ茶色の紙で張りまわされていた。みな色つきの写真で、木のわくにはめてとりかえた。暗いへやのなかにぼうっと浮き出してくる幻燈の絵は、子どもたちを別の世界へ連れていった。

写真は、(七八)三都の名所をはじめ全国各地の風物がおもで、次から次へ町の文具屋へ新荷がはいるごとにきそって買いためた。

ボーッという汽笛の音がすると、子どもたちは港の突堤《とってい》へ押し寄せた。三、四百トンぐらいの大阪商船ではあったが、これは子どもたちがいつも待っていたものであった。月に一度か二度かはいるこの船は、それ自体が魅力《みりょく》でもあったばかりでなく、これはまた京阪の新しい物資をこの町にもたらす唯一《ゆいいつ》の宝船《たからぶね》でもあった。船が着くごとに町の店屋には新しい商品が並べられた。ボーッという汽笛の音と、幻燈との間には子どもたちには切りはなせない感情があった。

景色《けしき》には何枚かの組み物もあった。大都会の真ん中にあるにしてはふしぎな(七九)不忍池《しのばずのいけ》の赤い弁天堂《べんてんどう》。鎌倉《かまくら》から江《え》の島《しま》へかけての何枚かの続き物。(八〇)興津《おきつ》の清見寺《せいけんじ》や(八一)田子《たご》の浦《うら》。(八二)日本三景や(八三)猿橋《さるはし》や(八四)寝覚《ねざめ》の床《とこ》。(八五)泥絵《どろえ》や(八六)ガラス絵の続きのすべては明治時代の色とにおいのなかに、子どもたちはじっとして動かぬこんな景色をありたけの心を動かして見た。そこ

(七八)　三都　東京、大阪、京都を三都という。
(七九)　不忍池　東京上野公園にある池。
(八〇)　興津の清見寺　静岡県興津にある臨済宗(りんざいしゅう)の寺。清見潟をへだてて三保の松原に対する。
(八一)　田子の浦　静岡県の海浜。北に富士山を仰ぎ、西に三保の松原を望む。古来歌によまれて名高い。
(八二)　日本三景　天の橋立(京都府)、松島(宮城県)、厳島(広島県)を古来日本三景といった。
(八三)　猿橋　山梨県にある。日本三大奇橋の一つといわれてきた。
(八四)　寝覚の床　長野県木曽川の名所。奇岩が両岸や河中に起伏する。
(八五)　泥絵　泥絵具で描いた絵。
(八六)　ガラス絵　ガラスの裏面に油絵具、または泥絵具で描いた。

には、絵が動いてくれるこのごろの子どもたちよりは不幸だったとはいいきれないものがあった。というのは、絵が動かなければ動かないだけ、それだけよけいに心を動かす余地があったし、同じ絵を何度もくり返しくり返し見るうちに、知らず知らずの間に、そのもののなかに自分自身をはっきりこさえていくことができたから。

あの美しい川にかかった古い日本の橋はなんという美しい橋だ。その橋の向こうの大きな松の並木《なみき》は、なんと橋を美しくしていることだろう。その松並木に続いて、ひとかたまりの人家《じんか》が見える。あの川と橋と松とはどうしてこんなに人家を美しくしてくれているのだろう。それからこの川と橋と松と人家とを日本一の景色《けしき》にしている富士山《ふじ》がそのうしろにひかえている。――この東海道吉原宿《よしわらじゅく》(八七)の富士山の幻燈の前に立っては、子どもたちはみな、だれでも人麿《ひとまろ》(八八)であり、赤人《あかひと》(八九)でない者はひとりもいなかった。

何度見てもあかなかったものには、いまだ(九〇)に岩国《いわくに》(九一)の錦帯橋《きんたいばし》や、安芸《あき》(九二)の厳島《いつくしま》などがあった。どうしてこんな美しいものが自分たちの知らない国にあることかとためいきをついた。子どもたちは、いつになったらこんなところへ行けるかと、やり切れなくなったりさえした。

錦帯橋の上には幾人もの人がいた。何と思ってあの人たちはあの橋を渡っているのだろう。厳島の水に浮かぶ回廊《かいろう》(九三)にも人がいた。あの人たちは何と思ってあの美しい周囲を

(八七)　吉原宿　静岡県。
(八八)　人麿　柿本人麻呂（かきのもとのひとまろ）。万葉集の最大歌人で、神として祭られ、山部赤人とともに、歌聖と仰がれている。
(八九)　赤人　山部赤人。万葉集の歌人。自然をよんだ名作が多い。「田児の浦ゆうち出て見れば真白にぞ富士の高嶺に雪はふりける」の歌は有名。
(九〇)　いまだ　今なお、当時の気持ちを心にふかくとめている、という意味で使われた「いまだ」ということば。
(九一)　岩国の錦帯橋　山口県岩国市、岩国川にかけられた橋である。
(九二)　安芸の厳島　日本三景の一。厳島神社。その朱塗の大鳥居や社殿などが、潮がみちると海上に浮かぶ。
(九三)　回廊　まわり廊下。

ながめているのだろう。子どもたちは、自分たちを待っているこんなものに、胸をわくわくさせた。

後年、子どもたちがおとなになってから実際ふれたこんな景色は、そのままで見てはいなかった。それは実体の上にもう一つの絵を重ねた二重のものをしか見られなかった。それから不幸にしてこんな景色に思わぬ失望を感じたことがあったにしても、それならばそれだけに、幼いときのこの幻燈の景色を(九四)いっそう高く評価しないわけにはゆかなかった。

膝《ひざ》塗《ぬ》り

十二月にはいると「(九五)膝塗り」の日がきた。子どもたちがころんでけがをせぬように、歩行の番人、(九六)ひざ坊主《ぼうず》に牡丹餅《ぼたもち》を食べさす日である。

手や足や鼻や耳などという目だつものは、(九七)とうから身体《からだ》から切り離されて一人前《いちにんまえ》の人のように扱われてきたが、ひざ坊主のような目だたない、いるかいないかわからないものには、だれも平常いたわる者はなかった。親たちはこの日にかぎって、子どもたちの見えない急所《きゅうしょ》に隠れているこの小僧《こぞう》を呼び出して、一年中のお礼をいい、昔はことばどおり牡丹餅をあてがったかもわからないが、いつのまにか口が代わってもらうことになり、来年もころびませぬようにと坊主頭を撫《な》でてもらうだけであった。

(九四)　美しいけしきは、そのまま心に生きつづけているからである。

(九五)　日ごろの労をねぎらうために、ひざ坊主にぼたもちを食べさせるというのはなつかしい風習である。

(九六)　ひざ坊主　関西ではひざぼんという。ひざ小僧という地もある。

(九七)　とうから　早くから。

〔解説〕

河井寛次郎先生

この八編の文章は、河井寛次郎先生の『火の誓《ちか》ひ』という本の中におさめられています。すぐれた詩のように美しい文章です。ここに出てくる出雲《いずも》の子どもたちは、生き生きとしたすなおさで、美しいものをあくまで見つけだします。

子どもらは、世界を初めてつくられた神々のように、いつも創造者です。子どもらはふしぎなものや美しいものは、何でも見ることのできる、生まれながらの目をもっています。子どもがものを見たとき、美はあくまで美しくなり、ふしぎなものはどこまでいっても止まりようもない神秘の奥へとはいっていってしまいます。

また、子どもらは、とほうもない知恵をもっています。子どもらの知恵はいつも無尽蔵《むじんぞう》です。すぐ空想とひとつになってしまいます。それらは、少年の河井先生だけが見られたのでなく、みなの子どもがいっしょに見ているのです。「過ぎ去った今」というのは、過去はなくなったものでなく、今の現在に生きているという意味です。

北原白秋《きたはらはくしゅう》先生の少年時代をしるされた『思ひ出』は前の時代の文学史上の名作でしたが、河井先生の『火の誓ひ』のなかの少年時代をしるされた文章は、昭和文学史上の美しい詩編です。白秋先生の文章よりも、はるかに清醇《せいじゅん》で神秘なものが出ています。子どものもつ神秘、まだ神々の近くにいる彼らの心のありさまを、極《きわ》めて平凡な事実によって見きわめられているのです。

河井先生は明治二十三年八月二十四日出雲の安来《やすぎ》の生まれで、国始まってこのかたの陶工といわれるほどの名手です。先生の仕事は、努力の上にきずかれています。科学を土台に——絶えまない実験をふんでいます。

しかし、最もだいじなことは、先生の深い思想と大きい信仰です。信仰はまた愛情です。そのすばらしい精神と大きい魂の根底は、出雲の少年時代につちかわれたものが多いのです。

出雲は日本でも最も古い土地です。そしてここの生活では、大昔の神々が、今でもなお、現在暮らしている人人と非常に近い距離におられます。このような生立《おいた》ちと子どもの生活が、世界中の人々から驚嘆されている河井先生の陶器の作品の生まれる秘密の根拠《こんきょ》と考えられます。その秘密の発生をうたった詩が、この文章にあらわれています。

河井先生は、旧東京高等工業学校（今の東京工業大学）の出身ですが、早くから京都に住まれました。先生が最初に世界の人々から注目されたのは、一九三七年にパリで万国博覧会が開かれたときです。このときの美術工芸のグランプリは河井先生が受けられました。日本では新聞社さえグランプリとは何かも知らないほどのんびりした時代でした。

大正時代の終わりから柳宗悦《やなぎむねよし》先生などとともに、「民芸」の運動を始められました。日本の田舎《いなか》のいたるところの、土俗《どぞく》の生活のなかにある美には、美術品芸術品といわれるものより、ずっとすばらしく健康なものが多いのです。忘れられていた美をひき出す「民芸」の運動は、日本の美の歴史、芸術の歴史の上で、近来の大きい革命をなしとげました。河井先生の芸術論とか思想に結びつく仕事の一つです。

文学の上では、河井先生はすぐれた詩人です。子どもの目を、こんなに高く尊いものとして、造物主の分身のように生き生きしたものに描かれた例は、たぶん過去の世界の文学のなかにも見ないと思われます。『火の誓ひ』は、特異な詩の本です。

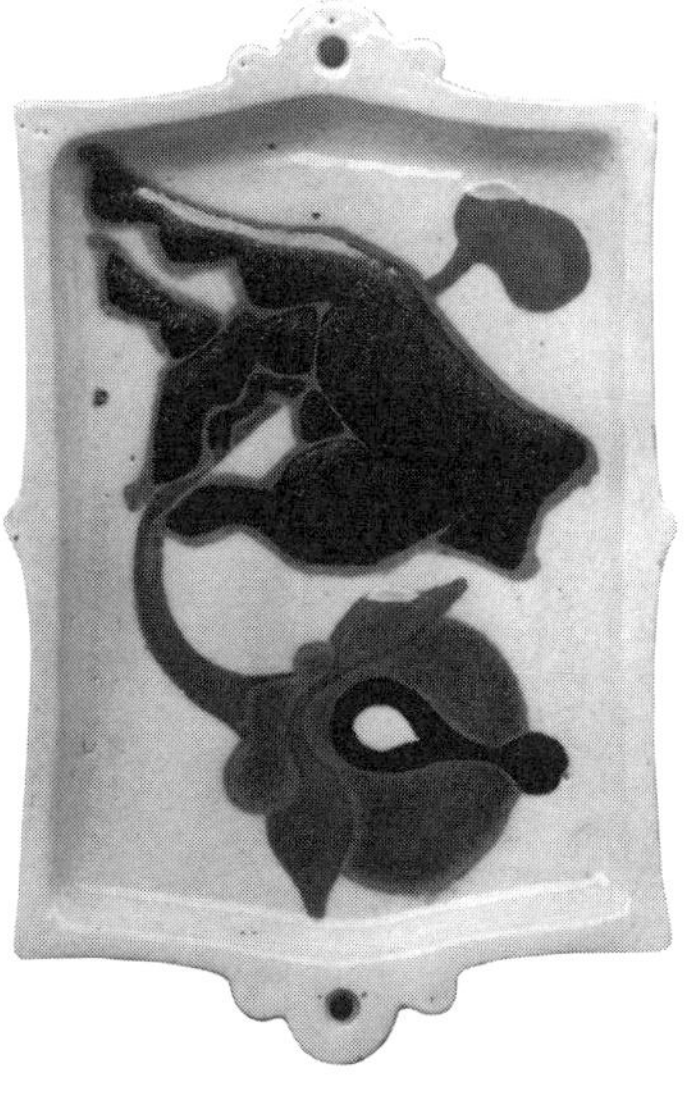

陶板（とうばん）河井先生作

三　日本語の美しさ

佐《さ》藤《とう》春《はる》夫《お》

自分は日本語の美しさを説くに適当なものではあるまい。他国のことばに精通（一）していないことがその理由の一つであるし、まだまだごく浅くはあるが祖国の文《ふみ》の林《はやし》（二）に分け入って、その美に陶酔《とうすい》（三）しているものであるから、そこには美のほかには何もないかのようにさえ思われる。そうして日常の日本語や現代の日本文に対して多くの人々が欠点として数えているらしいことどもでさえ、自分には美として感ぜられるものが少なくない。もしや自分はあばたもえくぼ（四）に見えるほど母国のことばを愛しているのではあるまいか。すると自分の説く母国語の美は、自分ほどこの国語を愛しない人々に承認されないでしまうのではないかと案ぜられるのである。

日本語に欠点のないことはあるまい。しかしそれは美の点で欠けているのではなく、かえってあまりにも美しく、いちずに（五）美を目的として発達したかにみえる日本語にあるものは、実用文として脆弱《ぜいじゃく》（六）で不用意というぐらいのことかもしれない。そうして西欧の

（一）精通　くわしく通じること。
（二）文の林　文学者の仲間。文壇。広く昔からの日本文学と文人とをあわせいう。
（三）陶酔　うっとりとするほどに心を奪われること。
（四）あばたもえくぼに見える 愛すれば欠点までも長所に見える。
（五）いちずに　ひとすじに。ひたすらに。
（六）脆弱　もろく弱いこと。

ことばを学んだ人たち、現代の日本人の多くが考えるかもしれない日本語の欠点というようなものも、自分にとっては日本語の美しさとばかりに感ぜられるのである。

日本語はたいへんわがままな奔放不羈《ほんぽうふき》(七)な句法をとっている。読むにも書くにも学ぶにも不便ではあろう。しかしなれさえすればこれほど美しいものはない。それは花から花へ思いのままに飛び移る小鳥のわがままである。けっして虫のはうようなしかたで進んではいかない。いつも省略(八)を約束として飛躍《ひやく》(九)の多いところに日本語の美しい特長がある。そうしてこれらの省略はいつも読者、聞き手がこれを補ってゆかなければならない。すなわち日本語は語るものだけがひとりでなにもかも言ってしまうのではない。聞き手の理解を信じ、その解釈の自由を異常に多くゆだね残している。語るものと聞くものとの協和(一〇)によってはじめて成立することばである。むしろ、語るものと聞くものとが一如《いちにょ》(一一)である。すべてのことばの成立にはもちろんみなこの法則はあろうが、日本語の場合それが極端であるというのである。ここにこのことばの一つの美しい特長がある。これはこのことばを発達させた民族の心のあらわれである。

共通の精神と生活とに終始しているものたちが、大きな安心によって初めから相手の協和を予想し信頼して成り立っていることばである。議論や利害の交渉などに適当なはずはない。そのかわりに、ただいちずに親和(一二)を旨として発達してきた、日本語の実用的

(七)　奔放不羈な句法　ほしいままの自由なことばづかい。
(八)　省略　はぶくこと。
(九)　飛躍　とびあがること。順序をふまないですすむこと。
(一〇)　協和　心をあわせ調和してゆくこと。
(一一)　一如　一つであること。一体であること。
(一二)　親和を旨とする　親しみなかよくすることをめざしている。

な不備は相手に対する親愛の心の深さに起因しているのである。(一三)ひとりがてんのおひとよしなことばであるというべきかもしれない。その不備をもって、その長所美点をも知るべきではあるまいか。

(一四)主格をどこに求めていいかわかりにくい日本語は、(一五)異常に生活に即したことばである。ことばだけでは了解しがたいが、生活のただなかでは簡単にはっきり役に立つ。ただそれが文章になった場合には、いつも読者の緊張した注意を要求している。省略や飛躍を生命とする日本語として当然の文体である。それは文法で手軽に読み去られることを防いで(一六)心読を要求するぜいたくな文体である。ただ意地の悪い利己的なぜいたくではなく、これらの文体は、忠実なその資格のある読者以外の読者を拒否するかわりに、忠実な有資格者には作者の仕事の一部分を分担《ぶんたん》させながら協力的に(一七)進捗《しんちょく》してゆくことは、ことばの場合とまったく同じである。はなはだ貴族的な文体である。

日本語は抒情《じょじょう》的な美しさ柔らかさを生命としているが、これは協和の精神を基礎としてできたことばであってみればおおよそ必然のものである。いつも柔和《にゅうわ》に抒情のもやにつつまれて相手の協和を期待している。でも、初めから争闘的に理屈っぽい表情をたたえていたのでは協力を望むこともできなかろうではないか。そうして日本語では、自分の主張はいつもひかえめに、いわゆる(一八)おぼめかしているのである。ここに(一九)温雅《おんが》に奥ゆか

(一三)　ひとりがてん　自分だけがわかったつもりになること。

(一四)　主格　文章や句の中の名詞・代名詞などが述語の主題となっているときの語格のこと。だいたい主語と同じ意味。

(一五)　異常に生活に即したことばである　ふしぎなほどきわだって生活にぴったり合ったことばである。

(一六)　心読を要求する　心で読む（じゅうぶんに心をはたらかしつつ、じっくり味わって読む）ことを必要とする。

(一七)　進捗　ものごとがどんどんはかどっていくこと。

(一八)　おぼめかして　はっきりさせないで、ほのめかすようにして。

(一九)　温雅　おだやかで上品なこと。やさしくしとやかなこと。

しい美がおのずと生じている。構成にもろいところのある日本語のもっている一種の保護色（二〇）ともいうべきであろうか。優美に女性的な見かけのなかに大丈夫《だいじょうぶ》（二一）の心をつつもうとするのが日本のことばの芸術の一理想である。

親和を旨とする日本語はどこまでもおおどかな（二二）のを尊《とうと》んできた。大同《だいどう》（二三）を楽しんで小異《しょうい》を争うまいとするのである。それゆえにせせっこましいことばは喜ばなかったから、細かな描写や理論の追及というような方面にはあまり発達しなかった。したがって語彙《ごい》（二四）に乏しいという事実もないではない。しかし大同のうちに小異を重んずる抒情精神のためには形容詞や副詞を補い用いるという方法や、てにをは（二五）の用法などにもこと欠かぬ（二六）だけの用意があって、ただ簡単明瞭《めいりょう》でなんの音色の調子もない一本調子（二七）のことばとはおのずからな区別がある。

素朴《そぼく》でありながら音色の豊富なというところにも日本語の大きな美点がある。しかしこれは、けっして協和の大精神を妨げる類《たぐい》の目だたしい（二八）差別にはならない、かすかな陰《いん》翳《えい》の程度のものである。日本語の美しさは将来もまだまだこの方面に発達する可能性は多いと思う。それにしてもおおどかなことばの美しさが日本語の本来のものであることはどこまでも忘れたくないものである。その音色の微妙を楽しみすぎると、さなくとも脆弱《ぜいじゃく》な日本語が頽廃的《たいはいてき》（二九）なものになるおそれを感じるからである。

（二〇）保護色　動物の中には自分を守るために、からだの色を外界の色に似せるものがある、その色のこと。

（二一）大丈夫の心　男らしいしっかりとした心。

（二二）おおどかな　おおまかでゆったりとしているようす。

（二三）大同を楽しんで小異を争うまいとする　だいたいの大もとが同じであればそれでよいとゆったりと考え、少々のちがいをとやかくいうまいとする。

（二四）語彙　ことば。単語。

（二五）てにをは　助詞。広い意味では助詞・助動詞・用言の活用語尾・接尾語などをさす。ここは後者。

（二六）こと欠かぬ　不自由しない。

（二七）一本調子　単調で変化にとぼしいこと。

（二八）目だたしい　目だって見える。いちじるしい。

（二九）頽廃的な　くずれ荒れたような、不健康とか不健全な状態。

協和的な日本語は、もの柔らかな曲線の美しさを徳として優美にのびやかに相手をおのれの世界に誘い込む力には欠けていないけれど、強引《ごういん》に説得《せっとく》するような性格はない。そのためにときどき間《ま》の抜けたところがないでもない。われわれのようなまずい日本語の場合、いつも歯切《はぎ》れのよくない(二〇)娓娓《びび》たる繰《く》り言《ごと》に終わるおそれが多い。日本語が素朴《そぼく》なことばを尊《とうと》び、またことば数の少ないのを尊重するのはまたこれの警戒でもあろうか。

この協和的な日本語がことばの芸術となった場合、日本文学では、つねに聞き手を予想してこれを尊重する物語という様式や、(二一)連歌《れんが》連句などの共同製作の詩歌《しいか》を生み、それが世界無比の発達をとげた(二二)ゆえんでもあろう。

(二〇)　娓娓たる繰り言　くだくだしく同じことばをくりかえすこと。

(二一)　連歌は和歌を上句と下句にわけて唱和したもの。
　連句は俳諧のうち、とくに長篇のものをいう。

(二二)　ゆえん　由来。わけ。

〔解　説〕

この文章で、佐藤春夫先生は、日本語の美しさについて、最も程度の高い問題を、平易なことばで、簡潔《かんけつ》に、わかりやすく説《と》いてくださっています。

日本語が、実用文として欠点があるといわれるのは、日本語があまりにも美しく、いちずに美を目的として発達したからだと、先生はいっておられます。

また先生は、日本語に、省略と飛躍が多いのは、自分の主張をひかえめにする謙虚さにその因があるとされています。このことは、(一)聞き手の理解を信じ　(二)聞き手に解釈の自由を多く残している、だから　(三)語る者と聞く者の心がとけあうときにはじめて成立することばである、さらにていねいにいうと　(四)語るものと聞くものとが一如《いちによ》となったときに成り立つことばである、という意味です。一如というのは、二つあるいはそれ以上の多数のものが、一つになることです。たとえば「人間と自然が一如である」ということは、日本人の美に対する考え方の根本となっています。この

一、相手の理解を信じ

二、相手に解釈の自由を多く残す

ということは、相手に対する尊重と親愛と協和の心の深さにもとづくもので、日本のりっぱな文学やみごとな古典は、みなこの親和の心の深さにもとづいたものです。それにもとづかないものは、みごとな文学とかりっぱな文学とはいえないのです。

こうしたことばの発達のしかたは、民族のこころのあらわれである、と佐藤先生は説いておられます。これは最もたいせつな意見です。佐藤先生は国語の美しさを分析《ぶんせき》され、その原因を考え、日本人の本来の考え方や思想や、さらに心の問題にまで、議論の内容をすすめられたのです。国語の美しさから、日本人のものの考え方や道徳についての長所を見いだされたのです。佐藤先生は、国語の問題をこのような形で考えられたのです。

この「規範国語読本」には、内村鑑三先生が、日本の封建時代の「学校」では、西洋の神学のような、わずらわしい議論にあけくれすることなく、人間にとってたいせつな道徳の根源を、日常の生活として教えたと説かれました。この点は、佐藤先生が詩人の目で国語を見て考えられたところとまったくよく似ています。

佐藤先生は、日本語は最も生活に即したことばだと説いておられます。この協和の生活をはなれて、理屈《りくつ》の学問や議論や争論のために発達したことばではない、という意味です。

佐藤先生は、国語の美しさを、表面《おもて》の現象《あらわれ》として説くことから、さらにすすんで、こういうことばを発達させた民族の心のあらわれという深いところへ、問題をすすめられたのです。これは詩人のみのなしうる独得の「国語論」です。

〔問題のしおり〕

一　佐藤先生の文章のなかで、「いつも読者の緊張した注意を要求している」ということは、注意を強制しているということではありません。また威張《いば》りかえってわがままなことをいいながら、相手によく注意して聞けというような態度ではもちろんありません。語り手も聞き手も、つつましく心をよせて相向かい合っている、おだやかでものしずかな状態をいうのです。そういう時の語り手の態度が「意地の悪い利己的なぜいたくではない」といわれているところは、深く心にとどめておかねばなりません。それは、そこのさきにつづく、先生の親切な解説が明らかにします。

二　それで、聞き手としての「忠実な有資格者には作者の仕事の一部分を分担《ぶんたん》させながら協力的に進捗《しんちょく》してゆく」ということになるのです。読者や聞き手が、作者や話し手と、心一つになって聞きわけているうちに、読者のほうが作者以上に、作品を深くしひろくしてしまう場合がいくらもあるという事実をいわれたのです。この「規範国語読本」にのっている、佐藤先生の「春の朝」その他の詩歌の鑑賞の文章は、まことにこの実例とするにふさわしいものです。

三　またここで日本のことばが、「はなはだ貴族的な文体である」といわれているのは、精神の高貴なことを貴族的といわれたのです。むかしのヨーロッパでは、貴族たちは、自分たちを支配下の人民と区別するために、自国語を日常にも使用しなかったのです。

近ごろ、わが国でも、自分をえらくみせるために、無意味に欧米のことばを使いたがるものがいます。

四　先生の指摘《してき》されている「貴族的な文体」は、生活からはなれることなく、高貴で、つつましく、おおらかでおぼめかしい、いいすぎていない、つまり清らかな精神と教養にもとづいた文体です。このことは、この先生の文章全体を通じて理解できます。

国語を学ぶものは、一つの文章の全体を通して意味を考え、さらに作者が全体の文章にあらわしている陰《いん》影《えい》を読みとらねばなりません。しかし、こういう読み方は、選ばれたすぐれた教材によらねば学ぶことができないのです。

これは今日の国語教科書にまったく欠けているところです。この「規範国語読本」は、そういう「国語の学び」でいちばんたいせつな点を補《おぎな》うために、各編と全体の構成の両面から調和と配列を考えて編集したものです。「国語の本質」を明らかにすることが、この「規範国語読本」の目的の一つです。

〔研修課題〕

一　佐藤先生は、日本語の文章には省略や飛躍が多い、説得力が弱く、議論や利害の交渉などには不便である、といわれている点を問題として、「日本語の美しさ」や「日本語の本質」を指摘していられます。

二　この「日本語の本質」は、そのまま日本人の本来のものの考え方をあらわしているのです。

三　協和ということをもととして発達した日本語の特質が、日本人の生活やものの考え方や日本文学におよぼした多くの影響を考えましょう。

四 「イーリアス」を訳し終えて

土《ど》井《い》晩《ばん》翠《すい》

（一）ホメーロスの原典《げんてん》を読むこと、ましてこれを韻文化《いんぶんか》（二）すること——これはわたしが大学卒業前後にはまったく思いがけぬことであった。

そのころ、（三）故男爵神田乃武《こだんしゃくかんだないぶ》先生からラテン語（四）を三か年正科として教えていただいた。ある日、課程の終わったのち、ギリシア語学習の望みを先生に申しあげたところ「よしたまえ、どうせものにならぬから」と、あっさりとされて（五）悄然《しょうぜん》と退却したものであった。その後《ご》、この大それた考えはいっさいうち捨てた。当時、東京にあった唯一《ゆいいつ》の帝国大学（六）の図書館に一部のホメーロス原典がなかったと思う。

大学卒業二か年ののち、第二高等学校（七）に奉職した。ある日、先師栗野《あわの》教授を訪問して所蔵《しょぞう》の諸書を閲覧《えつらん》（八）すると、なかにパリのアシェット会社刊行のシェーザー（九）の『ゴール戦争記』原文に二重訳（直訳と翻訳《ほんやく》）をそえたものがあった。

「イーリアス」「ホメーロス」　晩翠先生の訳はギリシア語原典からされているので、固有名詞の読み方も世間のものと多少異なったところがある。うしろの解説を参照。

（一）　ホメーロス　紀元前九世紀ころの人。盲目の詩人で、「イーリアス」と「オデュッセーア」二大叙事詩の作者といわれる。

（二）　韻文化する　韻文に訳する。韻文とはことばのきまった形とリズムをもった詩文。ギリシア語の原典が韻文だから、日本語の韻文詩に翻訳しようとされた。

（三）　故男爵神田乃武　英語学者（一八五七—一九二三）。故はなくなった人につける。

（四）　ラテン語　ギリシア語とならんで、ヨーロッパ文化に最も関係の深い言語。古代ローマの繁栄とともにヨーロッパにひろまり、中世には知識階級の公用語となった。

（五）　悄然と退却した　しょんぼりと引きさがった。

（六）　帝国大学　東京帝国大学、現在の東京大学。

（七）　第二高等学校　仙台にあった旧制高等学校。現在、東北大学の一部になっている。

（八）　閲覧　書物をしらべること。

（九）　シェーザー　ローマ最大の武人で政治家。「ゴール戦争記」は「ガリヤ戦記」ともいい、シェーザーのガリヤ遠征を記した書。

その付録の広告で、ホメーロスに関する同様のものがあることを知った。それで『イーリアス』の第一冊（第一歌―第四歌）をこころみにアシェット社からとり寄せてみた。そして、ギリシア文法初歩をひらきながら、はじめて「神女よ、歌え……」の(一〇)劈頭《へきとう》を解するをえた。(一一)回顧《かいこ》すれば五十年の昔である。

ローマの(一二)「カルタゴは滅《ほろ》ぼさざるべからず」の(一三)老カトーは八十歳になってはじめてギリシア語を学んだ。これを想起して、いまからでもおそくはないとまた(一四)野心を起こし、この困難な語学をやろうと思いなおした。が、なかなかはかどらぬ。少年時代のしなやかな頭脳《ずのう》ではない。「どうせものにならぬから」神田先生の言をしみじみ味わった。『イーリアス』訳完成のいまも(一五)語学としてはものになっておらぬ。

その後二年、同郷（仙台《せんだい》）同町の志賀潔《しがきよし》君（当時すでに赤痢菌《せきりきん》発見の幸運児）が北里《きたざと》研究所からドイツ留学に旅立つことになった。「(一六)洋行《ようこう》」という二字は当時ひじょうに魅力《みりょく》をもったものだ。そこで父に願って二高の教授職をやめて、志賀君とおなじ船（のちに日露《にちろ》戦争で撃沈された常陸丸《ひたちまる》）で渡欧した。

在外三か年半、この間にちょいちょいホメーロスの本文(一七)若干種《じゃっかんしゅ》、またホメーロスに関する文学書を手あたりしだい集めた。英国の南岸ボーンマウスに病養

(一〇)　劈頭を解するをえた　（詩の）いちばんはじめ（の部分）を理解することができた。
(一一)　回顧すれば　ふりかえってみると。
(一二)　カルタゴは滅ぼさざるべからず　カルタゴは滅ぼさねばならない。カルタゴは北アフリカにフェニキア人がつくった商業都市。ローマと戦って滅亡した。
(一三)　老カトー　ローマの政治家、哲学者（紀元前二三四―一四九）。
(一四)　野心　ふさわしくない望み。
(一五)　詩人として学者としての晩翠先生のつつましい尊い気持ちをよく味わい、若者は元気を新しくし、努力すべきである。
(一六)　洋行　欧米へ渡航すること。
(一七)　若干種　いくつかの種類。

のさい、一日《いちじつ》[一八]古本屋でアンドルーラングの『ホーマアとエピック』[一九]、またラテン訳をそえた原典などを求めた。「ホーマアに関するものがほしい」というと、店の主人がびっくりしたような顔つきで、「日本人がホーマアを読むというのか、われわれが孔子《こうし》[二〇]の原本を読むというようなものだ」と叫んだことを思い出す。

　ドイツに移ってライプチヒ滞在中（日露戦争開端[二一]の号外をここで聞いた）、他の若干のよいものと同時に求めたギリシア文法一覧（パラジクメン）の余白に、「われに幸《さいわ》いするものはギリシア語か、われに災《わざわ》いするものは、またギリシア語か」と書いたのをいま見いだして多少の感慨《かんがい》[二二]である。

　日露戦争結末近く帰朝《きちょう》して、ふたたび第二高等学校に奉職、「あやしげな英語教師」として奉職すること三十余年。この間にときどき暇《ひま》をぬすみ、前述のごとく大学時代には思いもかけなかった『イーリアス』の韻文訳《いんぶんやく》をおっかなびっくり[二三]こころみた。そして第一次世界戦争の勃発《ぼっぱつ》直前[二四]、大正三年の中央公論春季号に『イーリアス』第一歌の三百四十九行以下後半訳を寄稿《きこう》[二五]した。この春季号をいま出してみて、また多少の感慨、じらい二十六年の歳月が夢のように過ぎたのである。

　ホメーロスの近代欧州諸国語の訳は、何百種あるかわからぬ。英国博物館[二六]の

（一八）　一日　ある日。

（一九）　ホーマア　ホメーロスのこと。ギリシア語ではホメーロス（Homēros）といい、英国人は自国流の読み方でホーマア（Homer）という。

（二〇）　孔子　古代中国の思想家。「詩経」や「春秋」を編集した。「論語」は、孔子のことばを弟子たちが書きのこしたもの。

（二一）　日露戦争開端　日露戦争のはじまり。明治三十七年（一九〇四年）二月十日。

（二二）　多少の感慨である　いくらか身にしみて感じられる。深い思いをさりげなくいうことば。

（二三）　おっかなびっくり　おそるおそる物事をするようす。

（二四）　勃発直前　（戦争が）始まるすぐ前。第一次世界大戦が始まったのは大正三年（一九一四）七月である。

（二五）　寄稿した　雑誌に原稿をのせた。

（二六）　英国博物館　ロンドンにある大英博物館のこと。世界中から貴重な書物や絵画、工芸品などを多く集めている。

書庫には比較的多数のホメーロス文学があると思う。同書庫最新のカタログ(二七)はまだ(二八)『ホーマア』にいたらぬ。十九世紀終わり近くに刊行の旧カタログは上野(二九)の国立図書館にある。

十数年前なにかの文学雑誌で『オデュッセーア』英訳は既刊《きかん》(三〇)二十五種（?）あることを読んだ。『イーリアス』のはその二倍もあるだろう。

マシュウ(三一)・アーノルドは『ホーマア翻訳論』において、完美《かんび》(三二)の訳は不可能と断じた。英国の大詩人ポープ(三三)のも、またキーツ(三四)を鼓吹《こすい》(三五)したチャプマン(三六)のも、クーパアのも、完美でないと断じた。

ハインリッヒ・フォッスのドイツ訳は有名である。「ルーター(三七)は聖経《せいきょう》(三八)を訳し、君(三九)はホメールを訳して、ともにドイツ国民に最大の恩恵を与えた。優秀のものを自国語で読めぬなら、その民族は野蛮《やばん》であり、優秀のものをわがものとながめることができぬ。」ヘーゲル(四〇)はこの言をおくって訳者を称揚《しょうよう》(四一)した。「フォッスのおそろしい計画（ホメーロス訳）は時のたつにしたがい、戸々《ここ》(四二)一本を蔵《ぞう》すべしと世人は考うる一種の聖典《せいてん》となろう。」これはウィーランドの賛辞《さんじ》(四三)であった。

しかしその短所を摘発《てきはつ》したものもある。ゲオルグ・フィンスラーの『近代におけるホメール』中に詳説《しょうせつ》(四四)してある。

(二七)　カタログ　目録のこと。
(二八)　まだ『ホーマア』にいたらぬ　書物の目録はまだ「ホーマア」の項までいっていない。
(二九)　上野の国立図書館　東京の上野にある。現在は国立国会図書館上野分館。
(三〇)　既刊　すでに出版された本。記憶が正確でないので?がつけてある。
(三一)　マシュウ・アーノルド　イギリスの詩人、批評家（一八二二—一八八八）。
(三二)　完美の訳は不可能　完全で無欠の翻訳は不可能だ。
(三三)　ポープ　イギリスの詩人、批評家（一六八八—一七四四）。
(三四)　キーツ　イギリスのロマン派の代表的詩人（一七九五—一八二一）。
(三五)　鼓吹する　意見をさかんに主張して他人を共鳴させようとする。
(三六)　チャプマンのも、クーパアのも　チャプマンの翻訳もクーパアの翻訳も。
(三七)　ルーター　ドイツの宗教改革者（一四八三—一五四六）。一五二二年に聖書のドイツ語翻訳を行なった。
(三八)　聖経　ここでは聖書。
(三九)　君はホメールを訳して　「君」はフォッスをさす。「ホメール」は「ホメーロス」のドイツ人のよみ方。
(四〇)　ヘーゲル　ドイツの大哲学者（一七七〇—一八三一）。
(四一)　称揚した　ほめたたえた。
(四二)　戸々一本を蔵すべし　どの家にも一冊そなえておくべきだ。

序文《じょぶん》(四五)にもいうとおり、文脈語脈《ぶんみやくごみやく》(四六)のまったく無関係な日本韻文に、しかも原典とひとしい行数に本編を訳すということは無上の難事《なんじ》(四七)である。よわい肩の上においきれぬこの荷物(四八)の下に絶望の声をはなって、二十四歌のうち、わずか四、五編を訳したまま中絶《ちゆうぜつ》することと十余年。われながらあまりにも意気地《いくじ》がなかった、いまさら慚愧至極《ざんきしごく》(四九)である。

昭和七年、八年とつづいて最愛の長女照子（二十七歳）と唯一の男子英一（二十五歳）が死んだ。こういうと親ばかと笑わるるのはうけあいだが、ふたりはともにとびが生んだたか(五〇)であった。その両児がもう現世《げんせ》ではあえぬ。わが残生《ざんせい》は前途黒暗々《こくあんあん》であった。が、かれらの霊《れい》が、ときどき夜の夢、真昼《まひる》の夢にあらわれ、「とうさん、しっかり！　わたしどものやるべき仕事のいくぶんをかわってやってください。祈ってお助けしますよ。」この声にはげまされ、二児が生存中であった十年の昔『野口英世頌《のぐちひでよしよう》』(五一)の末段に「地上における愛の極、やさしき子らの祈りより力を得つつとりし筆《ふで》」と書いたとおり、多年中絶のホメーロス訳をねり上げた。そして、三十余年勤続《きんぞく》した第二高等学校から引退して時間の余裕《よゆう》を得たので、あまりにも重いこの荷をふたたびかつぎ上げて、よろめく足を踏《ふ》みしめながら、徐々《じよじよ》(五二)に歩を進めて、こんどやっと完成を告げた。まる

(四三)　賛辞　ほめことば。
(四四)　詳説　くわしく説明すること。
(四五)　序文にもいうとおり　日本語訳「イーリアス」の序文のこと。
(四六)　文脈語脈のまったく無関係な日本韻文　文章のすじや、ことばの順序が（ギリシア語と）ぜんぜんちがった日本語の韻文。
(四七)　無上の難事　この上もなく困難な仕事。
(四八)　この荷物　イーリアスを日本語に訳すという困難な仕事を、重い荷物にたとえた。
(四九)　いまさら慚愧至極である　いま思い出して、まったくはずかしいことだ。
(五〇)　とびが生んだたか　「とびがたかを生む」ということわざがある。平凡な親がすぐれた子どもを生むことのたとえ。
(五一)　『野口英世頌』　頌というのはほめたたえることば。
(五二)　徐々に歩を進めて　しだいに仕事をすすめて。
(五三)　孝廉のゆえに　孝行をつくし、心が清らかで行ないが正しいために。
(五四)　その配たる　祖父の妻である。妻のことを配という。
(五五)　その父　祖父の父。
(五六)　たしなんだ　好んで行なった。
(五七)　八犬伝　曲亭馬琴（一七六七—一八四八）の「南総里見八犬伝」。
(五八)　太閤記　豊臣秀吉の一生を物語った歴史小説。江戸時代以来さかんに読まれた。

で夢のような心地《ここち》である。

(五三)孝廉《こうれん》のゆえに、封建時代、仙台藩主から恩賞《おんしょう》を賜《たま》わったわたしの曽祖父《そうそふ》は、弘化《こうか》四年(一八四七年)逝去《せいきょ》したが、その(五四)配《はい》たる享年《きょうねん》九十一歳のわたしの(五五)曽祖母《そうそぼ》は、和歌にくわしくて、少年時代のわたしを教えてくれた。十八歳でその父を失った祖父は神仏の尊信にきわめて熱心であった。父は挙芳《きょほう》の号で俳句と和歌とを(五六)たしなんだ。幼年時代に父から、(五七)八犬伝《はっけんでん》、(五八)太閤記《たいこうき》などをおとぎばなしに聞かされ、また少年時代に(五九)日本外史《がいし》、(六〇)四書《ししょ》、(六一)五経《ごきょう》の(六二)素読《そどく》を教えられたのが、わたしの文学趣味の根底をなした。少年時代仙台の立町《たちまち》小学校の修身教科書にあった(六三)宋《そう》の范質《はんしつ》の句「(六四)遅々澗畔松《チチタルカンハンノマツ》、鬱々含二晩翠一《ウツウツトシテバンスイヲフクム》」はわたしの(六五)雅号《がごう》の出所である。

この『イーリアス』訳の完成にあたりて、いまさらながらいにしえ、北欧の(六六)イグドラジル樹《じゅ》のたとえを思う。万有成立《ばんゆうせいりつ》の生命樹イグドラジル、過去・現在・未来をかね、すでに成れるもの、いま成るもの、のちに成るもののいっさいである。(六七)為《な》すという動詞の無窮変化《むきゅうへんか》である。今日のわが述ぶる言語、わが書く文章は、(六八)原人がはじめてことばを発した以来のいっさいの人に負《お》う。厳密《げんみつ》にいって、われのものと称すべきは一《いっ》もあることがない。(六九)襟《えり》を正してしばし(七〇)瞑目《めいもく》ののち、われに返りてこの(七一)跋文《ばつぶん》を結ぶ。

(五九)　日本外史　頼山陽（一七八〇―一八三二）の著書。源平二氏から徳川氏にいたる武家の歴史を漢文で書いている。
(六〇)　四書　大学・中庸・論語・孟子の四書。儒学の根本となるのが四書五経。
(六一)　五経　易経・詩経・書経・春秋・礼記をいう。
(六二)　素読　意味を理解するまえに、まず文章を声をたてて読むこと。
(六三)　宋　中国を支配した国家（九六〇―一二七九）の名称。
(六四)　遅々澗畔松、鬱々含晩翠　この詩句は、たに川のほとりにある松は成長はおそいけれど、枝葉は茂り、冬枯れの日にもよくみどりをたたえている、という意味。
(六五)　雅号　学者・文人・画家などが実名以外につけた風雅な名のり。
(六六)　イグドラジル樹　北欧神話にある世界樹。常緑のトネリコで、全世界をおおい、根と枝は天国と地獄を結び、全世界の運命はこの木にかかっているという。
(六七)　いっさいのものが神々の創造として永遠にわたってつねに行なわれている。
(六八)　原人　最初の人間。
(六九)　襟を正す　服装姿勢をきちんとする。相手に対してかしこまる形容。
(七〇)　瞑目　目をつぶる。神々に祈る姿。
(七一)　跋文　あとがき。書物の末尾にしるす文。

〔解　説〕

パリのルーブル美術館に「オメール（ホメーロス）の神化」という大作があります。ホメーロスが王座に倚《よ》り、詩神から月桂冠《げっけいかん》を授けられている絵で、ヨーロッパの歴代の詩人や文豪《ぶんごう》が、その詩聖《しせい》ホメーロスの姿を仰ぎ見ている場面です。

西暦紀元前八、九世紀のころ、盲目の吟遊《ぎんゆう》詩人がいて、民謡や伝説を物語につくりかえて、小アジアのギリシアの諸都市を竪琴《たてごと》にあわせながら歌い歩いていました。この盲目の吟遊詩人こそ、全ヨーロッパの詩の王座に坐す、詩聖ホメーロスだったのです。

ホメーロスは一般に「イーリアス」と「オデュッセーア」を作った詩人だとされています。この二大叙事詩は、全ヨーロッパの詩歌の源泉でした。ルナン（フランスの文学者一八二三―一八九二）は、「これから一千年の未来において、なおたしかに読まれるものは、バイブル（聖書）とホメーロスの詩である」といいました。

「イーリアス」の主題は、ギリシア軍のトロイア攻撃の最後のできごとです。事件はわずか数十日間のことですが、急速に展開する物語の背景には、十年にわたるトロイア戦争のいきさつが織り込まれています。

物語はギリシア連合軍の英雄アキリュウスの怒《いか》りに始まります。かれは、総大将アガメムノーンのしうちを怒って、部下の将士をまとめて自分の陣営にしりぞきます。「神女よ、アキリュウスの怒りを歌え。」と、「イーリアス」はここから筆を起こしています。

英雄アキリュウスが退陣すると、トロイア軍は進出し、ギリシア軍はさんざんに敗退します。そのとき、アキリュウスの親友パトロクロスは、進んで敵中に戦い、ついにトロイアの勇士ヘクトールに殺されます。

これを知ったアキリュウスは、猛然と立ち上がって、戦場におどりいで、トロイア軍を追い払い、ただひとり踏みとどまったヘクトールを倒して、親友のあだを討ちます。そして、そのしかばねを戦車につなぎ、友の墓のめぐりを引きずって歩きます。トロイア王プリアモスは、ひそかにアキリュウスの陣営を訪れて、愛児ヘクトールのしかばねを譲《ゆず》り受け、城中へと持ち帰ります。やがて勇士ヘクトールを弔《とむら》う、トロイアの婦人たちの悲しみの号泣《ごうきゅう》で、この叙事詩は終わります。

ホメーロスやバイブルの本文を読む人は、その物語に描かれた、ヨーロッパ人の祖先たちの行なった残酷《ざんこく》さが、日本や東洋の古典に現われない種類のものであることに気づくでしょう。十九世紀最大の小説家であったトルストイは、万人の読むべき書物として、バイブルのなかの新約聖書はあげていますが、ユダヤ民族の神話を描いた旧約聖書のほうをあげていないのは、こうした道徳上の見解からです。トルストイが、インドのガンジーを非常に尊敬したのは、ガンジーに東洋思想の生きた象徴《しょうちょう》を見たからです。

土井晩翠先生

この文章は、晩《ばん》翠《すい》先生の「イーリアス」の訳の「あとがき」として書かれたものです。この文章からわれわれの学ぶことは、世界史上の驚異といわれる近代日本をつくったすぐれた人々の志のありかたです。同時に、こういう難事業の支えとなったものが何であったかを知るためです。それが何かということは、先生がこの文章のなかで書いておられます。

晩翠先生は、明治四年（一八七一）仙台に生まれ、昭和二十七年に八十一歳で死去されました。本名は林吉。東京大学英文科を卒業されて、長らく母校の第二高等学校の教授をつとめられました。昭和九年に二高を辞《や》められてからも仙台に住み、昭和十五年に「イーリアス」の翻訳を刊行、十七年に「オデュッセーア」の翻訳を刊行されました。明治の詩人として島崎藤村先生とならび称せられています。

昭和二十二年芸術院会員となり、昭和二十五年には文化勲章を受けられました。この勲章の年金で、五月の鯉《こい》のぼりをつくり、世界の国々におくって、世界中の大空にひるがえしたい、これは、早世した長男の遺志だと語られました。それから二年たった二十七年の秋十月、先生は永遠の旅にのぼられたのです。

この文章の結びの部分にあたる「今日のわが述ぶる言語」以下には、詩人としての、また人間としての最もだいじな思いが語られてあります。だれでもが、ただちにその深い意味を理解することは困難なことかもしれません。しかし、いつかは真剣に考えねばならない時がくるにちがいない、人生の問題の一つです。その意味で、心にとめておきたいことの一つです。

詩三編

土井晩翠

おほいなる手のかげ

月しづみ星かくれ
嵐もだし雲眠るまよなか
見あぐる高き空の上に
おほいなる手の影あり。

百万の人家《じんか》みなしづまり
煩悩《ぼんのう》のひびき絶ゆるまよなか
見あぐる高き空の上に
おほいなる手の影あり。

（「暁鐘」より）

ノートルダム

ああ悽愴《せいそう》の目を挙《あ》げて
見ずや無月《むげつ》の暗《やみ》にたつ
「ノートルダム」の塔《とう》二つ、
「沈黙」ここに声ありて
幽冥《ゆうめい》の世より遠く吹く
あらし夜半《やはん》に何の歌。

霜に星象《せいしょう》の色冴《さ》えて
高し天狼《てんろう》のまたたく火、
みどりは万古《ばんこ》何の世に
震《ふる》ひ初《はじ》めし光ぞや、
巨塔《きょとう》しづかにうなづきて
語るかわかき九百年。

ああおほいなる暗と空、
神秘のうちにたたずめる
人はた何の霊《れい》ぞ、曰《い》へ
有限無限《うげんむげん》の別《わかち》絶え
有象無象《うしょうむしょう》の声まじる
「ノートルダム」の夜半《よは》の塔。

（「東海遊子吟」より）

ワイマアにゲーテの
あとを訪《と》ひて

詩人の宿のあと訪へば
花一叢《ひとむれ》のたそがれや、
イルムの流しづかにて
雲こそねむれ春の岡。

「やさしき河よ流れ行け
心ものうし、たのしみも
はた口つけも過ぎさりぬ、
まことも斯《か》く」と歌ひけむ。

しらべを歌に合せつつ
谷間に添ひて行く水の
流に耳を傾けし
君のあとこそ忍《しの》ばるれ。

霞《かすみ》もかをる岸のへに
流にとめし面《おも》かげよ、
あすのいづくの思出か
イルムの水よああさらば。

（「曙光」より）

五　奈良日記

エルヴィン・ベルツ

四月十七日(一)（奈良《なら》）

奈良付近では、田畑の耕作と利用が、まったく理想的である。定規で線をひいたような、幅約三十センチの平《たい》らで長いうねが、ほとんど同じくらいの幅のみぞで、別々に区切られている。狭いうねの上には、大麦《おおむぎ》と菜種《なたね》が、幾何学的に規則正しい株をなして、作られており、その間のみぞには、後日に稲《いね》が植えられる。

奈良は、日本最古の文化の中心地である。特に、日本の古代を愛好する人たちにとっては、無比《むひ》(二)の重要な町だ。八世紀のころ、七代(三)の天皇・皇后のもとに首都であったが、その以前において、すなわち、すでに一千年以上も前に、皇居がその付近(四)のここかしこにあった。それというのも、仏教が渡来《とらい》するまでは、一般に、人が死ねばその家はけがれて住めなくなるものとされていたので、代々の天皇は、新しい皇居を定めねばならなかったからである。首都としての奈良は、最も盛んな仏教信仰の中心地であり、非常な

(一) 四月十七日　明治三十七年（一九〇四）の記事である。

(二) 無比の　比べるもののない。

(三) 七代の天皇　奈良は、七一〇年から七八四年までの間に、七代（元明・元正・聖武・孝謙・淳仁・称徳・光仁）の天皇の都だった。

(四) その付近　大和の国をさしている。

宗教的熱狂(五)の発生地であったため、徹頭徹尾《てっとうてつび》(六)その影響をこうむっていた。奈良に皇居のあったのは、わずか七十五年間で、その後、千百年以上を経過したにもかかわらず、今でもすばらしい記念物が保存されている。であるから、ここでは、当時の寺院の豪華《ごうか》なありさまをはっきりと知ることができるのだ。

奈良公園(七)は、日本でいちばん美しい公園だと思う、日光《にっこう》よりも好きだ。何となく自然的な雄大さがあり、よくある箱庭趣味《はこにわしゅみ》(八)によってゆがめられていない。特に、こせこせした築山《つきやま》や引きずって来てすえつけた岩石などのないのが気持ちよい。もちろん、そんなものは、ここでは必要がない。なにしろ、自然そのものが背景に丘陵《きゅうりょう》、山岳《さんがく》を配し、前景の地形を優雅に構成しているからだ。道路は清潔である。

奈　良　公　園

(五)　熱狂　狂うばかりに熱中すること。
(六)　徹頭徹尾　始めから終わりまで。
(七)　奈良公園　奈良公園の前景芝生地のほとんどは明治二十年代に大和の儒者前部重厚先生が旧寺院あとや田畑を整理して造園したものである。
(八)　箱庭趣味　小規模の作り物に興味をもつことをいう。

樹木の間からは寺院や、黄色い模様のある緑の野や、そのそばの青い山がのぞいている。木立ちは、美しい公園で見うけるように、あまり密生せず、ここかしこの丘のすそで、まだ　おのを加えられたことのない荘厳《そうごん》(九)な原始密林に連なっている。樹木類は主として杉《すぎ》、松《まつ》、樟《くすのき》、常緑柏《じようりよくかしわ》、楓《かえで》、欅《けやき》などで、小さい樹木の美しい林では、今は桜《さくら》の季節で、そ(一〇)の八重《やえ》のものは、ちょうど花盛りである。

めだつのは、春日《かすが》神社の近くでもそうだが、鈴蘭《すずらん》のような花をつけた馬酔木《あしび》(一一)のすばらしい灌木《かんぼく》(一二)が非常に多いことだ。これはふつう、もっと高い山地にある木だが、たぶんここでは、馬と同様に鹿《しか》もまたこの木を避けることを知って、植えられたものだろう。ところでこの鹿だが、これはたしかに奈良の重要なものだ。公園にはいっても、また市街においてさえ、無遠慮《ぶえんりよ》な鹿をしばしば見うける。人力車《じんりきしや》(一三)で行くと、旅行者や巡礼《じゆんれい》者から食べ物をもらいつけているので、群をなしてかけ寄ってくる。長い路《みち》に沿って、荘厳な公園へ目を向けると、まったく神秘的なながめで、いたるところ、これらの慣れた獣《けだもの》とともに、千古《せんこ》(一四)の寺や塔が、赤、(一五)白の装《よそお》いをこらし、絵のような美しい形をほのかに見せている。ある春の朝、この静かな森の小路《こみち》で、すぐそばからは、人なつっこい目で鹿がながめており、周囲には鶯《うぐいす》がさえずり合い、あふれんばかりの桜の花と、紫の藤《ふじ》がいたるところで手招きしているとき——およそ地上に、これ以上理想的の平和な風景はあり

(九)　荘厳な原始密林　きわめておごそかな感じのする大昔のままの密林。奈良の春日神社奥山には、原始林が残っている。
(一〇)　その八重のもの　八重桜のこと。
(一一)　馬酔木　しゃくなげ科の常緑灌木。高さ二～三メートル。春、つぼ形の小さな白い花をつける。葉に毒性があり、牛馬が食うと麻痺するというので馬酔木という。
(一二)　灌木　幹は細く、枝は多く分かれ、主幹と側枝との区別がはっきりしない型の植物。高さもだいたい二メートル以内のもの。反対語は「喬木」(きょうぼく)(杉や松のように大きな木)。
(一三)　人力車　車夫が人をのせてひく二輪車。一人か二人のりで、明治二年に発明され、非常に普及した。
(一四)　千古　遠い昔。
(一五)　丹(に)塗りの柱や白壁。

えない。この藤（グリツィーネ―英・米ではまた『ウィスタリア』と称するが）はここでは、蛇《へび》のような完全な幹と巨大なつるを生じ、それが非常に高い木のこずえにまでからみついており、無数の長いその花は柏《かしわ》の葉の上におおいかかり、杉や松の枝葉の間からのぞいていたりして、一種独特の光景を呈《てい》している。

しかしながら、公園や寺院よりも、さらに自分の心をひきつけたのは、貴重な美術品、ことに幾多の仏像で、木彫《きぼ》りのものもあれば、あるいはまた唐金《からかね》(一六)や多数の漆《うるし》の層（乾漆《かんしつ》(一七)）でできたのもある。単に、その品位あるすぐれた形態により興味をひくのみならず(一八)、およそ仏教の美術を理解するために、根本的の重要性をもつものである。これらの仏像は、あまりに明白に『ガンダーラ(一九)』タイプを帯びているので、それだけでもすでに、東亜《とうあ》の仏教がインドのカシミア(二〇)から、しかも西暦二、三世紀のころに伝わったものであることを、じゅうぶん証明するのではなかろうか。ことに結構《けっこう》だったのは、奈良に近い田舎町《いなかまち》で、今までに訪れたことのなかった法隆寺《ほうりゅうじ》である。ここには、日本最古の寺院が今も残っていて、多くの古代の宝物がある。数年前、政府が（中央政府なのか、地方政庁(二一)なのかは知らないが）奈良に博物館(二二)を設《もう》け、大和《やまと》その他の五畿内《ごきない》(二三)の全寺院から、最上の美術品の多数をそこに集めて、永遠に伝えることにしている。これらのりっぱな宝物はことごとく、いくら見ても見飽《みあ》きがしない。

(一六) 唐金　青銅のこと。銅と錫（すず）との合金。ブロンズ。

(一七) 乾漆　奈良時代さかんに行なわれた仏像をつくる方法。

(一八) のみならず　だけでなく。

(一九) ガンダーラ　古代インド北西部の地名。仏教文化とギリシア文化とがこの地で接触し、仏像彫刻にギリシア風の独得な型が生まれた。これをガンダーラ様式（型）という。

(二〇) カシミア　カシミール。ガンダーラ地方を現在こう呼んでいる。

(二一) 地方政庁　地方政治の中心機関。ここでは県庁のこと。

(二二) 博物館　もと帝室博物館で、現在は国立の奈良博物館のこと。

(二三) 五畿内　山城・大和・河内・和泉・摂津の五国を、畿内（京都に近い国々）といった。「近畿地方」というのも同様な意味にもとづいている。

法　隆　寺

十八日午後、汽車で法隆寺へ行く。人力車で、すでに寺の近くまで来たとき、宮殿のような門から、上品な(二四)風采《ふうさい》の、(二五)端麗《たんれい》なひとりの若い紳士《しんし》が出てきて、車を止めてきいた——「寺をおたずねになる外人のかたというのは、あなたでいらっしゃいますか?」——「仰《おお》せのとおり、寺へ行くところですが、お待ちくださるかたがあろうとは意外です。」——「では、わたしの家へ紹介されていらっしゃるフランスのおかたでしょうか?」——「(二六)いいえ、そうじゃありません」——そこで、(二七)おもむろに話が始まったのだが、自分がたんなる旅行者以上の興味を抱《いだ》いており、日本の事情に精通《せいつう》していることに気づくと、紳士はその家に立ち寄るように勧《すす》めた——「わたしの祖父にお

(二四)　風采　すがた、服装。

(二五)　端麗　かたち、すがたが整ってうるわしいこと。

(二六)　いいえ、そうじゃありません　この日記の筆者ベルツ博士は、ドイツ人である。

(二七)　おもむろに　ゆっくりと。おちついて。

会いになりませんか？　祖父は寺院と宝物に最も通じている人間です。」と。名刺《めいし》を渡すと、非常に優雅な、純日本式の邸宅へ案内された。まもなく、雪白《せっぱく》の長いひげを蓄《たくわ》えた、体格のよい端麗、温厚な老人が現われた。老人は(二八)すこぶる丁重《ていちょう》にあいさつし、一瞬自分を凝視《ぎょうし》した――「ずいぶん以前に、もうお目にかかったような気がいたしますが、もしやあなたは、明治二十二年に、(二九)大隈伯《おおくまはく》が(三〇)刺客《せきかく》に襲われて重傷を負うたとき、英国公使の派遣《はけん》で、伯を見舞われたお医者さんではございませんでしょうか？」――「いかにも、それはわたしでしたが。」――「では、そのときあなたをへやに案内して、あなたが伯を診察されたとき、伯を腕に支えていたのがわたしです。」

(三一)かくて旧交は温められ、話題はつきなかった。しかしながら、困ったことには、相手がだれであるかが、自分にはどうしてもわからないのだ。なにしろ主人側のふたりは、明らかに、自分がその名まえを知っているものと思っているらしく、したがって名のらないからである。老人は、自分が仏教の歴史と芸術をほんとうに理解していることに気づくと、さらにいっそう打ちとけてきた。かれは、自分を日本式に床の上にすわらせて気の毒だといった。ソファーがあるそうだが、あいにくのこと、家の病人が使っているとか。それから老人は、自分を大きな庭に案内したが、そこには聖徳太子《しょうとくたいし》（西暦六百年ごろ、仏教を日本にひろめた摂政《せっしょう》の宮《みや》）の(三二)由緒《ゆいしょ》ある井戸の井げた石や、古い石の(三三)礎石《そせき》な

(二八)　すこぶる丁重に　たいそう、ていねいに。

(二九)　大隈伯　大隈重信（一八三八～一九二二）。のち侯爵となる。政治家。条約改正問題で爆弾を投げられ、片足を失った。明治三十一年と大正三年の二回にわたり首相となる。また早稲田大学の創設者。

(三〇)　刺客　暗殺者。

(三一)　こうして古い交際はよみがえった。「旧交を温める」は、よく使われるいい方である。

(三二)　由緒ある　歴史的ないわれのある。

(三三)　礎石　柱を立てる台の石。

どがあった。

　自分たちが、ふたたび家のヴェランダにもどったとき、へやの中から、美しい声がした――「ベルツさんがいらっしゃったのですか?」と。老人は、そうだと答えた。すると、静かに障子《しょうじ》が開かれて、自分は中へはいるように促《うなが》された。そして、ソファーに半身を横たえて自分に会釈《えしゃく》する婦人を見たとき、自分はだれの家にいるのかが、やっとわかった。それは、一度見た者の、けっして忘れることのできない顔であったからである。およそ二十年以上も前のことであるが、ひとりの婦人が自分のところへ、嫁《よめ》をみてもらうために連れてきた。自分が日本で見た、最も美しい、目にたつ女のひとりであったその婦人が、すでに嫁のある身であり、いな、それどころか、祖母でさえあるとは、ほとんど信じられなかった。しかし、事実はそうだった。その婦人は、四十歳を越えていたが、まだあまりにも若々しくて美しく、しかも元気[三四]はつらつとして、美しいとび色の目はりこうに輝いていた。その後、長年の間、婦人の姿がしばしば自分の念頭《ねんとう》[三五]によみがえったほどである。十五年前、自分はふたたびその婦人に会った。当時、婦人は肺をわずらっていたが、いま語るところによると、その後全快するにいたらなかったよしである。いましがた[三六]も、医者が来ていたそうであるが、自分が、親しく診察[三七]して参考に供《きょう》することを申し出ると、婦人は感動のあまり、目に涙を浮かべるありさまだった。――「きょ

(三四)　元気はつらつとして　たいへん元気のよいようすで。はつらつは、いきいきとしていること。
(三五)　念頭　心頭。心。
(三六)　いましがた　今すこし前。ついさきほど。
(三七)　病気の診察をするから治療上の参考にしてくださいと、ベルツ博士が申し出たので、婦人がたいそう喜んだのである。

うはなんというしあわせな日なのでしょう。あなたを家にお導きくださって。」と。この家は、すなわち北畠《きたばたけ》氏の自宅であったのだが、この北畠老は、かつて維新《いしん》(三八)当時に一役《ひとやく》を演じ、その功労で男爵《だんしゃく》(三九)を授けられた人である。その昔、氏はある位の高い官職についていたが、政府と衝突したのち、氏の一族が数代にわたって住んでいたこの土地に引退《いんたい》した。氏は古い『大和《やまと》(四〇)アーデル』の一門であり、したがって（氏自身は勇敢な軍人であったにもかかわらず）『武士《ぶし》アーデル』を軽視している。十年このかた、氏は、奈良の美化、史跡の保存、仏教の宗教史と美術史一般、特に大和におけるその歴史の研究に没頭《ぼっとう》(四一)している。氏はこの方面の第一人者であり、したがって、その氏が自分に、いろいろな寺院の案内を申し出たときは、すくなからずうれしかった。氏は、あらゆる僧侶《そうりょ》や神官《しんかん》の間に非常な威信(四二)があり、その人たちにまるで部下のように命令して、ふつうは門外不出《もんがいふしゅつ》(四三)のものまでもすべて、自分に拝観できるよう取り計らってくれた。法隆寺におけるこの日の午後と、他の寺院と宝物をことごとく北畠氏から案内してもらったその翌日とは、生まれて以来、自分にとって最も有益な日であった。今までに不明であった多くのことが、今ではわかるようになった。ふつうならばけっして観《み》られなかったはずのものまでも、いろいろみせてもらった。仏教に関する幾多の新しいことがらが、明らかとなった。この機会に賢僧、高僧の面識(四四)を得たし、また由緒ある尼寺《あまでら》(四五)、法華寺《ほっけじ》の客にさえなった。こ

(三八)　維新の初めに天誅組（てんちゅうぐみ）義挙に加わったこと。
(三九)　男爵　明治憲法下で天皇により授与された栄典の一種。公・侯・伯・子・男の五等に分かれ、男爵は、その第五等のもの。
(四〇)　大和アーデル　近世の封建時代成立以前からの土着の豪族のこと。封建の諸侯や武士出身の華族と区別して呼んだのである。
(四一)　没頭している　一心になって、精神を注ぎこんでいる。
(四二)　威信　人に尊敬される徳の力と、信望される力。
(四三)　門外不出の　門から外に持ち出すことのない。他人に見せない。
(四四)　面識を得た　知りあいになった。
(四五)　法華寺は、奈良西部にあり、光明皇后が建てられた。当時、一般の拝観はむずかしかった。

の寺の住職《じゅうしょく》は、必ず公爵《こうしゃく》の姫君と定められており、現在は、最近なくなった(四六)近衛公《このえこう》の十七歳の柔和《にゅうわ》な姫君《ひめぎみ》がなっている。もちろん、姫君の住職は名目《めいもく》だけで、実際は、七十六歳の齢《よわい》に似ずまだ元気な老尼《ろうに》が、万事を指揮している。その他になお三人の、健康ではいい、つらつとした若い尼僧《にそう》がいたが、きわめて(四七)天真らんまんに取りかわすその会話からうかがわれるごとく、いずれもすこぶる(四八)利発《りはつ》で教養があった。彼女たちがみな自分の名まえを知っているのにはまったく驚いた――。何しろ、こんな遠隔《えんかく》の尼寺にまで、自分のことが知れわたっているとは思わなかったからである。彼女たちは、古い絵画や仏像を全部見せてくれた。特に自分の気に入ったのは、八百年前に、ある有名な中国人がかいた(四九)釈迦《しゃか》の十八人の弟子の画像集と、だいたい同じ年代のもので、まれに見る高貴《こうき》な顔だちの(五〇)普賢菩薩《ふげんぼさつ》の木像であった。若い門跡《もんぜき》(住職の姫君をそう呼ぶのだが)は、一生をこの尼寺で送らねばならないのであるから、同情に値する。父親のはつらつとした精気《せいき》をうけている場合、これは怖《おそ》るべき犠牲であるに相違ない。法隆寺にある尼寺の(五一)中宮寺《ちゅうぐうじ》では、住職は、それどころか皇室の血統をうけておられるそうである。この宮さまは病気であったため、われわれはその代理のかたに接待された。聞くところによると、このような尼宮門跡《あまみやもんぜき》を立てることは、今後なくなるそうである。そして門跡は、むしろ(五二)五摂家《ごせっけ》(ふつうこの家筋から選んで、皇后を定めることになっている)から出すそうである。前に

(四六)　近衛公　近衛篤麿(あつまろ)公爵。明治の最大の政治家として国民から嘱望されていた。この記事の書かれた年(明治三十七年)の一月一日死去。

(四七)　天真らんまん　心のままが飾り気なくことばや動作にあらわれること。むじゃきなようす。

(四八)　利発　かしこいこと。

(四九)　釈迦の十八人の弟子　十八羅漢(らかん)ともいう。

(五〇)　普賢菩薩　仏(ほとけ)の理・定・行の徳をつかさどり、人を導き助けるといわれる。白象(びゃくぞう)に乗っている。この二作品は判明でない。

(五一)　中宮寺　聖徳太子の建立。

(五二)　五摂家　摂政・関白に任ぜられた藤原氏の五家(近衛・九条・二条・一条・鷹司)。

述べた近衛公の姫君も、この家筋のかたである。

一日じゅう自分と寺めぐりをやってなんの疲れも見せない七十三歳の北畠老の、驚くべき元気さにはあきれざるをえない。氏はその昔、盛んに柔術《じゅうじゅつ》（五三）をやった。この柔術は、およそ身体を鍛錬《たんれん》する方法のなかで、最上のものである。氏の夫人は、現在六十七歳である。夫人は病身のため、すでに久しい以前からほとんど外出しない。しかしそのすぐれた才色《さいしょく》（五四）と貞淑《ていしゅく》さは今なお、いたるところで、あらゆる人の語り草（五五）となっている。人違いからこの家へまぎれこんで、こんな満足と利益を得たとは、なんという珍しい幸運にぶつかったものだろう。自分が世間に知られている人間であることは、自身にとって実際好都合《こうつごう》なものだ。きょう、ふたたび博物館へ行くと、役員のひとりが自分に近づいてきて、二十年以上も前に自分の治療をうけたことの礼を述べた。かれは、その後すっかり健康であるとか、その次には、政府のための重要な仏像を撮影している写真師がやってきて、何かお役にたつことがあればと助力を申し出た。かれは自分に寺院造営係（五六）の某《ぼう》官吏《かんり》を紹介してくれたが、おかげで、日ごろは閉鎖《へいさ》されていてめったに観《み》られない三月《さんがつ》（五七）堂《どう》へその官吏に案内してもらった。そこには八世紀時代のすばらしい巨人像（五八）があり、その多くはアポロ（五九）式の完全なギリシア型であるが、ただ目が細長くて、まぶたがたれさがっている。その官吏はまた、仏像の装飾によってその年代を知ることも教えてくれた。

（五三）柔術　今の柔道のこと。

（五四）才色と貞淑さ　才知やかおかたちにすぐれ、みさおがかたく、しとやかなこと。

（五五）語り草　話のたね。

（五六）寺院造営係　寺院の建物をつくる係。

（五七）三月堂　東大寺法華堂のこと。毎年三月に法華会（ほっけえ）を行なうので三月堂という。

（五八）巨人像　「不空羂索観音」（ふくうけんじゃくかんのん）をさしているのであろう。天平時代の代表的仏像である。

（五九）ギリシア彫刻にあるアポロの像のような型。アポロは、ギリシア神話の神の名。

この奈良では、千年以上を経ていないものは、すべて新しいとされている。したがって、六百年から八百年ぐらいの像は、少しもとうとばれない。事実、これらの像は、それ以前のものの、どっしりとした品位に比べて、なんとなく見えすいたところ(六〇)がある。『天《エラ》(六一)平時代《テンピョウ》』(西暦七二九年—七四九年)が奈良の万事を支配している。その当時、奈良では、彫刻・鋳金《ちゅうきん》・絵画・建築が驚異的に栄えたのである。これは、ボニファチウス(六二)が『雷神《ドナース》の樫《アイヘ》』を切り倒してまもないころであり、まだ(六三)キリスト教や文化がドイツのザクセンや、シュワーベン地方にはいりこまなかったころのことである。

(岩波文庫版　菅沼竜太郎氏訳「ベルツの日記」による)

(六〇)　見えすいたところがある　作品の深みに見えすいたところがあるという意味。

(六一)　「エラ」はドイツ語で、年、時代の意。

(六二)　「ドイツ人の使徒」と呼ばれるボニファチウスが、「雷神」などの神々に対する信仰を打破し、キリスト教の伝道を始めたのは七一八年という。

(六三)　ドイツ人の読者に、日本文化の歴史の古さを説明している。

〔解　説〕

「ベルツの日記」の著者エルヴィン・ベルツ博士は、一八四九年、南独シュワーベンのビーチッヒハイムで生まれました。チュービンゲン大学で医学を学び、一八七〇年の普仏戦争(一)には見習軍医として従軍(二)し、一八七二年、二十三歳でライプチッヒ大学の病院の第一助手となりました。

明治八年(一八七五年)、たまたま日本の一官吏を治療したことがきっかけとなり、その五年前に創立された東(三)京医学校の教授として日本に来られたのです。そのときベルツ博士は二十六歳でした。この「ベルツの日記」は、翌明治九年一月一日から始まっています。博士は、明治九年六月七日横浜へ入港し、九日、東京に着かれました。日本医学の恩人であった博士は、明治といっても有益な指導を与えました。この日記は、明治という時代を知るうえで、最も興味深い記録の一つです。

明治三十八年六月十日横浜を出帆して、帰国の旅につくベルツ博士は、日本で結婚した花夫人を伴っていました。その後は明治四十一年(一九〇八年)三月日本を訪れました。おもてむきは東宮《とうぐう》(のちの大正天皇)の対診のためとなっていますが、じつの目的は伊藤博文公（四）に招かれ、東宮が欧米文明視察の世界旅行によく耐えられるかどうかの、ご健康を診断するにありました。博士はこの計画に感動しましたが、ご診断の結果、医師としての責任上から、ご中止の勧告をしています。そして博士は母国へ帰りました。

大正天皇の皇太子時代の御製《ぎょせい》に「遠州洋上作《えんしゅうようじょうのさく》」という有名な漢詩があります。

「夜《ヨル》駕《モウドウニガシテ》二艨艟一過《エンシユウヨウヲスグ》二遠州洋一　満天《マンテンノ》明《メイ》月《ゲツ》思《オモイユウ》悠《ユウ》々
何時能《イズレノトキカヨク》遂《ヘイゼイノココロザシヲトゲ》二平生志一　一《イチ》躍《ヤク》雄飛《ゴダイシユウニ》二五大洲《ユウヒセン》一」

（詩の意味は、「夜軍艦に乗って遠州灘《なだ》を過ぎると、明月は大空いっぱいにこうこうと輝いているが、自分の思いは、たいらかでない。日ごろ思っている志《こころざし》は、いつの日になしとげられるだろうか。世界を思いのままに飛び回ってみたいものだ。」）

明治維新後の近代化のすすんだ新しい日本の天皇となられる皇太子が、世界周遊を希望されていたことは、この詩にもあらわれています。

一九〇九年（明治四十二年）は悲しい年であった、と博士は歳末《さいまつ》に回顧《かいこ》されています。ベルツ博士の日本時代の親友ネットー氏がその年の二月に死に、同じ月には、日本赤十字の父といわれた、やはり親友のドクトル橋本子爵《ししゃく》（五）がなくなり、さらに六月からベルツ博士も奇妙な心臓病にかかりました。その病気が少しよくなったとき、「日本における最上の知己《ちき》（六）」であった伊藤公が、露国訪問の途次、ハルピンで一韓国人《かんこくじん》に暗殺されたという知らせを聞いたのです。博士はただちに筆をとって故人の思い出をドイツの新聞にのせました。政治家として人間としての伊藤博文公を絶賛し「伊藤公が、人もあろうに韓国人に暗殺されたということは、彼が日本における韓国人の最上の知己であっただけにいっそう悲劇的である。ヨーロッパでは、日本が韓国であげている業績についてほんとうのことを何も知らない。自分は三回この韓国を訪れて、伊藤公のした改革の事実を確かめたのである。いまやかれの努力はむなしく暗礁《あんしょう》に乗り上げた。いつか韓国民自身がこの暗殺を悔《く》やむだろう。」

この年から三年目に、ベルツ博士は明治天皇の崩御《ほうぎょ》（七）を聞きました。博士の健康はすでに、信頼深かった天皇のご病状を診断する旅に耐えなかったので、日々電報で送られてくる容体書《ようだいしょ》を見ては心あせるばかりでした。

博士の最後の日の前日の夕方、博士はいつものように窓外の景色を楽しんでいましたが、ふと思いついて自分のレントゲン写真を持ちこさせました。それをじっと見つめてから、静かに返し、「これで死ぬときは、たいてい非常に苦しんで（八）喀血《かっけつ》を伴うものだ。もっとも、急にくるときもあるが」といいながら、微笑してつけ加えました。「わしは今まで生きている間あまり運がよすぎたので、いまさらあつかましくそれまで願う気はないが」と。博士の病気は（九）動脈瘤《どうみゃくりゅう》でした。この夜、博士は発作《ほっさ》で目を覚まし、注射でそれを鎮《しず》めてから、明治天皇に関する一文の結末を令息（この日記の編者）に書きとらせ、ふたたび眠りました。そして翌朝、深い息をついたかと思うと、そのまま永遠の眠りにおちていきました。大正二年（一九一三年）八月三十一日のことでした。

ベルツ博士の明治天皇を追慕《ついぼ》する文章は「崩御後の称号で明治天皇とよばれる日本の天皇睦仁《むつひと》は、いくたの点で、世界史上最も注目すべき人物のひとりである。なぜならば、天皇はただひとりでかなり長いその生涯を通じて、政治、宗教、社会にわたる発展の全時代を、みずから代表されているからである」こういう書きだしで始まっています。

この「奈良日記」（一〇）は明治三十七年四月奈良での日記の部分です。時あたかも日露《にちろ》戦争の（一一）渦中《かちゅう》でした。

ベルツ博士は広範《こうはん》な深い教養をもち、当時の日本の一流の人々と交友がありました。日本の近代化に寄与した外国人と共通して博士もまた、日本をよく知り、日本を愛し、日本人の古い文化を尊重していました。その古美術の鑑賞においても、きわめてすぐれています。ベルツ博士が奈良の古美術をほめたことを、土地の人たちは大きい誇りとしました。大正時代から昭和の初めごろ、老人たちはなおそのことを話題にしていました。

この日記のなかに出る北畠老は、男爵北畠治房《きたばたけはるふさ》です。北畠男爵はその青年時代に（一二）討幕《とうばく》運動に活躍しました。明治維新実現のきっかけとなった文久《ぶんきゅう》三年（一八六三年）天誅組《てんちゅうぐみ》の義挙《ぎきょ》を、大和を舞台にして行なうについては、最も有効な計画と工作をした一人でした。かれが天誅組に加わった時、その夫人はまだ二十歳あまりでした。（一三）伴林光平翁《ともばやしみつひらおう》は「南山踏雲録《なんざんとううんろく》」のなかで、この若い夫人を（一四）「容顔美麗にてもっとも節操あり」とほめ、ベルツ博士と同じ意味のことを書いています。だが年月はその間四十年ほどたっているのです。光平翁が天誅組に加わる時、大阪から（一五）昼夜兼行で大和へ駆けつけ、その途中北畠家（当時は平岡鳩平《ひらおかきゅうへい》といっていた）に立ち寄りました。それで陣中《じんちゅう》から夫人に手紙を与えました。それに対する夫人の返事は「夫婿《おっと》正義なれば妻も正義なり、ご案じくださる(一六)まじく候《そろ》。なにぶん鳩平(一七)（北畠男爵の旧名）若年候間《じゃくねんにそうろうあいだ》せいぜいご教誡《きょうかい》くだされ、最後の不覚を取り申さざるよう、お頼み申し上げ候《そろ》。云々《うんぬん》。」としるしてありました。「その心中可憐可憐《しんちゅうかれんかれん》(一八)」と、光平翁は「踏雲録」のなかにしるしています。夫人の名は三枝子《みえこ》、大和郡山藩士《こおりやまはんし》豊田《とよだ》氏の末女でした。

伴林光平翁は河内《かわち》の出身、初め僧だったが還俗《げんぞく》(一九)し、幕末ごろは大和に住んでいました。畿内に門弟数百といわれた有名な国学者で、歌人としては近世の第一人者です。また書画にすぐれ、書はことに著名でした。しかも、齢《よわい》五十を越えて二十代の青年を主とする義挙にはせ参じて(二〇)います。吉野《よしの》山中に転戦(二一)月余、重囲を破って脱出し、生《い》駒《こま》山中で幕吏《ばくり》(二二)に捕えられ、翌文久四年京都で斬《き》られました。「南山踏雲録」は奈良の獄中でしるした天誅組義挙の記録で、ほかにも著述が多く、近いころには佐佐木信《ささきのぶ》綱《つな》先生のつくられた「伴林光平全集」があります。

〈注〉

（一）普仏戦争　プロシア（ドイツ）とフランスとの間に起こった戦争。一八七〇年からその翌年にかけて戦いが続き、プロシア軍の大勝利となった。（二）従軍し　戦争に参加し。（三）東京医学校　明治三年につくられ、のち東京大学医学部となった。ベルツ博士は、ここで約三十年間ドイツ医学を教え、日本の医学の進歩に大きな功績をのこした。（四）伊藤博文公（一八四一～一九〇九）政治家。公爵。明治憲法を制定し、首相、枢密院議長、貴族院議長になった。明治四十二年ハルピンで韓国人に撃たれて死んだ。（五）橋本子爵（一八四五～一九〇九）橋本綱常。左内の弟。軍医総監・貴族院議員・学士院会員・医学博士。（六）知己　自分の心をよく知っている人。（七）崩御　天皇の死去をいうことば。（八）喀血　肺や気管支粘膜から血液を吐き出すこと。（九）動脈瘤　動脈血管が一部分ひろがってまるくふくれる病気。動脈硬化などが原因といわれている。（一〇）時あたかも　その時はちょうど。（一一）渦中　事件の中。（一二）討幕運動　江戸幕府を倒した運動。（一三）伴林光平翁（一八一三～一八六四）幕末の勤王家。武芸、和歌にすぐれ、「南山踏雲録」「おもひで草」「野山のなげき」などの著書がある。（一四）容顔美麗にてもっとも節操あり　顔かたちが美しくて志つよく、みさおを正しく守っている。（一五）昼夜兼行で　昼も夜もぶっとおしで。（一六）ご心配なさらないでください。（一七）なにしろ鳩平は年が若いのですから、よく教え、いましめてくださって、見苦しい死にかたをしないようにお願い申し上げます。この文体は当時ふつうに用いられた候文（そうろうぶん）の形で、候文は昭和戦前には、なお行なわれていた。（一八）その心中可憐可憐　その心がまえにふかく感動した表現。（一九）還俗　僧になったものがもとの俗人にかえること。（二〇）はせ参じた　かけつけた。（二一）転戦月余　ここかしこで戦うこと一か月あまり。（二二）幕吏　幕府の役人。

六 行春（ゆくはる）

芭《ば》蕉《しょう》

一 行《ゆく》春《はる》や鳥《とり》啼《な》き魚《うお》の目《め》は泪《なみだ》

二 ゆく春を近江《おうみ》の人《ひと》と惜しみける

三 永《なが》き日を囀《さえず》りたらぬ雲雀《ひばり》かな

臍《ほそ》峠《とうげ》　多武峰《とうのみね》より竜門《りゅうもん》へ越道也《こすみちなり》

四 雲雀より上にやすらふ《(う)》峠《とうげ》かな

五 古《ふる》池《いけ》や蛙《かわず》飛びこむ水の音

六 蝶《ちょう》の羽《はね》の幾度《いくたび》越ゆる塀《へい》のやね

七 よく見ればなづな花咲く垣根《かきね》かな

八 梅が香《か》にのっと日の出る山路《やまじ》かな

九 山路来て何《なに》やらゆかしすみれ草《ぐさ》

十 くたびれて宿《やど》かるころや藤《ふじ》の花

十一 五月雨《さみだれ》の降《ふ》り残《のこ》してや光堂《ひかりどう》

十二 五月雨を集めて早し最上川《もがみがわ》

十三 ほととぎす大竹藪《おおたけやぶ》をもる月夜

十四 草の葉を落つるより飛ぶ螢《ほたる》かな

十五 昼《ひる》見れば首筋《くびすじ》赤き螢かな

十六 閑《しずか》さや岩にしみ入る蟬《せみ》の声

十七 夏草《なつくさ》や兵《つわもの》どもが夢《ゆめ》のあと

子供らよ昼顔《ひるがお》咲きぬ瓜《うり》むかむ（ん）　十八

朝《あさ》露《つゆ》によごれて涼し瓜の土　十九

枯《かれ》枝《えだ》に烏《からす》のとまりけり秋の暮《くれ》　二十

秋ふかき隣《となり》は何をする人ぞ　二十一

荒《あら》海《うみ》や佐《さ》渡《ど》に横たふ（う）天《あま》の川　二十二

座右の銘
人の短をいふ事なかれ
己《おの》が長をとく事なかれ

もの言へば唇《くちびる》さむし秋の風　二十三

牛《うし》部屋《べや》に蚊《か》の声よわし秋の風　二十四

月いづこ鐘《かね》は沈める海の底　二十五

菊《きく》の香《か》や奈良には古き仏《ほとけ》たち　二十六

旅に病《や》んで夢《ゆめ》は枯野《かれの》をかけめぐる　二十七

〔解　説〕

俳句の歴史は比較的新しいもので、連歌《れんが》とか俳諧《はいかい》というものが、戦国の時代に流行し、この俳諧から出たのが俳句です。

芭蕉の語録（ことばを集めた本のこと）のなかに、「俳諧の益《えき》は俗語《ぞくご》を正《ただ》すにあり」ということばがありますが、古い連歌師（連歌を職業とした人）や俳諧師たちは、全国を旅して、俗語を正すということを、おのが任務と考えていました。それは正しい国語を普及しようという考えでした。同時にわが国の古典に表われた趣味や考え方を、世俗の人にわかるように説くことを目的としました。俳諧をそうした目的のための道具と考えていたのです。

芭蕉はこういう先輩《せんぱい》たちの考え方をじゅうぶん承知したうえで、俳諧と俳句をそれ自身りっぱな文学として確立しました。もちろん芭蕉以前にも、りっぱな連歌師、俳諧師は何人もいたのです。芭蕉はそういう人々を尊敬し、たいせつにしています。

芭蕉は、ただ、じょうずな俳句を作ったというのではなく、その俳句の根本には、芭蕉の深い思想と大きい愛情があります。芭蕉は、最も高い美の実体にせまり、人生の最も深い生命から、その文学をなしました。したがって芭蕉の文学は、今日でも、人生の教えとなり、また希望を与え、慰《なぐさ》めとなります。人の心をふるい立たせるようなはたらきをするのです。

〔鑑　賞〕　この文の番号は、俳句の下につけてある番号です。

一、芭蕉が「奥の細道」の旅に出る時、千住《せんじゅ》で作った句で、しばらく江戸《えど》の町と人々に別れるという気持ちをふくめています。「ゆく春」とは、晩春のことですが「ゆく春」というか、「春の暮れ」というかは、感情を述べるうえでたいへんな違いがあります。「魚《うお》の目は泪《なみだ》」というのは、作者が涙をうかべ、魚も涙をうかべているという心持ちです。もちろん魚は涙を出しません、魚の目の涙はうそですが、そういううそをもって、切実な真実の気持ちを表わすところに、文芸の深い味があります。また、芭蕉のわけへだてのない大きい愛情が感じられるのです。

二、芭蕉が近江《おうみ》（今の滋賀県）で作った句です。芭蕉の一人の弟子《でし》が、特に近江とせずとも、他の国ではいけないわけがあるのでしょうかと聞きました。他の弟子が近江の湖畔《こはん》の「行春」の情景の特異さを味わうことがたいせつだといいました。近江の風景もたいせつだし、上古のわが国の歴史のうえに現われた近江、またそののちの文学史のうえに現われている「近江」というものを背景にして味わうべき句であります。

三、春の日ながをよく表わしています。さえずりたらぬと、不満げにいったところが、かえって春の日ののどかな日ながを表わしているようです。

四、これは大和《やまと》の旅の時に作られた句で、多武峰《とうのみね》から竜《りゅう》門《もん》へ出るほそ峠という所の作です。暖かそうな春の野を見おろしている楽しさを、ことさらいわずに、よく表わしています。

五、芭蕉が江戸の深川《ふかがわ》に住んでいたころの作で、この句によって、初めて俳句の目がひらかれ、蕉門《しょうもん》の俳諧はそれから始まったのだといわれているほどに、昔から有名な句です。

六、そのようすの美しさや、のどかな気分のよさ、それだけではありません。幾度も塀《へい》を越えて、ひらひらと飛びつづける蝶《ちょう》を、ほめているような、いとおしむような、いたわるような、そんな作者のなつかしい気持ちがよく出ています。

七、よく見ると、なずなの白い細かい花がたくさんついている。なんという美しいかれんな花よと、こんな場所にある、こんなに小さい美しいものに驚き、感銘《かんめい》しているのです。作者の自然観の表われです。

こういう経験は、だれもが生活のなかで幾度も経験しているもので、東洋人の伝統的な感じ方です。成長期の子どもが多く経験し、そのことについては深くも考えず、また、意識して記憶にとめはしませんが、自身のからだへ積み重ねてゆくのです。そういう積み重なったものが東洋の自然観の土台となるのです。

それは、見た対象を科学的に分析して調べてみるという態度より、もっと高級な人間的な情緒《じょうちょ》のはたらきです。

八、この俳句は、芭蕉の晩年の最も円熟した時代のものです。佐藤春夫先生がこの句について書かれたことばがありますので、それをよく読んで、詩歌全般の味わい方をさとるようにしてください。

『寒さもややゆるんだきのうきょう、早朝から星をいただいて山路をたどっていると、どこからやら、薄暗がりのなかに梅のかおりがただよい、におってくる。おりから梅の香のなかに朝日が出てくるのが見える。

「のっと」という梅らしい一脈の野趣《やしゅ》のある俗語が、いかにも適切に使われているため、その語感によって朝日の大きさや、おもむろにゆったりと豊かにのぼってくるありさまから、その日ざしの色合いまでが、目の前に自然と浮かんでくるような気がする。

朝日が出てきたので、今まではただにおいだけで、どのあたりにあるとも見えなかった梅のありどころまで、はっきりと見えてきた。

眼前の最も日あたりのいいあたりに、花をつけた梅が何ものよりも明るく第一に目につく。それも一本や二本ではなくて、梅林かもしれない。ぱっと明るく日に映じ出されて、目も一度にさめるほど白く美しい。

「のっと日の出る」がこの句の生命で、嗅覚《きゅうかく》にはじまってやがて視覚に訴えるところに、この句の非凡な余情があるというものであろうか。そこまで読み取ってみて、この句のすばらしさはいっそうよくわかると思う。一読しておもしろく、味わうこと深ければ深いほどいよいよおもしろい。まことに名句である。』（佐藤春夫先生の鑑賞）

九、この句もよく知られた句で、「野ざらしの旅」とか「甲子吟行《かっしぎんこう》」といって、芭蕉が四十一の年、江戸をたち、伊勢《いせ》の神宮に参宮し、故郷の伊賀上野《いがうえの》に帰り、奈良から吉野山《よしのやま》へ上り、後醍醐《ごだいご》天皇の御陵にもうでて、尾張《おわり》へ出て、木曽《きそ》を通って甲府《こうふ》から江戸へ帰りました。

甲子吟行には、「山路来て」とありますが、吉野からの帰り、名古屋の熱田《あつた》に立ち寄った時は、「何とはなしになにやらゆかしすみれ草」と作っています。このほうもいかにも俳句らしい、すみれ草に即した、別のおもしろさのある作です。

十、この句は大和《やまと》の行脚《あんぎゃ》の時、丹波市《たんばいち》（奈良県天理市《てんりし》）で作ったものです。春も終わりに咲く藤の花は、夜のやみにあうと薄墨《うすずみ》色に見えます。終日歩き疲れてくたびれたという旅人のようすと、よく似合った、くれ方の花のくたぶれた感じです。

十一、この句の佐藤春夫先生の鑑賞。

『この句は「奥の細道」に五月十三日中尊寺《ちゅうそんじ》にもうでての作句となっている。ちょうど梅雨《つゆ》あけのころではあるが、ここの「降り残してや」は、その年のさみだれだけのことをいうのではなく、光堂のできた西暦一一二四年以来、数百年間に降った年々のさみだれをいうので、この一語には無限の懐古《かいこ》の情をこめたばかりか、これによって、ものさびしく、しょんぼりと立つこの建物とその内部（かれはこれを見なかったらしいが）、その燦然《さんぜん》と荒廃した状態を想像したその幻影を、他にも感じさせるのは、光堂という固有名詞が適切にすえられているためであろう。

まことに景と情とを尽くして美しく、深い味のある句と思われる。』

十二、この「五月雨を集めて早し」というところを「集めて涼し」と書かれたものも残っています。「涼し」ということばは、古い以前には、はばひろく使われたことばで、男らしくていさぎよい気性をいったのです。

十三、「嵯峨《さが》日記」という、芭蕉が晩年、京都の嵯峨の落柿舎《らくししゃ》に滞在した時の日記の中に出ています。竹藪《たけやぶ》は嵯峨の名物です。ほととぎすの鳴くころは、竹藪の最もさかんな時期です。

十四、ちょっとした観察だけで、よい句のできた例です。

十五、童心を思わせる、なつかしい俳句です。

十六、「奥の細道」の旅に、山形県の立石寺《りっしゃくじ》できいたせみの声の句ですが、このあたりのせみは、ふしぎなすんだ声で鳴いています。

十七、奥州衣川《おうしゅうころもがわ》で作りました。最も有名な句の一つです。奥州藤原氏の栄華《えいが》の遺跡での感慨《かんがい》を述べたものです。

十八、昼顔は午前中に咲き、夕べにしぼむ花です。

十九、いかにも涼しげな句です。「瓜《うり》の土」は、畑から持ち帰った瓜に土がついてぬれているのです。この句は、「瓜の泥《どろ》」となっているのもあります。泥のほうもよいと思いますが、土のほうが好きと思う人は、「瓜の土」と覚えておいてください。青果市場から八百屋《やおや》の手をへて家へはいってくる瓜では見られぬものです。

二十、有名な句です。葉のおちた木の枝に鳥がたくさんとまっているのでしょうか。一わとまっているけしきでしょうか。

二十一、芭蕉がなくなる半月ほど前、九月二十八日の夜、大阪の門弟の家で作った句で、別の門弟のもとへとどけました。芭蕉の自分の家の隣家のことをいっているのではありません。昔の暦《こよみ》では十月からは冬となりますので、秋のなごりの夜だったわけです。しみじみした思いのこもった情愛の感じられる句です。

二十二、越後路《えちごじ》（新潟県）を旅した時の句です。わずか十七文字でこれほど雄大な、はげしい、そしてまた荘《そう》厳《ごん》な気分を出すということは、芭蕉でなくてはできないことです。荘厳というのは、自分の心がすがすがしく、清らかで何か尊いものとともにいるような気分になった時に、その対象を形容するのにつかうことばです。ただきれいな飾りでなく、みごとでりっぱなものを形容することばです。

二十三、この句は、ことわざのように口にされます。いわなければよかった、いったあとで気まずくなったり、損をしたような時に、自分の場合にも、他人の場合にもいいます。「つまらぬことをいってしまった。ものいえば唇《くちびる》寒し秋の風か。」とか「あの人も口をすべらせてばかなことをいったものだ。ものいえば唇寒しだね。」というふうにいわれます。

二十四、いなかの大きい百姓家《ひゃくしょうや》では、今でも牛や馬は、一つむねのなかに住んでいます。古くから日本の農家では、農業の助けをする牛は、人と同じ屋根の下で暮らしていたのです。家族同様の扱いだったのです。それで、牛小屋でなく、牛部屋《べや》だったのです。そういう牛を殺して食うことは、とてもできなかったのです。
　牛が老齢となって道を歩きながら死ぬと大日如来《だいにちにょらい》として祭りました。馬は馬頭観音《ばとうかんのん》ととなえました。いなかの山道でこういう文字の石碑を見たら、昔の日本の農家の風習を思い出してください。

二十五、佐藤春夫先生は、この句を「最上の詩として、ぼくの愛するものの一つである。」といわれ、次のように説いておられます。
『芭蕉はこの時、奥羽から北陸に出てきて、敦賀《つるが》付近で中秋の名月に会ったが、北国日和《ひより》のさだめなく、おりからの雨で月が出なかった。その事実と、ちょうど鐘《かね》が崎《さき》の宿《やど》の主人から聞いた土地の伝説、かつてこの海に釣鐘《つりがね》が沈んだのを国守《くにのかみ》が海士《あま》に命じて探《さぐ》らせたが、竜頭《りゅうず》がさかさまに落ち込んでいたため、引き上げることができず、沈鐘《ちんしょう》は今もそのままになっているという話と、中秋無月のこととを結びつけてなったのがこの句で、鐘はこの海の底に沈んでいるというが、それにしてもせっかくの十五夜にも見えぬ月はどこかと、雨中の月を「月いづこ」と呼びかけたところにこの句の無限の詩趣《ししゅ》がある。この時、月無き、月有るにまさる名句であろう。

　ハイカラで幽玄《ゆうげん》に、趣の深く大きなのは、もっぱら「月いづこ」の一語の、それもこれを初句に置いたための力のように思われる。』

二十六、菊のかおりと奈良の古い仏像の対照から、芭蕉は天平《てんぴょう》の仏像を、単なる芸術品のすぐれたものとして見る代わり、その美しい仏像を今日まで拝んできた、千年にわたる日本人の祖先の信仰心の長い歴史をなつかしんでいるのです。

「菊の花」といわずに「菊の香」といったところが、その感じを出しています。芭蕉は神仏を尊び、深い信仰心をもっていました。それで、人間や自然生物に対するわけへだてのない深い愛情を身につけていたのです。

二十七、芭蕉がなくなる前、難波《なにわ》（大阪）の花屋《はなや》でこの句を作ったのは十月八日、「旅に病《や》んでなほかけめぐる夢心」という句を同時に考え、どちらがよいだろうかと門弟たちに相談しています。

だれもどちらがよいか、いうことができません。しかし、初めに「かけめぐる」のほうの句をいわれたので、これが最後の「病中吟《びょうちゅうぎん》」ということになりました。しかし、「夢心」というほうも、劣《おと》らずよい句で、少し心持ちのちがうものが感じられます。

なおこの最後の句を、「辞世《じせい》」といわず「病中吟」といっているのは、芭蕉は、自分の俳句は、みな辞世の句だとつねづねいっていたからです。芭蕉は死というものにいつも向かいあった気分で、自分の俳句を作っている、という意味をいったのでしょう。いつも死に直面している自分と、自分の行為とを、考えていたということです。

これは日本の封建時代の武士道の教えに共通します。つねに覚悟をきめているということです。人の命は無常《むじょう》であるが、それを永遠なものにしようという考え方を実行したわけで、このような状態の心境にはいることを悟《さと》りといったのです。

しかし、このことはむずかしい道理ですから、われわれは、芭蕉が、自分の俳句はいつも辞世だといったということを、心のどこかへとどめておきましょう。この教えは毎日毎日を、しまりをつけ、悔《く》いのない生き方として送るという考え方にもなるのです。

七　田植えの季節に思う

津《つ》田《だ》左《そ》右《う》吉《きち》

皇大神宮別宮伊雑宮のお田植祭

田植えの季節がそろそろ近づいてきた。ところによってはもう始まっているかと思う。田植えのころは農民にとっては最も忙しく最もほねのおれる時である。一般に農事は労苦の多いものと昔から考えられてきたし、また近ごろはある方面で、日本の農民はあまりにも過重な労働を課せられている、というようなことがいわれもするようであるが、労苦(一)といえばいわれるほどの労働は、田植えのころのが第一であろう。しかしその労働はいたずらなる労働ではない。

(図版説明)伊雑宮（いぞうのみや）のお田植式は古くから行なわれ、香取神宮、住吉神社のお田植祭と共に日本三大田植祭として有名である。

(一)　労苦といえばいわれるほどの　日本の農民はそんなにまで過重な労苦をうけているのだろうか、と一応疑いつつ、しかし労苦ということばでいうとするならば、という形の叙述である。

水田耕作についていうと、ほねおって植えた苗の日々に成長し、朝夕に田の面《も》の色の濃くなってゆくのを、注意して見守《みまも》っている農民は、それに大きな喜びを感じ、やはりほねのおれる田の草取りも、労苦とばかりは感ぜず、（二）すべきこととしてその仕事をする。ただ、それにはある程度の努力がともなうのみである。

すべて農事の労働には、物を作る楽しみ、育ててゆく楽しみがあり、また秋の収穫《しゅうかく》を期待することによって、作るものができ上がり、育てるものが成熟するのを心にえがく楽しみがある。水田耕作のみでなく、すべての農事がそうであって、これは（三）心ある農民の昔から体験してきたことである。努力には多かれ少なかれ労苦がともなうが、努力しないところに成功はなく（四）労苦をへない楽しみのないことは、なにびともが知っていたのである。働くことを労苦とするかしないかは、たんなる肉体の問題ではなく、半ばは精神的のことであり、つまりは心持ちの問題である。のみならず、もう一歩進んで、作物を育てるのは労苦を忘れわれを忘れての仕事であって、親が子を育てるに苦労するのと似ている、ともいえる。それはむしろ（五）一種の愛情のはたらきである。

江戸時代に日本に来ていたオランダの長崎商館長（六）ツンベルグは、日本の農民を賛美して、「彼らは農業を愛し、忍耐と細心の注意とをもって耕作し、労働そのことを楽しんでいる」と、いっている。農事についてはなんの経験もないが農村に育ったわたくしは、

（二）すべきこととして……　この義務という考え方には、昔から百姓（ひゃくしょう）がしてきたことをせぬのはお天道さまに申しわけがない、というような日本の農民の考え方がある。

（三）心ある　人間としての心をもつ、おもいやりの心のある、の意。愛情とおもいやりのあるのが人間の資格である。

（四）労苦をへない楽しみのないこと　東西古今に学問が始まってこのかた、人間の考え続けてきた真理の一つである。

（五）植物をそだてることから愛情が発生するという道理にふれている。

（六）ツンベルグ　スウェーデンの植物学者・医学者（一七四三―一八二八）。オランダ東印度会社にはいり、安政五年長崎のオランダ商館医として来日。江戸参府に加わる。著「ヨーロッパ・アフリカ・アジア旅行記」

狭《せま》い見聞《けんぶん》のおよんだかぎりにおいては、この観察がよくあたっていることを感ずる。

もちろん、なんらかの方法によって労働が緩和《かんわ》せられ、しかもそれによって効果の減少することがないならば、それにこしたことはなく、またそうするためにできるだけのくふうをすべきである。現に今日では、農業の技術の発達、作物の品種や農具や肥料などの改善、農民の知識の進歩またはその生活程度の高まったこと、なお、その他のいろいろの事情によって、何十年かの前に比べると労働がずっと軽減せられているのみならず、作物の種類も多くなり、水田についていうと米の品質もよくなり収穫も多くなっている。

けれども日本の風土の自然に適応し、またそれを利用もし、そうして遠い昔からの伝統をもっている農事、特にそのおもなるものである(七)水田耕作は、変わらずに行なわれているから、それから生じそれにともなっている労働には、今も昔と同じ性質があり、したがって農民は、季節によっては、かなりに激しく働かねばならぬ場合がある。八時間労働というような(八)抽象的な規範が農事にあてはまらないことは、いうまでもない。ヨーロッパやアメリカの農業を引き合いに出して日本の農民の働き方を(九)是非《ぜひ》するにいたっては、なお そうである。

日本の農業は仕事が細かく、時間と労力とを多く費やさねばならぬが、しかしそこに

(七) 水田耕作 米を作る農業のこと。ものの考え方やくらしにおいて、米を主作とする地帯と、小麦を主作とする地帯には、大きいちがいがある。

(八) 抽象的な規範が農事に… 農業の作物の実際からいうと、八時間労働というようなきめ方は抽象的だという意味である。

(九) 是非する よしあしを言う。

農民の心用《もち》いの細密さがあり、熟練と独自のくふうをする余地《よち》とがある。日本人の園芸や果物《くだもの》の栽培が世界的に有名になっているのも、かかる農民生活の経験によって、しだいに養われてきた(一〇)特異の能力の現われであるべきことを、考うべきである。労働の(一一)多寡《たか》というような点からのみ農民の仕事を見るべきではあるまい。そこには一種の(一二)風尚《ふうしょう》と生活気分とがある。

　ここで少しく昔ばなしをしてみる。(一三)明治の十年代、わたくしの少年のころには、ふだん着はみな手織りもので作られていたので、母がみなそれを織ってくれた。この風習は農村だけのことではなく、たしかには知らぬが、もとの武士階級でも身分の低い家では同様なところがあったかと思う。それを織るには、地《じ》にする色の糸と、それとは違う一、二種か二、三種かの糸とを、いろいろに組み合わせて「縞《しま》」を作るのであるが、その「縞」を、老人なり子どもなり、その性別や年齢なり、またはそれが家の(一四)品位《ひんい》とか(一五)家風《かふう》とかにかなうようにするために、色の選び方と組み合わせ方とにくふうと(一六)創意《そうい》とがあった。そうしてそれには、物の美しさに対するいくらかの感受性とほんのわずかの(一七)計数の知識とが必要なので、そこにも織るものの人としての働きがある。織ることに細かい注意と熟練とが要求せられ、そこにも個人的の能力が現われることはいうまでもない。

　(一八)画一的《かくいってき》な大量生産によって製造せられたものを、同じく大量に取り扱う商業機関をへ

(一〇)　特異の能力の…　多分、特異の能力のあらわれだろうと思われること。

(一一)　多寡　多いことと少ないこと。多い少ない。

(一二)　風尚　①けだかいようす。②その時代の人々の好み。

(一三)　明治の十年代…　大正時代でも、地方の小学生は母の手織りのつつそでの着物で通学したものが多い。

(一四)　品位　自主的な態度が外に現われた状態。

(一五)　家風　家に伝わった一つの風儀。

(一六)　創意　新しいものをつくりだす着想。アイディア。

(一七)　計数　数を計算すること。算用、みつもり。

(一八)　画一的とは、何もかも一様にそろっていること。古い手仕事の時代のくらしにおいては、人間が自主独立的であった生活上の面が、現在失われつつあることを述べている。

て求めねばならぬ今日の状態では、よし、そこにいくらかの選択の余地がないではないにせよ、個人的の嗜好《しこう》〔一九〕にかないそうなもの、もしくはそれに近いものは、ほとんど得られない。人がみな一様に流行にひきずられてゆくようになるのも、一つはそのためである。現代生活のあらゆる方面において、個人はまったく多数（マス）の力に圧倒《あっとう》せられているが、これもその一例であろう。

　ここにおいてか、わたくしは少年時のことを思い出さざるをえないのである。それのみならず、家々で はた織りをするのは、織るものみずからは物を作ることの楽しみを味わいうるとともに、似つかわしき衣《ころも》を着たことにほおえむ人々の喜びを見るにもまた大なる喜びがある。高級な衣服の料《しろ》は織ることができないけれども、それはまれにしか用いないもののことである。たいせつなのは日常生活における衣服である。手織りものの堅実《けんじつ》〔二〇〕で持久性《じきゅうせい》のあるのもまた、日常生活にとっては必要なことであるが、商業主義〔二一〕と大量生産の方法とによる今の織物には、いかにそれが乏《とぼ》しいことか。そうして、それは人々がたえず変えられてゆく流行のあとを追うて走ることと相ともなうものであり、また思想と生活とにおける個人の独自性〔二二〕を保とうとしない今日の日本人の軽浮《けいふ》〔二三〕な心理とおのずから相応ずるものでもある。

　こういったとて、もう長い間すたれているこの風習を今の時代に復活させようという

〔一九〕嗜好　たしなみこのむこと。このみ。

〔二〇〕堅実で持久性のある　まごころをこめてつくられたものが、強くできていて、用いてもなかなかいたまない性質をもっていること。

〔二一〕商業主義は持久性を喜ばないが、現代では品物を使う人もまた持久性を喜んでいない。

〔二二〕独自性　自主独立の精神のあらわれ。

〔二三〕軽浮　考えが浅くて思慮のないようす。

のではない。今日の経済組織のうちにいてそれを復活させようとするのは、汽車の通じているところを歩いてゆけというのと同じであって、実現のできないことである。ただ今日の一般の家庭の婦人、特に若い女性には、奇異《きい》なことのように思われるであろうこの風習には、労(二四)力を惜しまぬ心がけと、ここにいったような豊かな人間的情味とのあることを示そうとしたのみである。

　今は家庭生活においても、労力を省くために何ごとによらず機械の利用を喜ぶ気風があるようであって、それにはよい効果のある一面もあるが、あまりに機械に依頼する場合には、人の個人的の能力と生(二五)活の潤《うるお》いと人間的情味とをなくする一面がそれにあることをも、考えねばならぬ。いささかの時間と手数と労力とを惜しんで、少しでも「労働」を避けようとするならば、必ずこの弊害《へいがい》が生ずる。はた織りをしないまでも、万事につけてこれだけの心用《もち》いは必要であろう。ところが、農事には、今もなお家々で はた織りをするのと同じ精神がはたらいている。

　日本の農事は画一的《かくいってき》な大量生産の方式によることができない。そのかわりそれは、耕地の位置やその地質や水利の便否《べんぴ》などがいろいろであり、風雨、陰晴《いんせい》(二六)、寒暑などの変化の多い自然界の状態や動きに応じ、また村落の形態や家族生活の状況や個人の心がけ、意気ごみ、経験、能力などのいかんによって、仕事のしかたもその成果も一様でないと

(二四)　愛情とか親切というものは、労力を惜しまぬ心がけをもとにしたものであった。

(二五)　生活の潤いと人間的情味とをなくする一例として、食生活が大量生産のかんづめばかりになって手料理をしなくなると生活のうるおいがなくなる。

(二六)　陰晴　くもりとはれ。

ころに、人としての働きと人間的情味とがある。機械の利用もところにより仕事により場合によってはできようし、また望ましくもあるが、一般にはそれによることはできず、また、強《し》いてそれに依頼することになれば、その逆《ぎゃく》なはたらきとして、人（二七）の生活が機械化せられるおそれがある。

　農事における家族生活の重要性もまた注意せられねばならぬ。日本の農事は一般に家族の協同の働きによる仕事とせられ、特に田植えとか取り入れとかの忙しい季節には、老人や子どももそれぞれの能力に応じた手助けをするので、それには伝統的の家族制度ともつながるところがある。

　そこで話を家族制度のことに移そう。最近には法制の上で家族制度に大なる変革が加えられ、そうしてその変革には、首肯《しゅこう》（二八）せられることもあるが、そうでないこともあり、また首肯せられることでも、長い間行なわれてきた現実の習俗《しゅうぞく》（二九）は、法制上の処置《しょち》のみで急激にそれを変革《へんかく》することはできず、強いてそうしようとすれば、そこに生活上の幾多の紛乱《ふんらん》（三〇）が生ずる。のみならず、いかなる法制にも利弊《りへい》は相ともなうものであるから、かかる紛乱の場合には、旧法制の弊害《へいがい》がまだ去らないうちに新法制の弊害がそれとともに起こり、二重の弊害がからみ合って人を悩《なや》まし世を悩ますことになりかねない。

　（三一）もともと法制を定めるには、一般の習俗に従って、それに法制としての形と権威とを

（二七）　人間の考えで作り、使っていた機械に、反対に人間が使われるようになる。そうして、くらしの中で人間性の余地がなくなる。近代のしくみの最も困った傾向と考えられているところである。

（二八）　首肯する　うなずく。

（二九）　習俗　ならわし。風習。

（三〇）　紛乱　まぎれ乱れること。混乱。

（三一）　「もともと法制を定めるには」以下八行　こういう場合に、明治の日本人はどういう生活態度をとってきたかということについて、その歴史的事実を知るべきである。

与えるのが順序であろう。習俗とても、人々の道徳観念や生活気分や生活意欲の変化により、生活そのものの変化により、また社会的、経済的状態の変化によって、おのずから変化するものではあるが、それは急激には行なわれないので、そこに習俗の本質がある。したがって、法制の改定は、かかる習俗の変化がほぼ一般に行なわれたのちにおいてすべきである。法制によって習俗を変革しようとするのは逆なしかたであろう。特に新法制が、習俗のまったくちがっているヨーロッパやアメリカにおいて、また、それらの特異の習俗によって構成せられた思想に基づいたものであるとすれば、なおさらである。

法制のことは別問題としても、われわれの日常生活に最も切実な、また、人生の最も基本的なことがらがその根底にある家族生活の習俗を、その生活とはもともと関係のない、ここにいったような思想、というよりもむしろ外部から与えられたなんらかの知識によって、軽率《けいそつ》に変革しようとする考え方があるとすれば、それは、きわめて危険なものである。

これまでの習俗には、現代の生活には適合しないものが含まれているから、それを改めようとすることはよいが、それにしても、それを改めるには順序があり方法があろう。なによりも、その習俗にはいろいろのことがらがあり、一つのことがらにもいろいろの方面があるのみならず、家族生活を動かす外部のさまざまの事情もあって、それらが互いにからみ合っているから、そのうち一つを改めようとしても、その一つだけではすまされぬことを考えねばならぬ。たとえば、同じ家屋に住んで日常の起居《ききょ》(三二)をともにし、また、経済的にも一つの生活体をなすのがふつうである、家族の構成をどうするかというようなことについても、それを簡単に、また一様に考えることはできない。職業や富の程度や家族員の多寡《たか》、年齢、性別、または親子とか夫妻とか兄弟《きょうだい》とかいうその親縁《しんえん》(三三)の性質などの差異があるうえに、これらのものの一々がみなそれぞれに、家族外における社会的ないろいろの関連をもっているために、それがいっそう複雑になるからである。

だから、家族は夫妻とその子どもとで構成すべきであって、成人の親子などは別居すべきである、というような考えですべてを処理しようとするようなことがあれば、そこからいろいろな故障が起こってくる。老成人(三四)には保守(三五)的気分が強く、若い者には自我《じが》(三六)を固執《こしゅう》する傾向があって、その間に衝突《しょうとつ》が起こりやすく、また、近づきすぎると互いに反《はん》撥心《ぱっしん》が起こり、離れているとかえって親しみが生ずるという心理もあるから、成人の親子が別居することはその点ではよいことであろうが、それには経済的にできるのとできないのとがあるから、できない場合には、べつに上記のごとき衝突や反撥を起こさぬようにくふうをしなければならず、そうして、それは心がけしだいでむずかしいことではあるまい。

(三二)　起居　生活。

(三三)　親縁　親族関係でその縁の続き方。

(三四)　老成人　年長者。

(三五)　保守　先祖のすぐれた仕事や考え方や伝統を正しく評価し、民族の永遠性に対する信頼感をもち、一時の思いつきでものごとを変更せぬ立場。

(三六)　自我を固執する傾向に対し、保守的気分は、自我を主張するまえに、伝統の評価と信頼にもとづいてものを考える。

人はひとりだけで生きてゆかれるものではなく、家族または社会の一員として、なんらかの形においての協同生活をしなければならぬ。したがって、おのれひとりの思うままにふるまうことは、いかなる家族生活、いかなる社会生活にあっても、本来できないはずである。そこには必ず自制《じせい》と、他人に対する(三七)寛容《かんよう》とがなくてはならず、そうして、それには互いに(三八)相手の立場に立って自己を見る心がまえが必要である。

それだにあれば衝突や反撥は起こらないのがふつうである。これは自己の独立性をそこなうことではなく、かえってそれを堅持することなのである。他と協同することによってはじめて自己が存立し、自己の存立することによってはじめて他との協同ができるからである。協同生活の情味の最もこまやかであるべき家族生活においては、このことが特に重要である。かかる家族的協同生活の(三九)統一体が「家《いえ》」であって(これは法制上の「家」をいうのではない)、その「家」の構成には、ここで考えているように種々の問題があるけれども、なんらかの構成による「家」の存立は人の生活の本質的な要求である。

今世間で社会保障の問題がやかましく論ぜられているが、社会という観点からみると、「家」はその最も小規模のものであり、個人と最も親近なものでもあるから、社会保障ということについても、家族の成員は「家」で保護し、その生活は「家」で処理するという昔からの風習をまず考うべきではあるまいか。経済上またはその他の種々の事情が

(三七) 寛容　心がひろくてよくうけいれること。

(三八) 相手の立場に立って……　相手の立場に立って自己を見ることは、人間のみにできることである。

(三九) 統一体　個々のものが、しっくりと一つにかたまったかたち。具体的なくらしが、目的や理念や精神において一つになっているもの。また、そうさせる根本のもの。

あるにしても、考える順序(四〇)はこうすべきではあるまいか。そうして(四一)、そこに「家」という協同生活の意義がある。

　家族生活についてはなおいうべきことがある。今日は変革の時期であって、老成者とは思想の違う若い世代のものがその変革の精神の具現者《ぐげんしゃ》(四二)である、というようなことが世間の一部でいいはやされ、家族生活についてもそういう風潮(四三)に誘われて、旧習の破壊をおのれらの使命と思っている若い人たちがあるようにみえるが、人の思想の違うのは、必ずしも、いわゆる世代の違いによるのではなくして、むしろ教養の程度や性情の差異や年齢の多少などによることが多く、どの世代のものにも、またいつの世にもあることである。

　そうして、それとともに、今のいわゆる若い世代のものであることを誇っている人たちの思想には、自己自身から出たものではなくして、ここにいったような風潮によって他から注入せられたにすぎないものが多いようである。自己のしっかりした思想をもつまでの学識と経験とがなく、一般に教養の足りないのが、年齢から見ても、彼らの経歴した世情から見ても、当然だからである。若い世代ということをいいはやすのは、じつは若い年齢を尊重するからではなく、かかる風潮(四四)を世にみなぎらせようとするためであるらしい。

(四〇)　考える順序　考えをすすめる正しいすじみち。

(四一)　そうして、そこに……　そういう考えを導くということが、家という協同生活のもっているねうちである。

(四二)　具現者　はっきりとあらわす人。その人にあらわれていること。

(四三)　風潮　一般の傾向。ときのながれ。

(四四)　かかる風潮……　互いに相手の立場に立って自己を見る心がまえをなくし、いちずに旧習の破壊をはかるような近ごろの一つの風潮。

　若い年齢のものには、感受性[四五]に富み、一本気[四六]になり、その言行《げんこう》に清新のふうがあり活気があって、思ったことをすぐにいいすぐに実行し、したがって、因襲《いんしゅう》[四七]にとらわれず旧習に拘束《こうそく》せられない、というような長所があるが、しかし長所を長所としてはたらかせうるのは、よし経験が少なく学識が狭くとも、人としての教養があり、事物に対する独自な感覚および情思[四八]と意見とをもっているもののことである。世代という語で表現せられるような一般的な気風に動かされたり追従《ついじゅう》[四九]したりしているにすぎないものにはそれはできない。だからそういう人たちが家族生活の風習を変革しようとしても、それはじつは、いたずらに紛乱《ふんらん》を起こさせるのみのことであろう。

　家族生活に関するもう一つの例をあげるならば、婚姻《こんいん》がそれである。婚姻に関する風習において、当事者[五〇]の情思を無視または軽視し、家族のなんびとかの功利的[五一]な動機や父母の意向のみによってことを処理するようなことが今なお行なわれる場合があるとするならば、それは改めねばならぬ。

　しかし、婚姻は婚姻だけのこと当事者の結合だけのことではなく、一方では、これまで考えてきた家族の構成に関することであるのみならず、他方では、それによって生ずる子孫のことが重要である。人が祖先からしだいに受けてきた血統をしだいに子孫に伝え、その子孫の素質とはたらきとをしだいによくしてゆくこと、その意義での「家《いえ》」を

(四五)　感受性　ものに感じやすい性質。
(四六)　一本気　他をかえりみることのできない性格。
(四七)　因襲　古いしきたりの風習。
(四八)　情思　人間らしい情操のあるおもい。
(四九)　追従　他人のしりうまにのること。
(五〇)　当事者　事に関係する当人。この場合は結婚する人。
(五一)　功利的　自分のための利益をまず考える傾向。

尊重することが考えられねばならぬ。「家」は上にいったごとく現在の家族の協同生活の統一体であるが、家系《かけい》(五二)として、はるかなる過去から永遠の未来につながる「家」も、また人の生活としては本質的のものである。

したがって人は、現在の「家」に対してそれをよくしてゆく道徳的責任があるとともに、家系をついでゆく子孫に対しても同じ責任がある。どこの国でも家系を尊重する風習があり、古い由緒《ゆいしょ》のある家は旧家《きゅうか》としての特殊の品位《ひんい》と風格《ふうかく》とをそなえ、そのために一種の奥ゆかしさ(五三)が感ぜられるのみならず、その家を継承するものも意識してその風格を傷つけないように注意し、それの保たれることに誇りをもつのがつねである。

ところがそれには、個人に個性があると同じく、家によってなにほどかの特色がおのずから生じ、したがって、よい意味での家風ともいうべきものがそこに成り立つ。わが日本にも現にそれがある。今の日本のいわゆる(五四)知識人は、たぶんこういう家系とそれにともなう家風との存在を認めず、あるいは「封建的」と称してそれを非難し、あるいはそれを破壊すべきものとするであろうが、それは、かかる人々が家系を継《つ》ぐものの努力によっておのずからつくられてゆく家々の美風を感受することができないからであろう。

もちろん、それには弊害がともなう場合もあるが、いかによいことでも欠点はあるから、欠点のあることのみを見て全体としての美風を認めないのは、偏見《へんけん》(五五)でもあり浅見《せんけん》(五六)で

(五二)　家系　家の系図、歴史。

(五三)　奥ゆかしさ　奥ふかく感じられ、心ひかれる。

(五四)　いわゆる知識人　この「いわゆる」は、本当の知識人ではないが、そういっているという意味。

(五五)　偏見　かたよった見方。

(五六)　浅見　考えの浅い見方。

もある。それはあたかも、ヨーロッパでもアメリカでも良家においては、家庭における家族の秩序を正しくし子どものしつけを重んじているのに、それを知ってか知らずてか、日本の上記の知識人が、そういう風習を「封建的」として非難するのと似たことであり、またそれと関係のあることでもある。のみならず、ここでいったのは、世間的地位とか財力とかに関することではなくして、子孫がしだいに人としての品位を高め、精神的に優良なはたらきをするような家風をつくってゆくことに努力すべきだということであって、この意味で、家系とそれによって成り立つ「家」とを重んぜよというのである。

しかし、すでに述べたごとく、家族生活における習俗に改むべきもののあることは事実である。が、それは実生活のうえにおいて、前々からすでにいくらかずつ行なわれてきたことである。都会の生活者、特に俸給《ほうきゅう》によって衣食(五七)するものは、職務上の必要と住地の一定しがたいこととから、成人の親子はおおむね(五八)別居する習慣が生じていて、起居をともにするのは夫妻とその子どもとのみである場合が多く、また、保険およびそれに類する方法があるため、老後の生活を子に依頼するという旧習はしだいにすたれてきた。ただ、農家ではそれと違って、古くからの習俗がほぼ守られているし、農業生活の必要からそれが要求せられもするが、それでも俸給または賃銀によって衣食するようになった子どものある場合には、それと父母とはやはり生活を別にすることになる。なんらか

(五七) 衣食する　生活をたててゆくこと。
(五八) おおむね　あらまし。

の特殊な思想の力によって、ことさらに変革を行なわないでも、生活そのものが、生活の必要上、いつのまにか徐々に変わってきたのであるから、変えようとして変えたのではなく、おのずから変わってきたのである。また、変えようとしても、それはむずかしいことである。

婚姻《こんいん》についても、教養ある社会においては、昔あったような習慣は今はほとんどなくなり、そうしてそれはしだいに農村にもおよんできているが、これもまた実生活がそれを要求したからである。ところが実生活上の要求から出たことは、実生活を破壊するような思想をば容認しないから、そこには、いろいろの形で、おのずからこれまでの家族生活との調和が行なわれている。家族生活の紛擾《ふんじょう》(五九)は、それに属するものの世代のいかんを問わず、教養がなくして偏固《へんこ》(六〇)な思想をもち、放恣《ほうし》(六一)な行動をするものがある場合に生ずるのである。

さて、法制のことに立ちかえって一言する。法制によって風習を変革しようとするのは逆のしかたである、と上にいったことの意味は、ここまで考えてきたことによってほぼ知られるであろう。ただ、実生活の必要から風習がおのずから変わってゆくには時間がかかるから、ゆっくりそれを待つべきであるが、いくらかでもそれを促進《そくしん》(六二)する道がないではない。それは、習慣から生じた偏僻《へんぺき》(六三)の見《けん》や、他から与えられた思想を軽信してそ

(五九)　紛擾　もめること。
(六〇)　偏固　心が一方にかたよってかたくななこと。へんくつ。
(六一)　放恣　わがままでだらしがないようす。
(六二)　促進する　早める。
(六三)　偏僻　心がかたよりひがむこと。ねじけること。

れを固執《こしゅう》(六四)するような態度を、みずから改めてゆくことのできるほどに、国民一般の教養を高めてゆくことである。そうしてその教養の一つとして、事物に対する正しい理解力、判断力をもたせるようにすることが考えられるが、今の問題については、法制上の規定と道徳との区別および関係を明らかにすることが、その一つであろう。

江戸時代には成文法《せいぶんほう》(六五)というものははなはだ少なく、多くは現実の風習と当時の道徳上の常識とによって処理せられたので、ふつうの民衆には今日でもなお一面には、それから継承《けいしょう》せられた考え方が残っており、それを逆に適用して、法制の上で許されていることは道徳的に肯定《こうてい》せられていることのように、またはするのが当然であることのように、思いなされるふうがある。それとともに、ヨーロッパの特殊の事情から発生した人権の概念が日本の法制にも取り入れられたにつけ、その概念の根底には道徳的要求の存在することを深く考えず、したがって、その人権を無制限に主張して、権利には義務のともなうことをすら思わない気風が近ごろにいたって特に盛んになった。

なおこれらのことと関連して、道徳的意義において、人のなすべきことをなんらかの権力のごときものによって他から強制せられることのごとく錯覚《さっかく》(六六)し、そうして(六七)それには、人と人との関係が暖かい人間的情味によって初めて成り立つものであることを忘れ、人事をすべて物理的な動きのごときものとして見ようとする態度のからまっている場合の

(六四)　固執　どこまでも自分の立場を主張すること。

(六五)　成文法　文書として公布された法律。

(六六)　錯覚　見誤ること。

(六七)　ここでの「そうして」は、錯覚の原因となっているものを、さらにつっこんで考えると、の意。

あることが考えられる。家族生活に関する思想の混乱には、これらのことから生ずるものが多いようであるが、それは少しく教養のあるものがおのずからもっている理解力と正しい判断力とをもたないからのことである。習俗を改める道は教養を高めるにある、ということの一つの意義はここにある。

いうことはそれからそれへと移ってきて、書きだしからはひどく離れてしまったようであるが、いおうとしたのは、日本の農業、特に水田の耕作の特色を思い、それに従事する農民の心理と勤勉な気風との美点をあげ、また、それが伝統的な家の構成と密接の関係のあることを考え、労力をいとい、また家族生活の習俗を否認するがごとき思想の流行に対して、(六八)ある抗議《こうぎ》を(六九)提起《ていき》することであった。

少年時を農村で送ったわたくしは、初夏の季節のきのうきょう、にぎやかに行なわれる田植えの光景を想起し、ほねはおれても生き生きと働く農夫の行動、泥《どろ》にまみれても女性らしいたしなみを失わぬ(七〇)早乙女《さおとめ》の姿、今はすたれたところが多いかと思われるが田植え歌の朗《ほが》らかな声調、おりおりは何に興じてかあちこちに聞こえる高笑いのひびき、老《ろう》若《にやく》それぞれにあずかるところのある楽しげなその仕事ぶり、場合によっては隣里《となりざと》の助け合うありさま、植え終わった田の面《も》の美しさ、などをおもかげに見て、田の神の恵《めぐ》みのあつからんことをよそながら念じ、そこから思いついて筆をとったのがこの小稿《しようこう》である。

(六八)　ある抗議を　一つの抗議を。
(六九)　提起する　さし出し示す。
(七〇)　早乙女　うら若い女性。田植えに早乙女が出るのは、わが国水田耕作の信仰上の伝統となっている。

〔解　説〕

この文章は、精巧《せいこう》な論理的な文章というもののお手本としてもよいような文章です。国語の勉強といううえから、この文章に学ぶところは、(一)論理が整然としていること。(二)文法に従っていて、意味のうえでの疑いの起こるようなところがほとんどないということ(文章上の正確さ)。(三)細心《さいしん》緻密《ちみつ》にゆきとどいた叙述《じょじゅつ》が進められていること。(四)論理的に整然とした、科学的な文章でありながら、人間的情緒がいたるところにただよい、文学的な香気の高いこと。

津田先生は、明治時代の方ですが、大正時代から昭和にかけてのわが国の歴史学者として、最高の位置におられました。その学風の細心で、その古典学的な緻密さは、文章にもよくあらわれています。近来の文章の歴史を見ますと、こうした種類の文章は、大正時代にはいってから、広い歴史的視野をもち、国際的な教養を身につけた学者が書いていています。それは新しい国文の一つの形式です。津田先生の文章はその代表的なものの一つです。

正しい文章を書くためにはていねいにものを見、自分で考え、正確に道理をみきわめねばなりません。ほんとうの学者は、一つのことに対して、どういうふうにその考えを進めてゆくものか、ということが、この文章でわかります。対象のなかから問題を見いだし、その答えを考え、関係することがらを、つぎつぎにたずねて引きだし、それをさらに分析し、一歩進めば二歩立ちもどるようにして、前後左右に注意しつつ、少しも無理をせずに、この世の真理を学ぼうと努めるのです。昔からいう「縁の下の力持ち」に似たような仕事をするのが、ほんとうの学者の仕事です。

この文章では、内容を理解するとともに、自分で問題を考え、問題を作る、ということを学ぶことができます。細かく、ていねいにものを見て、誠実に考えてゆくと、思いのゆきとどいた、内容の充実した文章ができるということを、さとるでしょう。しかし、こうした心のはたらきは愛情がもとです。

この文章は津田先生が、国民の広い層を読者とした大衆的な雑誌に書かれた、一般の教養のための文章で、学術上の論文ではありません。

〔問題のしおり〕

一　オランダ人のツンベルグが、日本の農民を賛美して、

「彼らは農業を愛し、忍耐と細心の注意とをもって耕作し、労働そのことを楽しんでいる」といったことばを評して、津田先生は、「狭い見聞のおよんだかぎりにおいては」と謙遜《けんそん》しながらも、「この観察がよくあたっている」といっておられます。ツンベルグのことばにある「楽しみ」とはどんな楽しみをさしたのか、愛情と労苦と楽しみとを関連させて考えてみることは、人生においてきわめてたいせつなことです。それを考える人はどんな失意や逆境に立っても希望を失いません。

二「わたくしの少年のころには、ふだん着はみな手織りもので作られていた」と、津田先生は、明治十年代のころの思い出話をしておられます。手織りのことは、この「規範国語読本」のなかの河井寛次郎先生の文章にも見えます。河井先生のお話は、明治三十年前後のことです。津田先生はいっそうくわしく、手織機を織った人（母親）の心持ちに深く立ち入ってのべておられます。そして「農事には、今もなお家々で　はた織りをするのと同じ精神がはたらいている」と書かれています。この「同じ精神」というのが、この文章のだいじなところです。

三　機械利用や大量生産によって、人間の得る面と失う面とが書かれてあります。それは人類将来の道として、また愛と平和の問題として、今日の世界のすぐれた人人が関心しているところです。

四　これまでの習俗には、現代の生活に適合しないものが含まれているので、それを改めるのはよいが、それには順序があり方法があります。ちょっとした生活環境をかえたことが、長い年月の間にどんな影響として現われたかということは、ものごとをていねいに見た歴史家にしかわからぬことで、歴史家の最も案じるところです。

五　この文章の後半には、「家族生活における習俗」のことが、くわしく述べてあります。これは、「農事における家族生活の重要性」をとくに強調される津田先生の考え方から出ています。そのなかに、「家を重んぜよ」ということばが見えます。「家」とは何であったかということを知ることが、まずたいせつです。その「家」について、津田先生はていねいに教えられています。まちがった考えに立ってさき走る人はいつも多いもので、それはやさしい道です。正しい考えに立って未来へ進もうというのが、教養ある人のあたりまえの考え方です。そして、それには勇気がいるのです。

八 暮らしと文明

長谷川如是閑《はせがわにょぜかん》

一

　互いに接触する国々の間で、相互の文明の交流が行なわれ、やがて同じ性格の文明が(一)多くの国をあわせて、共通の性格をもった文明圏《ぶんめいけん》(二)をつくりあげる、これは東洋・西洋の文明に通じた現象である、シナ大陸にしろ、インド半島にしろ、いずれも多数の民族の国々から成っているのだが、それらの国々の文明は、シナ文明とか、インド文明とかいわれている、広い文明圏を形づくって、その圏内の国々の文明は、だいたい共通の性格のものになっている。

　ところが日本は、東洋の果《は》ての小さな島国で、古代から近隣のシナ大陸や朝鮮半島の文明をとり入れてきたにもかかわらず、それとはまったく性格を異《こと》にする日本独特の文明をつくっている。

一

(一) 多くの国に同じ性格の文明が行なわれる現象をいう。

(二) 文明圏　共通した文明をもっている地域。

日本も、飛鳥《あすか》、奈良《なら》時代以前の文明は、ことにその文化形態において、近隣の朝鮮半島やシナ大陸のそれに似たもので、服装でも、神武《じんむ》（三）天皇の画像で見られるような、大陸の筒袖股引《つつそでももひき》型のそれだった。

およそ衣服の型は、世界を通じて二つに大別される。その一つは古代日本の、またいまの洋服と同型の筒袖股引型で、いま一つは、ガウン（四）のような被覆《ひふく》（五）型のそれである。日本の古代の服装は、その前者の、隣の大陸の筒袖股引型だったが、奈良時代を過ぎたころからいまの被覆型が生まれて、平安時代には男女とも日本独自《どくじ》の着物になった。

住宅でも、いまの床《ゆか》の高い、外を歩くはきものをぬいで上がる、日本以外には見られない式で、その床も厚いわらの畳を敷きつめて、ひざを折ってそこにすわる。これも世界に例がない日本独自の様式である。

明治のころに西洋人が、日本の住宅を「木と紙の家」といったが、東西を通じて類のない式で、その日本住宅の特徴は、日本の自然条件——風土や気象——に応じた様式で、障子《しょうじ》のようなもの一つをとってみても、ガラス戸と違って、家の内外の空気を厳重に遮《しゃ》断《だん》するよりは、むしろ流通させる、どこの国の住宅の建具《たてぐ》にも類のない紙のドアである。

しかもその障子の桟《さん》は、日本的な線の美を持ち、そのへやの気分に応じて、その桟の様式はきわめて多様であることは、西洋のガラス戸や板戸の桟が、すべて一様の、一文

（三）神武天皇　人皇第一代の天皇。日向（宮崎県）の高千穂から海路東上され、大和（奈良県）の橿原（かしわら）で即位された。

（四）ガウン　長いうわぎ。法廷で判事・検事や弁護士が着ている。

（五）被覆型　おおいかぶさるようになっている型。

字型と十字型であるのとは比べものにならない、日本人の線の芸術の一つである。

このごろ日本の建築技師が、洋間に障子を使っているが、その格子《こうし》の桟はことごとく正方形の、いわゆる真四角なのは、いまの技師には、へやの気分に応じて障子の桟を多様にする日本人独特の「線の芸術」の伝統的感覚が失われたのだろうか。

夜間だけの雨戸も、日本以外に見られないものだが、昼間はそのことごとくを戸袋《とぶくろ》に収めるのも、他国にはない式である。このごろアメリカの郊外の小住宅には、日本の引き戸をまねて、客間には大きい一枚ガラスのドアの引き戸があって、夏はそれを戸袋に収めて網戸に替える、開放式の家もあるが、戸袋の付け場所がうまくいかないらしく、戸袋だけが、家の外にはみ出しているのがある。生活の面で合理性を誇っているアメリカ人は、日本家屋の合理性をとり入れているわけだが、戸袋だけが家からはみ出しているのがあるのは、いささか日本的「合理性」からはみ出しているかっこうである。

二

どこの国でも、生活文化の型には、言語にしろ行動にしろ、芸術的の味をもったもののあるのは普通だが、しかし日本ほど日常生活そのものに芸術味のある国はないように思われる。それは日本独自の生活文化の一つの特徴で、いまは、だいぶうすれはしたが、それは、日本文明の独自の性格をもちつづける必要条件なのである。

　古代から伝統的にもちつづけてきた日本独自の芸術を身につけているのが日本人で、雅楽《ががく》(一)や能楽《のうがく》(二)というような、古代、中世の音楽や劇を現代にもちつづけている国民も、日本のほかにはない。ここでは、日本人のそのような本格的の芸術についてではなく、その根底の条件ともいうべき、日本人の日常生活にある芸術味について言おうと思うのである。

　明治時代から、西洋人が「日本人は礼儀正しい」と言っているのも、私にいわせると、それは、むしろ日本人の日常生活における言語・行動の表現の形に、芸術性のあることが、外国人には「礼儀正しい」とみられているのである。

「礼儀」ということでは、むしろ隣の中国人のほうが正しいのだが、中国人の礼儀は、国民多数の日常生活にあるというよりはむしろ特殊の生活、すなわち彼らのいわゆる冠《かん》(三)婚葬祭《こんそうさい》においてもたれる特徴の文化形態のことで、日常生活の礼儀では日本におよばない。たとえば、上海《シャンハイ》あたりの商店では、夏は店員がズボンだけで、上半身は裸のまま客に接したりしていた。日本の店のものは、はだぬぎで働いていても、客を見ると必ずはだを入れた。

　もっとも、日本では礼儀にもピンからキリまであって、同じお辞儀《じぎ》でも、ちょっと頭

二

(一)　雅楽　奈良時代から宮廷を中心として行なわれた舞楽。
(二)　能楽　日本の中世にできた、仮面楽劇。
(三)　冠婚葬祭　元服、婚礼、葬儀、祖先の祭り。

を下げるだけのものから、座敷で主人と客がとりかわす、いわゆる「平身低頭《へいしんていとう》」式のお辞儀もある。そうしてそのような些細《ささい》（四）の動作にも、日本のそれには芸術味があって、台所で女中が客間の手の音に答える声の「ハーイ」というのにも、一種の音感があった。飲食店などでは、その場合「ハーイ」といわずに「ヘーイ」といったが、これも「ハ」と「ヘ」のわずかな音感の相違に応じたもので、日本の芸術の末梢《まっしょう》（五）にわたって繊細《せんさい》をきわめている特徴もそこから生まれたのだった。

生活そのものに芸術味のあることは、町の物売りの声にしても、隣の中国にもあることだが、中国のそれはただの呼び声だが、日本の町の物売りの声には、そのほとんどことごとくに芸術味がもたれている。たとえば、豆腐《とうふ》屋の「トーフーイ、ナマアゲ、ガンモドキ」という呼び方でも、一種の歌声で、いまはそれが、明治のころの鉄道馬車（六）や、いわゆる「ガタ馬車（七）」のラッパに変わっているのは、いまの若いものには、そういう単純な歌声がむずかしくなったせいでもあろうか。

町の物売りの声で最も芸術味のあったのは苗売りで、「朝顔の苗や夕顔の苗、ききょう、なでしこ、おみなえしの苗」と、持っている苗の名を呼ぶだけだが、その音声も調子も、すこぶる洗練《せんれん》された歌声である。

あらゆる労働に歌をともなうのも、日本特有の風習だが、山から巨財《きょざい》を運び出す、木（八）

（四）些細　わずか。すこし。

（五）末梢　はし。すえ。

（六）鉄道馬車　明治初年に、軌道の上を走らせた馬車。

（七）ガタ馬車　粗末な乗合馬車。

（八）木やり音頭　重い材木などを運ぶとき、音頭をとりながら掛声をかけて歌う歌。

やり音頭《おんど》から、農家の女性の田植歌(九)など、ほとんどあらゆる労働に歌をともなっている。いまはどうか知らないが、明治のころには、深川《ふかがわ》(一〇)の木場《きば》の材木店で、堀にある材木を引き上げるにも、店のものたちが、手に手に、長い竹の先にかぎをつけたものを持って、そのかぎを材木に打ち込んで音頭取りの調子にのって、一同が、「ヤーンレ、エンヤンランヤー」と言って、この材木を引き上げる。音頭取りは、その間に即興《そっきょう》の文句を入れて、たとえば若い女が通りかかると「ねえさんお化粧《けしょう》よくできた、だれかがどこかで待ってるネ、ヤーンレ、エンヤンランヤー」などと言ったものだった。

あらゆる労働にそのような芸術味をともなうことの基礎条件のように、日常の家庭の生活の言語・行動の型に芸術性のあるのが、日本文化の独自性の一つで、すわっていて、ちょっと腰をあげるのに「どっこいしょ」と言ったり、少し重いものを持ち上げるのに「うんとこさ」と言ったり、子どもたちが外へ行くのに「行ってまいります」と一種の調子で言ったり、町の店の小僧がお客に「まいどありがとうござい」と言うのにも一種の音律がある。

日本人の日常生活にある芸術性にはまだいろいろの型があるが、とにかく、それは日本人の家の生活や社会の生活をなごやかにするもので、日本のあらゆる芸術が、最高級のものでもすべて大衆のものであるという、日本文明の一つの特徴の、それが基礎条件

(九)　田植歌　田植のときに歌う民謡。上古から行なわれている。

(一〇)　深川の木場　深川は東京都江東区の地名。元禄年間に材木市場が開かれ、いまも材木問屋が多い。

なのである。

三

日本人は自分の住家《すみか》のことを「ウチ」というが、これは典故《てんこ》(一)のあることばで、漢語では「内」は皇居の意味で、その上に「大」を加えた「大内《おおうち》」も、その下に「裏」をつづけた「内裏《だいり》」も皇居だが、日本人はそれらの漢語をとり入れて、やはり皇居の意に用いているが、その「大」や「裏」をとり去った「内」を自分たちの家の意味に使って「ウチ」といっているのである。漢語の本家では「内」一字でも皇居のことで、庶民《しょみん》の家は「内」とはいわないことは、多少とも漢語の知識のあった昔の日本人は知らないはずはないのに、日本人は自分たちの住家を「内」といってきたのである。

これは、日本文明には「上のものは下のもの、下のものは上のもの」という特徴――わたしはそれを日本の「文化的デモクラシー」といっているが――があったので、文化形態そのものも、皇帝や貴族などの最高の階級のそれと、庶民のそれとの間に、規模の大小や質の良否の別はあっても、まったく同じ性格のものであるという、東洋、西洋の文明国に例のない特徴をもっている日本文明なので、日本人は自分の「家」を「内」といったのであろう。

三

(一) 典故　よりどころになる故事。

イギリスなどでは、皇居のことは「城」といって、根っから城らしくもないウインザ(二)ー宮殿でも「ウインザー・キャッスル」といっている。日本では古代から皇居を「城」といったことはかつてなかった。いま「宮城《きゅうじょう》」といっているのは、明治維新に皇居が江戸城に移されてからよほど後のことで、江戸城跡というので「宮城」といったのだろうが、とにかく日本の皇居を「城」といったのは、たしかに日本の皇室(三)の伝統にそむいた呼び方で、当時の日本が、軍国国家化しつつあったことを暗示している一例である。

「家」の話が少し高い所へゆきすぎたが、とにかく日本人が自分たちの家を「内」というのは、「上のものは下のもの、下のものは上のもの」という日本の文化的デモクラシーのこれも一例だが、ここでわたしがそれをいうのは、その「内」と呼ばれている日本の家は、その名が上下に通じたものであるばかりでなく、その家での生活の形が、上下共通というほどのものではないにしても、庶民の「ウチ」にも、わたし自身の経験から、その生活にかなり厳格な型があったのである。

そこにきわめて厳格な――といっても、それが少しも「厳格」などという感じを起こさせない――言語、行動の典型があったのである。江戸時代の商家の主人のことは、自分の祖父母などから聞いたり、絵双紙《えぞうし》(四)で見ただけだが、私の育った明治初期には、まだそれがわたしたちの「家」にも残っていたのだった。

(二) ウインザー宮殿　ロンドンの西、テームズ河畔にあり十四世紀の創建。現在イギリス王室の離宮。

(三) 京都の御所には、外敵防備のためのかきも堀もなかった。

(四) 絵双紙　社会のできごとなどを、簡単に絵入りで説明したすりもの。江戸時代の通俗的なさし絵入りの読み物。

それによると、商家では、店《みせ》が主人の世界で、奥《おく》が主婦の世界だったが、その店にしても奥にしても、そこにいるもののことごとくは、きちんとした正座で、かりにも横ずわりにすわったり、あぐらをかいたりするものはなかった。茶の間は家のもののくつろぐへやだが、主人はそこでも、長火ばちの前にすわっている主婦の向かい側にきちんとすわって、けっしてあぐらをかくことはなかった。座敷にいるときの主人は、芝居《しばい》の殿様のように、床《とこ》の間《ま》を背にしてかしこまって、さげ煙草盆《たばこぼん》(五)をひざもとにおいて、ときどき煙管《きせる》で灰吹《はいふ》きをたたく音を高く響かせていた。店の番頭が用事でそこに来ても、敷居《しきい》ぎわにかしこまって、いきなり座敷にはいらなかった。子どもたちは座敷では遊ばないことになっていたが、母親から「おとっつあん（父親）が呼んでいるよ」と言われると、びくっとしたのは、こごとを言われるときのほかには座敷に呼ばれることはなかったからだった。

明治のころまでの青少年はそういう家に育ったので、その家の型を身につけて、その言語や動作にも型があって、それからはずれることはほとんど不可能だったので、堅気《かたぎ》(六)の家庭の青少年が、町のやくざ呼ばわりをされるようなことは、江戸時代から明治のころまではかつてなかったのである。

(五)　さげ煙草盆　さげて持ち運ぶようにつくった煙草盆。

(六)　堅気の家庭　ものがたい生業をもつ家庭。

四

日本文明の一つの特徴として、前にもいった「上のものは下のもの、下のものは上のもの」ということがあるが、その「上のもの」というのは、階級的のそれのみでなく、文化の高級なものでも、必ず大衆のものとなる。芸術でもそうで、日本の大衆は、最高の芸術でも自分たちのものとしなければ承知しない。

中世の制度としては、芸術も上層のものは下層には禁制で、「猿楽咎《さるがくとがめ》」などといったのがそれで、猿楽(一)とは能楽のことだが、庶民には禁じられていた。しかし、それにもかかわらず、地方では「黒川能《くろかわのう》」(二)とか何とか、その地方の名で呼ばれた能楽が行なわれていた。

幕府も、毎年正月には「お能拝見」と称して、江戸城内の能楽堂(三)で、庶民——といっても、そのころは女は能楽堂にはいれなかったので男だけ——のための能楽があって、その日は雨天でも行なわれたので、拝見の町人たちは、晴天でも、雨具を用意して集まるのは、当時の錦絵《にしきえ》(四)で見られた。

歌舞伎《かぶき》(五)は、庶民階級の芸術で、武士以上の階級の見物は禁制だったが、しかし一等席の二階桟敷《さじき》の下の桟敷の「ウズラ」といった席は、太い横格子《ごうし》のある見物席で、大名屋

四

(一) 猿楽　わが国の中世にあった芸能。のちに、能楽や狂言に移行した。

(二) 黒川能　山形県の黒川村でむかしから行なわれてきた能楽。

(三) 能楽堂　能の舞台と観覧席をもうけた建物。

(四) 錦絵　浮世絵の色ずり版画の総称。

(五) 歌舞伎　近世、出雲阿国（おくに）の阿国歌舞伎に始まり、江戸時代に隆盛になった演劇。

敷の裲襠《うちかけ》（六）姿の、いわゆる御殿《ごてん》女中のための席だった。武士の見物も禁制（七）だったが、ひそかにまぎれ込む武士も相当あったので、舞台の武士同士の試合を本物と思って、弱い方に加勢をしようとして、抜刀《ばっとう》で舞台にかけ上がった武士の話などもあった。

歌舞伎は、江戸、大阪にだけあったのだが、盛んに地方巡業をしたので、やがて地方にも、さきにいった「黒川能」のように「伊勢カブキ」などという地方歌舞伎が起こって、飛騨《ひだ》の高山《たかやま》のような山村の都市にも歌舞伎の巡回教師がいた。江戸時代の はなし家《か》の話に、村のしろうと芝居で「忠臣蔵《ちゅうしんぐら》（八）」をするとき、勘平《かんぺい》（九）のなり手がたくさんで、勘平が三十六人も舞台に並んだ、なんてつくり話もあった。

そのように大衆の間に高級芸術の普及することは、東洋にも西洋にも見られないことで、音楽の国のドイツでさえ、ベルリンの楽団の地方巡業は、費用倒れのためできなかったので、地方の自治体や労働団体の招きで行なわれたのだった。

昔の芝居の、舞台から表面の二階の席の奥のほうには、一幕見《ひとまくみ》の立見席《たちみせき》があって、舞台から遠いので「つんぼ桟敷《さじき》」と呼ばれ、またそこには他の席にまぎれ込まないように、鉄の格子があったので、「熊《くま》の格子」ともいわれた。明治の中ごろまでは職人たちが一幕二銭銅貨一つで、その「熊の格子」で最高の歌舞伎を見たものだった。見物席の批評の声を「半畳《はんじょう》（一〇）」といったのは、へたな役者に、客席から貸し座ぶとんを投げつけることか

（六）裲襠　武家の夫人の礼服の一つ。帯をしめた上に、うちかけて着る長い小袖。今日では、花嫁衣裳に用いる。

（七）禁制　おきてで禁止されていること。

（八）忠臣蔵　赤穂義士、四十七士のかたきうちを主題にした演劇。

（九）勘平　早野勘平。忠臣蔵の登場人物。

（一〇）半畳　へたな役者に観客がこれを投げたことから、転じて他人の言動を非難し、やじるかけ声のこと。「半畳を打つ」「半畳を入れる」という。

らそういわれたのだが、熊の格子の連中の「半畳」は、舞台の役者も気にかけたもので、それはいわゆる見巧者《みこうしゃ》の批評の声だったからである。へたな役者を「大根《だいこん》」といったのもその連中で、「きれいだがまずい」というのである。明治の中ごろまでは、往来《おうらい》で働いている土方が、仕事をしながら団十郎《だんじゅうろう》(一一)や菊五郎《きくごろう》(一二)などの声色《こわいろ》(一三)を使ったものだが、それらも「熊の格子」の連中だった。

文学でも、最高文学が大衆のものだったのは、万葉時代(一四)前後からのことで、詩文学も庶民一般のものであるという時代を、千余年も前からもちえた国は、日本のほかにはあるまい。むかし、国学(一五)の大家の津田左右吉《つだそうきち》(一六)博士が、万葉にある、村の女性の歌や、農民や漁民の歌は、当時の公卿貴族《くげきぞく》が、それらの庶民の歌として偽作《ぎさく》したものだ、とその著書で書いたので、わたしは「そのような偽作は、シナをはじめ各国にあったかもしれないが、日本の場合は、偽作ではない。東西を通じて、古代帝国には国語の統一がなかったので、古代のギリシア(一七)、ローマ(一八)でも、その時代の詩文学はその都市の言語による少数の詩人の作だったのである。日本は、古代に国語の成立したうえに、その国語は、平語(一九)でも音律をもったもので、それが五七調となり、三十一文字となったのは、朝廷の公卿貴族からではあろうが、いまの俗謡《ぞくよう》(二〇)と同じく、大衆の音律のあることばがそのもとであったに違いない」といったのだった。

(一一)　団十郎　九代目市川団十郎（一八三八―一九〇三）。
(一二)　菊五郎　五代目尾上菊五郎（一八四五―一九〇三）。
(一三)　声色　俳優のせりふなどのまね。
(一四)　万葉時代　万葉集の時代。万葉集は現存最古の大歌集。仁徳天皇から、淳仁天皇のみ代まで、数百年におよぶ歌約四千五百首を収録。作者は上は天皇より下こじきにおよんだ。
(一五)　国学　わが国の古典を主として研究し、わが国固有の生活や精神を明らかにする学問。
(一六)　津田左右吉　歴史家、思想家（一八七三―一九六一）。
(一七)　古代のギリシア　ヨーロッパ文化の源泉となった。紀元前二世紀に滅ぶ。
(一八)　ローマ　ローマ帝国。
(一九)　平語　平常のことば。
(二〇)　俗謡　はやり歌。

日本の最高芸術の大衆性は、そういう全国民の生活そのものにある芸術性のためにほかならない。雅楽《ががく》のように、朝廷以外には禁じられていても、都市や農村の神社や寺院では公然と行なわれていて、小さな神社でも必ずそのための神楽堂《かぐらどう》があったものだった。正式の雅楽も、町や村の大きい神社や寺院では行なわれていた。

五

「自然美を楽しむ日本人」と、明治のころからよく外国人にいわれていた。どこの国でも自然美は楽しまれているが、しかし日本人の自然美の楽しみ方はきわめて多様で、自然の山水は、むろん、どこの国の人とも同じように楽しむが、花や青葉を楽しむにも、自然の山野のそれとともに、人工の庭園の花や青葉を楽しむので、日本文明の多様性と両極性(一)がそこにも現われているのである。

桜の花を見るのを「花見」といって、最も広く行なわれているが、そのほかにも梅の花や、ボタン、フジ、ショウブ、菊、そのほかいろいろの花を見る名所がある。

欧米人の花の見方は、はなはだ不風流《ぶふうりゅう》で、菊の花などは、一輪咲きを切り取って、一つ一つガラスのびんにさして、まるで植物学教室の標本のようにたなに並べてながめる。日本の花屋の店でも、もう少し風情《ふぜい》のある並べ方をしているが……。

五

(一) 両極性　一つのものやことがらの中に、相反することがら・性質を同時に含むこと。

日本人の桜の花見は、昔の隅田川《すみだがわ》や江戸川の花見のように、堤の土を群集の足で固める手段になっているのもあるが、上野の桜のように自然林を模したものもあり、また吉野の桜のように、自然の山野のそれを楽しむのもある。そうかと思うと、菊の花などは、花輪の大を競《きそ》ったところから、すこぶる人工的に、それぞれつくられた大輪の花を、直径四、五尺から、大きいのは一間余もある半円形に盛り上げるように植えたのを、市松《いちまつ》(一)格子《こうし》の油紙の屋根をもったよしず張りの長屋に、二段、三段に植えてながめる。その半円形も、大きいのになると、径六尺以上のもあるので、そういうのは独立の小屋に植えられている。

元来、欧米人は「花よりだんご」(三)のほうらしく、私たちの中学時代のアメリカのリーダーに、日本の花見のように一家団欒《だんらん》(四)で楽しむ野外の行楽《こうらく》を書いた一章があったが、それはアメリカの東北部にある、甘い汁の出るカエデの一種で、砂糖の原料になる砂糖カエデの林で行なわれたもので、その甘い汁の出る幹の皮をはいで、そこに穴をあけ、そこから流れ出る甘い汁を何かにつけてしゃぶるので、日本の花見のような目の保養ではなく、舌つづみの楽しみだった。もっとも日本のお花見も、ござやもうせんをひろげた上で、酒を飲んで、三味線《しやみせん》をひいたり、踊りを踊ったり、桜の花はそっちのけの趣もあるが、しかしまた、「何ごとぞ花見る人の長刀《ながかたな》」(五)という句もあるように、それが封建的階

(一) 市松格子　市松模様とは、黒と白とを互い違いに碁盤縞（ごばんじま）に並べた模様で、市松格子とは、市松模様にこしらえた格子戸のこと。

(三) 花よりだんご　いろはカルタにもあることわざの一つ。風流より実利のほうがよいとのたとえ。

(四) 一家団欒　家族がそろって、仲よく談笑すること。

(五) 何ごとぞ……　花見をするのに刀をさして出かけるとは、何と不風流なことか、の意。作者は向井去来（一六五一～一七〇四）。江戸時代の俳人で芭蕉の門人の一人。

級制を超越した万葉時代からの庶民的行楽でもあって、いまだに一家総出で楽しむ風がある。

日本のように、いたるところにすぐれた自然の山水をもちながら、個人の邸宅に大小の人工の山水をもつのは、もともと日本人の人工そのものが、自然を追っているので、あえて山水ばかりでなく、あらゆる日本の文化形態には、自然味をもたせているのである。

家庭の日用の器具にしても、台所で使うひしゃくなども、自然の太い竹を、節《ふし》が底になるように切って、それに長い竹の柄をすげたので、どこの国にもない日本独特の器具だが、日本人の自然物利用の一例である。外をはくほうきでも、捨てるか燃すかのほかにまったく用のない、竹の小枝をたばねて、りっぱに使える竹ぼうきを作っている。

自然をそんなふうに利用するのは、木や竹などの樹木だけからでなく、原始時代からの土の利用——陶器——にも独自のものがあった。埴輪《はにわ》なども、人体の構造ではあるが、原物の人間そのままではなく、西洋近代の絵画や彫刻に見られる「デフォルメ」[六]に成功した、シュール・レアリスム[七]のみごとな作品である。しかも日用の家庭の陶器には、デフォルメはなく、むしろことごとく形の芸術の本格的なもので、それも欧米各国が一様に同じものを使っているのと違って、全く独自の形と色をもったもので、東西の文明国の

(六) デフォルメ　フランス語「変形する」の意。美術用語では、対象や素材の自然な形態を作家の好みによって意識的に変える非写実主義的な手法を言う。デフォルマシオン［名詞形］

(七) シュール・レアリスム　「超現実主義」と訳する。第一次大戦後フランスに起こった芸術運動で、現実の世界を越えた超自然を表現するとなえた。

それとはまったく違った、日本独自の茶わんや皿《さら》小ばちを完成している。

ところが、そこにも日本文明の伝統としての多様性がはたらいて、抹茶《まっちゃ》茶わん(八)などのデフォルメには、他国に見られない形の芸術を生んでいて、それに描かれている絵も、すこぶる古典的のそれである。

昭和の初めごろ、私の会ったイギリス人は、小料理屋のぜんのそばにあった台所用の番茶どびんをとりあげて「このキュリオ（骨とう品）は何世紀ごろのものか」と聞いたので、「それはいま台所の人たちの使っている番茶のどびんだ」といったら驚いて、「この形といい、ここに描かれている絵といい、古典的の抹茶茶わんと同じタイプの立派な芸術品ではないか」といった。そうしてそのどびんのつるを見て、「これはまた細い竹（籐《とう》）の上に、さらに細く割《さ》いた竹（籐）の皮を巧みに編んだ飾りがついている。そうしてここに描かれた絵も、シナの古画のようで、私は全く貴重なキュリオかと思った。」といった。これも前回にいった日本人の日常生活にある芸術性の産物にほかならない。

(八)　抹茶茶わん　抹茶用の茶わん。抹茶とは、茶をうすでひいて粉にしたもの。

〔解　説〕

この文章は、長谷川先生が、現在最もひろく読まれている新聞に連載されたものの抜粋《ばっすい》です。

長い伝統をもつ日本文明の特質を、先生は、東西古今にわたる深い学識とひろい視野によって、わたしたちの日常の暮らしのなかから、とり出して教えられました。

これを読むと、最も身近なところに、ふかい文明が、生きたものとしてあることが知られます。

なんでもない日常の暮らしを見つめることによって、

今のわれわれが深い広い、また遠い代々とのかかわりをもって、今日に生きていることが、よくわかるのです。これが真の文明のあり方です。

身近に文明の真のすがたをつかみ、学んでゆくことが、新しい文化の創造のもとになるのです。

長谷川先生は、明治八年（一八七五）十一月三十日、東京深川に生まれ、東京法学院（今の中央大学）を出ると、初め新聞記者になられました。その後、自由な立場で多くの著作を出され、昭和二十一年には芸術院会員となり、昭和二十三年、文化勲章を受けられました。

〔探究のしるべ〕

一　われわれは、いちいち数えあげることができないほど、雑多な楽器や歌声にとりまかれていますが、それらのなかには、必要以上に拡大された音声で人々の神経をいらだたせるものが多いようです。

そうでなくても、知らず知らずのうちに、人間の感情をがさつなものにしているところがあります。ところが、よく耳を澄ましていると、そういう音声とは全然性質のちがった、日々の暮らしのなかから自然に生まれてくるような、歌声や音律が、身のまわりに聞かれるにちがいありません。

空を渡る風の響き、谷川を流れる水の音、軒で鳴く雀《すずめ》の声にも、美しい音楽やなつかしい話し声を聞く思いをすることはありませんか。

長谷川先生は、町の物売りの声のなかに、なつかしい民族の呼び声と、文明の特質を聴《き》いておられます。

二　日本固有の文明の中には、暮らしのなかに生きていた、すでに失われかけているものもありますが、気をつけて見ると、まだまだどこかに生きのこっていて、なかには新しい別の姿をとってあらわれるものもあります。

〔研修課題〕

長谷川先生の説かれる、日本の伝統であった「文化的デモクラシー」に対して、われわれは十分な自覚と誇りをもって、将来にわたる「研修」をすべきであります。

九　立山《たちやま》の賦《うた》(一)　一首《ひとつ》并《また》短歌《みじかうた》

大《おお》伴《とも》家《やか》持《もち》

(二)天《あま》離《さか》る　鄙《ひな》に　(三)名《な》輝《かか》す　(四)越《こし》の中《なか》　国内《くぬち》ことごと　山《やま》
はしも　(五)繁《しじ》にあれども　川《かは》はしも　(六)多《さは》に行《ゆ》けども
(七)皇神《すめかみ》の　(八)領《うしは》きいます　新川《にひかは》の　その立山に　(九)常夏《とこなつ》
に　雪《ゆき》降《ふ》り頻《し》きて　(一〇)帯《お》ばせる　(一一)可多加比河《かたかひがは》の
清《きよ》き瀬《せ》に　朝夕《あさよひ》ごとに　立《た》つ霧《きり》の　(一二)思《おも》ひ過《す》ぎめや
(一三)在《あ》り通《がよ》ひ　(一四)いや毎年《としのは》に　外《よそ》のみも　ふりさけ見《み》つ
つ　万《よろづ》代《よ》の　(一五)語《かた》ひ草《ぐさ》と　未《いま》だ見《み》ぬ　人《ひと》にも告《つ》げむ
音《おと》のみも　名《な》のみも聞《き》きて　(一六)羨《とも》しぶるがね
立山に　降《ふ》り置《お》ける雪《ゆき》を　常夏《とこなつ》に　見《み》れども飽《あ》かず　(一七)神《かむ》か
らならし
かたかひの　河《かは》の瀬《せ》清《きよ》く　行《ゆ》く水《みづ》の　絶《た》ゆることなく　在《あ》
り通ひ見む

(一)　賦　もとは漢詩の一体で「ふ」と読む。
(二)　天離る　「鄙」（かたいなかのこと）にかかる枕詞（まくらことば）。
(三)　名輝す　名がひびきわたる。
(四)　越の中　越中国（今の富山県）。
(五)　繁に　たくさんあること。
(六)　多に　数の多いこと。
(七)　皇神とは神をうやまっていう。
(八)　領く　領地とされている。
(九)　常夏　永遠の夏。
(一〇)　帯ばせる　帯としてめぐらしていらっしゃる。敬語。
(一一)　可多加比河　片貝川。魚津市の海に注ぐ。
(一二)　思ひ過ぎめや　忘られようか、忘られない。
(一三)　在り通ひ　いつもいつも通って。
(一四)　いや毎年　毎年毎年。
(一五)　語ひ草　話の種。
(一六)　羨しぶるがね　うらやましがるように。
(一七)　神からならし　神様のしわざであろう。

〔口訳〕

都を遠く離れた地方ではあるが、その名のひびき渡ったこの立山《たちやま》、越中《えっちゅう》の国には、山は数知れずあり、川もまた数多いが、遠い昔から尊い神様のものであった新川郡《にいかわごおり》のこの立山は、夏の間じゅうも雪がつもっている（古い時代のことばでは、雪が降るということとつもるということは同じ意味）。その神様の山が帯にしておられる片貝川《かたかいがわ》の清らかな川瀬に、朝夕ごとに立つ霧のけしきは、この上もなく美しい。この川のながめは、一度見ると、忘れようにも忘れられないものである。いつも行ってみたい、わきからでもよい、この尊い山を仰ぎ見ていて、幾万年ののちまでも、話の種として、見たことのない人に、教えてやりたい。うわさを聞いただけでも、その山の名を聞くだけでも、羨望《せんぼう》するように、まだ見ぬ人に告げてやりたい。

立山につもっている雪は、真夏にいくら見ていても見飽きることがない、こんなふしぎは、おおかた神様のしわざにちがいない。

片貝川の川瀬の清らかな流れは、太古から絶えたことがない、いついつまでもつづくだろう。そのようにいついつまでもここへ通って、さてこの山の容姿をながめたい。

立山

〔解　説〕

大伴家持は、万葉集の大歌人で、聖武《しょうむ》天皇の時代に作った歌が多く残っています。万葉集の撰者《せんじゃ》とする説さえ昔にはありました。いずれにしても、現在の万葉集の大きい部分は、家持によって、今日に残されたものです。その意味で日本の歴史と文化の上で最も偉大な恩人です。

大伴氏は、神武《じんむ》天皇以来の大きい豪族《ごうぞく》でしたが、家持の時代になると新しく藤原氏《ふじわらし》などが隆盛《りゅうせい》となり、古い豪族はしだいに力を失ってゆきます。その時代の大伴氏の氏上《うじのかみ》（一族の中心となる第一人者）として、世の中の変化を見つめながら、家持は万葉集の主体となった、何巻かの歌集を残し、また自身の多くの歌を残したのです。

家持は各地の国守《くにのかみ》となりましたが、越中国（今の富山県）へ赴《おもむ》いた期間は、ちょうど奈良の東大寺建立《とうだいじこんりゅう》の時代にあたる天平《てんぴょう》の盛時で、この時代を越中国に住んでいたことは、家持の歌風《かふう》をうちたてるうえでも、また万葉集という内容の豊かな大歌集のできるうえでもたいへん役にたったようです。

家持が越中で作った歌は多く、みなすぐれています。また、その期間の人のゆききもよくしるされています。

家持は都へ帰ってのち、中納言《ちゅうなごん》にまでのぼりましたが、後半生の歌は残っていません。桓武《かんむ》天皇の延暦《えんりゃく》四年（七八五）に死去しました。年六十八といいます。死後、二十余日、まだ埋葬《まいそう》もしない時に、政治上の罪があったとして官位《かんい》をとりあげられましたが、二十余年めにさきの罪状が無実とされ、旧官位を回復されました。

〔問題のしおり〕

一　万葉集には、柿本人《かきのもとのひと》麻呂《まろ》の作をはじめ、すぐれた長《なが》歌《うた》（ちょうか）がたくさんおさめられています。長歌は五七・五七と重ねて、最後を五七七と結んで調子をととのえます。あとにそえた短歌《みじかうた》（たんか）は、長歌に述べたことをくり返したり、述べたりないところを補《おぎな》ったりするはたらきをもっていますが、これは五七、五七七の形式をとっています。長歌は、万葉集以後はあまり作られなくなりました。物語がさかんになったからかもしれません。

二　立山は、日本の高山のなかでは、最近登山の最も盛んな山の一つです。しかし、山に対する人々の態度の中には、現代と家持の時代とでは、大きいひらきがあります。この歌から、そのちがいを見ることができます。

十　京の祭り

吉《よし》井《い》勇《いさむ》

一　祇《ぎ》（一）園《おん》会《え》

宗達《そうたつ》（二）の屏風《びょうぶ》ありやと見てありく鉾町《ほこまち》（三）めぐりおもしろきかも

わたしの祇園祭の夜の記憶は、多く杯盤狼藉《はいばんろうぜき》（四）の中から抜け出して、見物にいっただけに、ただ雑踏《ざっとう》（五）と喧噪《けんそう》（六）がそこにあったことをおぼえているだけで、あまりしみじみとした懐《なつか》しい印象は残っていない。烏丸《からすま》（七）、室町《むろまち》、東洞《ひがしのとう》院《いん》、寺町《てらまち》、蛸薬師《たこやくし》あたりの問屋の多いところでは、むろん商売などは休んでしまい、紅殻塗《べんがらぬ》（八）りの表格子《ごうし》も取り払って奥深く見通《みとお》せる座敷には、先祖代々伝わった屏風などを立てめぐらして、祭り（九）設《もう》けをするのだが、そういう老舗《しにせ》（一〇）にはゆかりがなく、いまだに祇園会の古めかしい祭り気分は、はっ

一

（一）祇園会　祇園会は七月一日から二十九日までをいう。十一日に祭主である少年のおちごさんが五位の位をもらい、前日に四条の大橋でみこしを洗う行事をする。二十九日の神事済奉告祭で終わる。この間を祇園会といっている。前の祭り（十七日）に山鉾巡行、後の祭り（二十四日）に山巡行が行なわれる。

（二）宗達　俵屋宗達。江戸初期の大画家。

（三）鉾町　鉾をもっている町内。応仁の乱で焼けてから、氏子でも鉾のない町内がある。宵宮（十六日晩）のとき鉾の立っている町内をぐるぐる歩くことを鉾町めぐりという。

（四）杯盤狼藉　宴会のあと、さかずきやさらなどが散らかっているようす。

（五）雑踏　ひとごみ。

（六）喧噪　さわがしいこと。

（七）烏丸……蛸薬師　いずれも京都市内の中心部を通る通りの名。八坂神社の氏子である。

（八）紅殻塗り　京の風俗では民家はべんがらをぬった。べんがらは酸化第二鉄を原料としている。京風では少量の墨をまぜて水でといてぬり、種油でみがく。

（九）祭り設け　祭りの準備、したく。

（一〇）老舗　京では、すくなくとも天保（幕末）以前から代々続いた店でないと「しにせ」とはいわない。

きり知ることができずにいる。が、祭りの夜の街《まち》のゆきずり、ふと、目に留まった店先の屏風《びょうぶ》から、光悦《こうえつ》(一一)か宗達《そうたつ》の筆かとも思われるような、色彩豊かに気品(一二)の高い、美しい絵を発見した喜びぐらいは、長年《ながねん》京に遊びに来ているだけにいくらか知っているつもりである。

保田與重郎《やすだよじゅうろう》(一三)君は「誰ヶ袖《たがそで》(一四)屏風」と題する一文の中で「あてなしに歩き回っているうちに東西の通りになった大問屋《おおどんや》町で、宗達のような一双《いっそう》(一五)の屏風を見つけてたいへんうれしかった。そうしてあのていねいに建てこんだ町にある名画の運命を　ふと考えこんでいたのである。」と書いているが、この心持ちは私にもわかる。事実そういう祭りの夜、いかにも旧都らしい落ちつきのある古びた町で、桃山芸術(一六)の美しい片影《へんえい》を発見して、恍然《こうぜん》(一七)としてそれに見入るときの心持ちは他に比することのできない陶酔微妙《とうすいびみょう》(一八)の境地であって、これだけは京に来てはじめて知ることのできる幸いだといってもいいであろう。

　こうして毎年祇園祭が来ると、家ごとに伝来の屏風などを持ち出して、豪華《ごうか》を競《きそ》った習慣も、今では建築の様式の変化や、生活の煩雑《はんざつ》、趣味の低落など、いろいろのことが因となって、だんだんすたれてゆくようになっ

(一一)　光悦　本阿弥光悦（一五五八〜一六三七）。江戸初期の大芸術家。
(一二)　気品　けだかい品位。
(一三)　保田與重郎　文学者。明治四十三年生（一九一〇〜）。この文章は昭和初年ごろの様子を書いている。
(一四)　誰ヶ袖屏風　桃山時代以後流行した画題の一つで、衣桁（いこう）に美しい小袖などをかけた図がら。
(一五)　一双　屏風などのように、対になったものを数える語。
(一六)　桃山芸術　豊臣秀吉時代の美術。豪壮華麗な風格がある。
(一七)　恍然　うっとりするさま。
(一八)　陶酔微妙　うっとりして心のこまやかな動きの、いい表わしがたい状態。

たが、それでもまだどこかに封建時代の反抗的な町人心理から生じた華奢《かしゃ》（一九）のなごりが残っていて、七月にはいると何となく町のたたずまいさえ変わってくる。

しかし、何といっても祇園祭の中心は山鉾《やまぼこ》（二〇）であって、鉾《ほこ》や山《やま》の組み立て（二一）がはじまると、街《まち》は急に祭りらしい気分にざわめき立ち、軒並みにかけられた祭り提燈《ちょうちん》や祇園（二二）囃子《ばやし》のにぎやかなひびき、往《い》き来《き》の人の足取《あしど》りさえ、笛や太鼓《たいこ》に浮かされたように、一段高く調子がつく。が、実をいうとわたしは、三十年近くも前、長田幹彦《ながたみきひこ》（二三）、近松秋江《ちかまつしゅうこう》（二四）らとともに、よく京をおとず

菊　水　鉾

（一九）　華奢　はなやかにおごること。はでにかざること。豪華。

（二〇）　山鉾　山と鉾のこと。山は、台の上に人形をおいたもので、人がかつぎ（ただし車輪のついたものも三台ある）、鉾は屋根の上に鉾の立っている屋台の車で、囃子方（はやしかた）が乗り、人が引く。鉾にも人形をつけ、この人形によって鉾や山の名がつけられた。例―月鉾は月読命（つくよみのみこと）の人形。

現在鉾は七台、山は二十二台ある。そのうち、菊水鉾は、元治元年（一八六四年）兵火により焼失したが、戦後昭和二十七年に、菊水鉾の町内の一篤志家の一建立で新造され、その後毎年、当代一流の芸術家の手になる飾り物がつけ加えられている。

（二一）　組み立て　七月九日から、鉾町衆が鉾や山の組み立てを始めて、十日に完成する。一日から始まっていた、かね・笛・太鼓の祇園囃子（ばやし）のけいこを、この日からは毎夜、鉾の上で続ける。

（二二）　祇園囃子　正式には宵宮（よみや）の十六日から始まり十七日に終わる。

（二三）　長田幹彦　小説家。明治二十七年生（一八九四～）。

（二四）　近松秋江　小説家（一八七六～一九四四）。

れた時分には、多く茶屋酒《ちゃやざけ》（二五）に浸《ひた》ってばかりいたものだから、ただちょっとひとわたり、祭りの夜景をながめただけ、洛北《らくほく》（二六）に居《きょ》を定めてからの去年の夏も、宵山《よいやま》（二七）の街《まち》をほんの一部分歩いたのみで、しみじみ山鉾の飾られたところを見たことがないのである。

七月にはいるとすぐにはじめられるという祇園囃子《ばやし》の稽古《けいこ》のひびきは、洛北のわたしの侘《わ》（二八）び住居《ずまい》までは聞こえて来ないが、それでもこのころになると吹いてくる風も、どこかはなやかに浮き立ってくる。

二　放《ほう》生《じょう》会《え》

ここで放生会といっているのは、洛南にある石清水八幡宮《いわしみずはちまんぐう》（一）で、毎年九月十五日例祭の当日に、その前にある放生川《ほうじょう》に魚を放つ儀式をいうのであって、これはかなり以前、少なくとも足利《あしかが》時代以前から行なわれていたものらしい。この例祭は、八幡祭《やわたまつり》、男山祭《おとこやままつり》、南祭《みなみまつり》ともいって、京都では葵祭《あおいまつり》と対照的な意義のある大きな祭りであり、わざわざ勅使《ちょくし》が参向《さんこう》する。

わたしは終戦後、すなわち昭和二十年の十月から昭和二十三年の八月ま

（二五）　茶屋酒　お茶屋というのは京都に発達した古風な遊びと社交の場所。お茶屋で酒をのむことを茶屋酒という。

（二六）　洛北　京都の北部。吉井先生は昭和十三年の秋から京都に住まわれた。

（二七）　宵山　七月十六日が宵宮。「きょうは宵宮やな、宵山に行こうか」というようにつかいわける。

（二八）　侘び住居　世間をさけて、ひっそりと暮らすこと。

二

（一）　石清水八幡宮　京都府綴喜（つづき）郡八幡（やわた）町男山（おとこやま）にあるので男山八幡ともいう。

で、この石清水八幡宮《いわしみずはちまんぐう》からさらに二十町ばかり奥へはいった、八幡《やわた》町字月《あざつき》夜田《よだ》というところに住んだのだが、そこは宝青庵《ほうじょうあん》という浄土宗の末寺の一室で、そのころそこの住職をしていた西村大成師は、すぐ近くの松花堂《しょうかどう》(二)の茶堂や書院のある東車塚のほうに住んでいたので、一時無住同然となっていたのを借りたのであった。

寺といっても本堂はあったが、庫裡《くり》(三)のほうは何だか西鶴《さいかく》(四)の中に出てくる落ちぶれた大尽《だいじん》(五)の閑居《かんきょ》といったような趣《おもむき》があり、座敷の縁からの視野(六)は頗《すこぶ》る広く、ずっと山城《やましろ》の平野が一望のもとに見渡され、遠く宇治《うじ》のずっと奥にある鷲峰山《じゅぶざん》も、真向《まむ》こうにはっきりとながめられた。なるほど、月夜田とはよくいったと思われるくらい、月の美しい晩などは、農家の灯《ひ》がまるで点々と漁火《いさりび》のようで、蒼茫《そうぼう》(七)とした大きな海が、そこに現われて来たような感じだった。

わたしはこの座敷の一隅に、それまで疎開していた越中八尾《えっちゅうやつお》の古道具屋で買って来た、そまつな花櫚《かりん》(八)の机を据《す》えて、本を読んだり書きものをしていたが、今から振り返って考えてみると、その宝青庵に住んでいた三年間ぐらい、世を遁《のが》れたといったような閑寂《かんじゃく》(九)な思いで過ごしたことはなかった

(二)　松花堂　松花堂昭乗（一五八四〜一六三九）。石清水八幡の社僧（神のために仏事をおさめた僧）となる。和歌・書画・茶道をたしなみ、晩年、男山に茶室松花堂を建てて住んだ。

(三)　庫裡　寺の台所。転じて住職や家族の居間。

(四)　西鶴　井原西鶴（一六四二〜一六九三）。元禄時代の小説家、俳諧師。

(五)　大尽　遊びごとに財を散じる金持ちの客のこと。

(六)　視野　眼に見えるひろさ。

(七)　蒼茫と　青々と広い。

(八)　花櫚　花梨。熱帯に産する木。材質は黒色に赤みを帯び、木理こまやかで、紫檀（したん）に似ている。

(九)　閑寂　ふかいしずかさ。

ように思う。

楣間《びかん》(一〇)には近江《おうみ》の永源寺《えいげんじ》(一一)の万松関老師《ばんしょうかんろうし》(一二)の「説了也《せつりょうや》」(一三)という大きな三字の額《がく》、床《とこ》には愚庵和尚《ぐあんおしょう》(一四)の「末終《すえつい》(一五)に消ゆるものとは白露《しらつゆ》の起き伏しやすき草の庵《いお》かな」という歌の幅《ふく》、それにあきると、今は世に亡《な》き釈宗演老師《しゃくそうえんろうし》(一六)の「随処為《ずいしょにしゅ》主《となる》」(一七)という一行の書《しょ》をかけたりしていたが、その時代の友たちといえば、今もいった西村大成師のほか、ここからなお十町ほどいった、洞ガ峠《ほらがとうげ》(一八)の山《さん》麓《ろく》にある、臨済宗《りんざいしゅう》の禅《ぜん》道場として知られた円福寺の井沢寛洲《かんしゅう》老師ぐらいのもので、ここで採《と》れる筍《たけのこ》の煮たのや何かで酒を飲んでいると、いつの間にか戦争中の苦労や敗戦下の乱雑な世の姿も忘れられて、世の中にはこんなしずかな楽しさがあるかと思われるくらいだった。

男　山　祭

石清水八幡宮《いわしみずはちまんぐう》の男山祭が、やや戦前と同じく盛んになったのは、わた

(一〇)　楣間　なげし。
(一一)　永源寺　滋賀県神崎郡永源寺町にある。臨済宗永源寺派の本山。紅葉の名所。
(一二)　万松関老師　本名は高木獃鳳（どくほう）大禅師（一八六四～一九五五）。永源寺第百四十一世管長。
(一三)　説了也　禅書「雲門録」の中の語。説きおわってよしという意味。
(一四)　愚庵和尚　天田愚庵（一八五四～一九〇四）。明治の歌人。
(一五)　末終にの歌　白露のようにはかないいのちとも知らないで、のんきな暮らしにあけくれしているこの庵だわい、という意味。
(一六)　釈宗演　近来の高僧として知られている（一八五九～一九一九）。
(一七)　随処為主　どんな環境にあっても、自分を失わず悠々としていること。
(一八)　洞ガ峠　男山の南約四キロメートルの所。

しがここを去った前年、昭和二十二年ぐらいからであって、わたしはせめて一度は、それを見ておこうと思った。それである晩思い切って出かけていったが、何しろ山上の本殿から、山下の頓宮《とんぐう》(一九)に、鳳輦《ほうれん》(二〇)がお下《くだ》りになるのは午前一時だということだったので、かなり待ち遠しい思いをしなければならなかった。

しかし幾曲《いくま》がりもしている数百段の石段を、粛々《しゅくしゅく》(二一)として鳳輦に陪従《ばいじゅう》(二二)する勅使、上卿《しょうけい》(二三)その他の人々が、行列をつくって降りて来るさまは、いまだにわたしには忘れられない。黒闇々《こくあんあん》の中に仕丁《じちょう》(二四)の持つ数点の松明《たいまつ》が、火屑《ほくず》をこぼしながらしずかに動くさまは、まったく美しいものの極致《きょくち》であって、京都に住めばこそ、こういう祭りのさまも見られたものだと思っている。

この山の麓《ふもと》を流れている川を放生川《ほうじょう》といい、わたしの住んでいた草盧《そうろ》(二五)を宝青庵《ほうじょうあん》というのも、すべて放生会からきている名称なのであろう。

三　京の霜《しも》

二、三日前京の街《まち》には初霜《はつしも》が降ったが、今年(一)はどうも去年よりも、だい

(一九) 頓宮　仮宮（かりみや）。
(二〇) 鳳輦　屋形の上に金色の鳳凰（ほうおう）をつけた輿（こし）。
(二一) 粛々として　しずしずと。
(二二) 陪従する　おともをする。
(二三) 上卿　左右大臣または大中納言などで臨時に朝廷の行事の首座につく者。
(二四) 仕丁　雑事に従事させる者。
(二五) 草盧　いおり。

三

(一) 今年とは昭和十四年のこと。

ぶ寒さが遅れているらしい。去年は十一月の八日の通天《つうてん》（二）の紅葉を見てから、俊成卿《しゅんぜいきょう》（三）の墓に詣《もう》でたり、石峰寺《せきほうじ》（四）の五百羅漢《らかん》を見たりしたあとで、伏見《ふしみ》の稲《いな》荷《り》の御火焚《おひたき》（五）祭を見たが、その夜の屋根の白さは、今でもわたしの目に残っている。その数日前の月の明るい晩に、嵯峨《さが》のほうへ遊びにいったが、このときもうすでに竹林の上には、しんしんと霜《しも》が降っていたように思う。

お火焚や霜美しき京の街《まち》

という蕪村《ぶそん》の句があるが、事実ほうぼうの神社でこの古風な祭りの行なわれるころから、秋は遽《にわ》かに深くなって、京には早くも凛然《りんぜん》（六）とした冬のけはいが現われてくる。

わたしは去年の秋、土佐から京へ移って来て、はじめてこの旧《ふる》い都の季節の推移《すいい》するさまを親しく見たり聞いたりしたのであるが、いろいろと古めかしい年中行事に富んでいる街だけあって、俳諧《はいかい》の季寄《きよ》（七）せの頁《ページ》を、一枚一枚めくってゆくように思われるのも、何となく生活に寂《さ》びと深さとが加わってゆくような気がしておくゆかしい。

歳時記《さいじき》（八）的に京の秋を見ると、大文字《だいもんじ》（九）のころから始まって、太秦《うずまさ》の牛祭《うしまつり》（一〇）の

（二）通天　京都市東福寺にある橋の名。
（三）俊成卿の墓　俊成卿は千載集の撰者（一一一四〜一二〇四）。墓は東福寺塔頭（たっちゅう）南明院の墓地にある。
（四）石峰寺　後山の石仏群が有名。
（五）御火焚　十一月中、京都の各社で行なわれる神事。社前に松割木を積み上げ、竹で囲って新穀と神酒とを供える。神官が祝詞を誦した後火をつける。そのとき集まった子どもに、まんじゅう・みかん・おこしなどを分け与えた。
（六）凛然とした　はげしく身のひきしまるような。
（七）季寄せ　俳句の季語・季題を集め、例句を掲げた書物。
（八）歳時記　季寄せのこと。
（九）大文字　八月十六日（昔は、陰暦七月十六日）、京都東山の如意岳中腹に、薪で大の字形を作り、日没より火をつける。遠くからでもよく見えて壮観。
（一〇）牛祭　京都市太秦の広隆寺で、十月十二日（昔は陰暦九月十二日）の夜行なう。寺中の行者が仮面をかぶり、異様な服装をして牛に乗り、寺をめぐって、五穀豊饒（ほうじょう）や悪病退散などを祈る。

時分に終わることになっているようだけれども、事実秋として感じられる季節はもっと長く、俳句の季題ではもう冬の部にはいっている御火焚《おひたき》、十《じゅう》（一一）夜《や》、夷講《えびすこう》（一二）、芭蕉忌《ばしょうき》（一三）などは、いかにも晩秋といったほうが適切な感じがするように思われる。初霜ということばも、どっちかというとわたしには、初冬というよりもむしろ晩秋といった感じであって、いよいよ秋が去っていったという惜別《せきべつ》の情さえ心に深く覚えるのである。

南座のまねき

それにもう十日ほどすると、四（一四）条の南座《みなみざ》の表には、来月の顔見世《かおみせ》（一五）の招《まね》き看板《かんばん》（一六）が、役者の名まえをずらりと並べて、いともはでやかに飾られるだろうが、今から二十何年の昔、紙子姿《かみこすがた》（一七）というほどでもないが、さすらいの果ての旅の空で、はからずもこの招き看板をながめ

（一一）　十夜　浄土宗の寺では、昔から陰暦十月六日から十五日までの十昼夜念仏法要をする。今は新暦で行なうものが多い。
（一二）　夷講　旧暦十月二十日、商家で、恵比須様（七福神の一）をまつり、商売繁昌を祈った行事。
（一三）　芭蕉忌　江戸時代の俳人、松尾芭蕉（一六四四～一六九四）の命日、十月十二日。
（一四）　四条　四条通、東西の通りの名。
（一五）　顔見世　顔見世狂言の略。昔、芝居の一座が総出で見物人にお目見えしたことより出たことば。南座で十月に俳優を入れ替えて翌年度興行すべき顔ぶれを定め、その一座で十二月初めに興行する狂言を顔見世という。
（一六）　招き看板　俳優の名などを書いて劇場の外に掲げた看板。上のほうに屋根形の木をつける。
（一七）　紙子姿　紙で作った衣服を着たかっこう。おちぶれた姿の意。

た夜の四条の橋の上の霜のいろも、いまだにわたしには忘れがたい。

去年は京に移って来たばかりのことで、招き看板を見ても、何となく心があわただしくって、深い印象も残っていないが、今年はしみじみあの前に立って、いろいろと、かえらぬ昔のことを思い出して見たいと思っている。

顔見世《かおみせ》は京の年中行事の中でも、懐《なつか》しいもののひとつであって、いつもは薄汚《うすよご》れのした古ぼけた南座も、顔見世となると急に化粧をし直したように、不思議に生き生きと美しくなってくる。そしてわたしの考えるところでは、高島屋、成駒屋《なりこまや》、橘屋《たちばなや》と贔屓《ひいき》々《ひいき》の役者のうわさをしながら、木履《おこぼ》(一八)の足を運ばせてゆく、顔見世がえりの舞妓《まいこ》たちの通る夜の道には、どうしても霜が美しく置いていなければならない。

(一八)　木履　ぽっくり。表面はだ円形で、爪先を前のめりにし、底部をくり抜いた少女用の下駄。京都ではおこぼという。

〔解　説〕

吉井勇先生（一八八六〜一九六〇）は歌人として知られ、小説や戯曲にも多くの名作があります。

祖父の吉井友実《ともざね》伯爵は、旧薩摩藩士で、明治維新に活躍した志士です。

先生は、昭和三十五年の晩秋、七十四歳で、京都で永眠されました。

十一　鳥を追うことば

早《はや》川《かわ》孝《こう》太《た》郎《ろう》

一

ある年の六月、岩手県下閉伊郡《しもへいぐん》小本《おもと》(一)から九戸郡《くのへぐん》(二)の久慈《くじ》へ向けて歩いたことがあった。ちょうど一帯が栃《とち》(三)の花の盛《さか》りで、海沿いの道は玫瑰《はまなす》(四)が美しく咲いていた。途中の田野畑《たのはた》(五)村の明戸《あけど》という部落では、学校帰りの子どもたちが、道にすわって薇《ぜんまい》を束《たば》ねて何かささやきながら遊んでいた。畑には稗《ひえ》(六)が二、三寸ほどに伸び、麦《むぎ》の穂《ほ》がやっと出そろったところで、気候はだいぶ遅れているようである。

歩きながら木立ちをめぐらせた畑のほうから、二度ばかりとても美しい声を聞いた。どうやら鳥の声らしくもあるが、そういってかつて耳にしたことはない。鋭くとおる声でヤホーと言ったようである。その声だけで想像すると、梟《ふくろ》か何ぞのようにも思われる。いっしょに歩いていた道案内の青年に、何の声かとたずね

(一)　小本　今の岩泉町。
(二)　九戸郡の久慈　岩手県九戸郡久慈市。
(三)　栃　とちの木科の落葉喬木。高さ約二、三十メートル。五月ごろ白色に紅色のまだらのある花を多数つける。
(四)　玫瑰　バラ科の落葉灌木。わが国北部海岸の砂地に自生。高さ約一・五メートル。夏、紅色五べんの芳香のある美しい花を開く。
(五)　田野畑村の明戸　岩手県下閉伊郡の東北部。宮古町と九戸郡久慈市の中間。
(六)　稗　いね科の一年生草本。茎の高さ一～一・五メートル。葉は線状でいねに似る。夏、穂をつけ、実は食用または家畜の飼料となる。

るとうつむいてただ笑っている。その青年の態度から推《お》(七)して、ありふれた獣《けもの》や鳥の声音《こわね》でないことはわかったものの、気になるままに次の声に聞耳《ききみみ》たてている。すると、こんどはすぐ間近《まぢか》で、ヤホーホッと、はっきり聞こえたのにとっさにそのほうを振り返って見た。そこは破れた粗朶《そだ》(八)の垣根《かきね》で、その間から三十前後の女が、麦から半身を出して立っていた。右の手のひらをあごのところに当てて、こちらを見返した瞳《ひとみ》がすんでいる。これが声のぬしであることはすぐ読(九)めた。

あとで案内の青年にしつこく問いただして、すべてが明らかになったのだが、麦のうね(一〇)の間にいま大豆《だいず》がまいてある、その大豆を山鳩《やまばと》があさりに来るので、それを追うために呼ばっているのである。いわば生きたかがしで、いかにも牧歌《ぼっか》(一一)的な情景である。皮肉《ひにく》なことに遠くで当の山鳩が、ボボボボと太い声で鳴いている。

ところで、この地方の山鳩追いは、ことごとくこういうなつかしいものばかりではなかった。ガチャガチャとそうぞうしく、若い男がバケツの使いふるしをたたいて、畑から畑を回っているのがあった。こちらは、ヤホーホッと呼ぶのにくらべて、たしかに効果的ではあるが、何かしら蕪雑《ぶざつ》(一二)な感じである。

山鳩を追う美しい声は、それからのちも、そちらこちらの畑できかれた。なかにはそまつな四方明放《あけはな》しの小屋を設けて、その中に縫《ぬ》い物などを持ち込んで、呼

(七)　推して　推量してみて。
(八)　粗朶　切りとった木の枝。
(九)　読めた　わかった。
(一〇)　うね　畑に土を線状に盛り起こして続け、作物を植えつけるようにしたところ。
(一一)　牧歌的な　牧歌（農村や農夫の生活を主題とした詩・歌）のように素朴で叙情的なさま。
(一二)　蕪雑な　あらあらしく乱れているさま。

ばっている娘《むすめ》もあった。あのあたり一帯に、こうした仕事を「鳩追《ハトボ》い」といい、小屋を「鳩追い小屋」といっている。山鳩の被害の、かなりはげしいことが想像される。

これとまったく同じ光景が、秋田県北秋田郡の山村にもあったことが、百数十年前の真澄遊覧記《ますみゆうらんき》(一三)にある。実は十年ほど前に、静岡県周智《しゅうち》郡の山村でも邂逅《かいこう》(一四)した。そこではばあさんが子どもを負って、ホホーラ、ホホーラと呼んでいた。やはり豆畑を荒らしに来る鳩を追うのだと聞いたが、鳩の姿も見えねば声も聞こえぬので、ただ子どもをあやしているようであった。わたしの幼少時代の記憶では、家の前の茶畑にやってくる山鳩を、祖母がよくポポーッと口をとがらせて追っていたものである。そのころは、まだ山鳩が家の近くにたくさんいたのである。

以前はどこの村でも、いまよりももっと大豆をたくさん作っていたから、昔にさかのぼるほど鳩追いも盛んであったことが想像される。

二

下閉伊《しもへい》郡からさらに北に進んで、青森との県界にある久慈《くじ》の町近くでも、鳩追いは大豆の栽培には必要の作業であった。呼び声はヒヤホーというのが正しいと

(一三) 真澄遊覧記　江戸時代の国学者、菅江真澄(一七五四〜一八二九)が信濃・越後・東北の各地を旅した際の紀行文。農民の風俗や生活の観察・描写にすぐれ、貴重な民俗資料である。
(一四) 邂逅　思いがけなく出合うこと。

教えてくれた人もある。そう聞くと、明戸《あけど》で聞いた声も、あるいはそういう意識で呼んでいたかもしれない。

ヒヤホーと呼ばわるのは、山鳩《やまばと》を追うための詞《ことば》であったが、これを一方のバケツをたたいて回るのに比較すると、二者の間に効果のうえでへだたりが感じられるが、じつは目的そのものも異なっていたように思われる。形式からいっても、前者はそこに待っていて絶えず呼ばっているのだから、追うというよりも、むしろ集まってくる鳩に対する一種の警告《けいこく》で、山田のいのしし小屋で、(一)終夜《しゅうや》(二)鳴子《なるこ》を引き、(三)番木《ばんぎ》を打つ目的と似ており、そこにいるのを追い払うのとはちがっている。しかるにバケツをたたいて回るほうは、一つ場所にがんばって待つわけではないから、求めて追い払う意のほうが強い。よけいな(四)詮索《せんさく》のようであるが、この二者の相違は、(五)作物をおびやかす者に対する態度として、注目すべき点がある。(六)保護の目的からいえば、ヒヤホーとかまたはホホーラなどと呼ぶのは少しくおかしい。

第一、ヒヤホーなどと(七)けうとい声をはりあげること自体の目的がわからない。しかし目的は追うというより警告の意が強く、あるいは一種の合図《あいず》でもあるとすると、ガチャガチャとそうぞうしい音響をたてたり、またはワーッとかシーッなどと、むやみにどら声をはりあげるやり方はしっくりせぬ。少なくとも古くから

二

(一) 終夜　夜どおし。
(二) 鳴子　田畑を荒らす鳥をおどし追うのに用いる、木片でできた道具。
(三) 番木　時刻を知らせたり、警報にも用いた。それを鳥追いに打つ。
(四) 詮索　しらべ求めること。たずねさがすこと。
(五) 作物をおびやかす者に対する態度　一方は、来るのを待って警告し、他方は、さがし求めて追い払う。
(六) 保護の目的からいえば　害物を寄せつけないで作物を守るという目的からいえば。
(七) けうとい　うとましい。

の方法ではなかったろう。追うというからには、そこには何のあいそうもなかったが、かりにも警告《けいこく》であり、合図であれば、そこには多少儀礼的の色づけも必要となる。作物保護の目的からいえば、鳩そのものは害敵以外の何ものでもないが、それ以外にはかくべつ(八)怨讐《おんしゅう》を含む相手ではない。さすれば(九)人格的にいちおう待遇してかかるのが順序で、しかし(一〇)別の世界の者への遠くからの呼びかけであれば、ヒヤホーの声は必ずしも不自然でない。

三

同じ動物のなかでも、鳥類のほうは獣類《じゅうるい》などと異なってどこか感じが別で、なんとなく身近いところがある。これは、あるいはわれわれ民族の特有のものかも知れぬが、文学、(一一)説話、伝説などにあらわれた事実もそれを証明するようである。早い話が伝説などの語るところに聞いても、人間の(一二)前生《ぜんしょう》が何かの鳥であった、またある鳥の前生は人であったというたぐいのものは少なくない。のみならず、人間が死んで鳥に化したというたぐいの話は、獣類にくらべてはるかに多かったように考えられる。それかあらぬか鳥を神の使徒とし、神そのものの象徴とする事実も多かったように思う。

(八) 怨讐　うらみ。かたき。
(九) 人格的にいちおう待遇して……　鳩に対して対等の人格を認め、失礼でない扱いをして……。
(一〇) 別の世界の者への遠くからの呼びかけ……　人間の世界と鳥やけだものなどの世界とを考えて、別の世界のものからの呼びかけは、遠くからの呼びかけだと考えたのである。

三

(一一) 説話　はなし。
(一二) 前生　この世に生まれる前の世。

鹿児島県樋脇村《ひわきむら》（三）（薩摩《さつま》郡）などでは、家庭に死者があった場合、野辺《のべ》（四）の送りをすますと、翌日から毎日墓地を訪《おとず》れて、そこに何かの動物の足跡を捜《さが》しもとめる風習がある。そうして鳥でも犬でも、何にまれ、足跡を発見すれば、その日を境に死者の霊魂《れいこん》が、いわゆる成仏《じょうぶつ》（五）したものとして安堵《あんど》（六）する。霊魂がその動物に化して行くべきところに去ったのである。そうして以後はその動物に対して、特殊の気持ちと態度をとる。ところで、どういうものか、鳥に化《か》したものが後生《ごしょう》（七）がよいといって、鳥の足跡を見るとひそかに喜ぶ。これは同じ県の囎唹《そお》郡姶良《あいら》地方でもいうようである。

このような事例は、俗信《ぞくしん》（八）としても珍しいように感じられるが、じつはそうした思考に基礎をおいた物語や伝説はこれまた珍しくないが、現実の生活にもしばしば語られている。

川におぼれた子どもが、一わの小鳥に化して、毎日暮れがたに氏神《うじがみ》（九）の森に向かって飛ぶと、これはわたしの子どものころ村の話題をにぎわした。

（一〇）こうした事実が、日常生活に、作物を荒らす鳩に対する態度におのずと影響したろうことも想像にかたくない。

（三）樋脇村　今は樋脇町。
（四）野辺の送り　葬儀のこと。
（五）成仏　仏教徒の俗信で、極楽往生のこと。
（六）安堵　安心。
（七）後生　のちの世、死後の世界、来世のこと。
（八）俗信　民間の信仰。
（九）氏神　氏（血のつながりがあると信じている人々の一族）の祖先として祭る神。
（一〇）こうした事実が……影響したろうこと　鳥というものに対する以上のような俗信が、鳩を相手としたときにもあらわれる、という意味。

四

わたしの郷里東《ひがし》三河《みかわ》（南設楽《みなみしだら》郡長篠《ながしの》村（一））でも鳥を追う場合のことばはホー、ホイ、またはポー、ポッなどで、呼び寄せる場合はトートトトであったが、これはほとんど鶏《にわとり》にかぎられていた。

信仰行事のなかには、特に鳥に呼びかける例もある。たとえば正月十一日の朝を、関東や東北で、鳥呼びといったり、あるいは北秋田郡などでポッポカラといって、鳥を呼ぶという。この場合のポッポは明らかに呼びかけで、追いのけるためではない。その他の場合、野の鳥では追う以外にことばの必要はないから、鳥ことばといえば、追いのけるためのように思うが、前の例でもわかるように、それが全目的ではない。

それに関連して、いま一つ注意をひくのは、わたしの郷里の例で、鳥ことばとしてのホイ、ポッ、ポー、ホーなどの音は、じつは鳥以外のものにも用いられた。相手に呼びかける場合と、いま一つは応答である。呼びかけには、上にノンまたはナンをつけて、ノンホイまたはナンホイともいう。語感（二）からいうとそこにはたぶんに尊敬の意があって、女房《にょうぼう》が夫《おっと》に呼びかけるのもまたホイで、逆に目下《めした》に対

四

（一）長篠村　今は鳳来町。

（二）語感　ことばの感じ。

する場合は、ヤイまたはオイで、夫が女房を呼ぶのがやはりそれであった。

そのほか、いのししや鹿《しか》狩りに狩人《かりうど》のいうホイがある。子ども遊びに、ふいに呼びかけて、返事に対して「ホイは山家《やまが》のしし追いさ」と、からかった遊びのあったことを思い出す。

こういう事実から想像すると、一般の応答語であるハア、ハイも、もとは人間に対する語とは限らなかった。

妙なほうに話がそれるが、狸《たぬき》が人間をなぶる目的で呼ぶのが、やはりホイである。それで夜分《やぶん》など、ホーイと呼ぶのは、あれは狸であると注意もされた。そのほか、遠距離から人に呼びかけることばが、相手のいかんにかかわらず、ヤーイまたはホーイであった。

以上のほか、矢声《やごえ》と称して、狩人が獲物《えもの》を追うて後ろからかける声が、ボーまたはポポーッホーであった。その声でまっしぐらに逃げてゆく鹿《しか》は、必ず一度停止して振り返るといわれた。これで、いわゆる(三)神返《かみがえ》しの次第《しだい》の最後に、ホーまたはホイホイと叫んだ意味が(四)判然とする。

前にいった矢声は、目的からいって、明らかに呼びかける意があり、決して追いのけるためではない。その点、子どもの歌う、鳩《はと》に対するポッポで、他人に呼

(三)　神返し　三河設楽地方で、遠方の神詣でから帰村した人を先頭に立てて、村人がそろって村内の堂社をおがんで回った風俗があった。
(四)　判然　はっきりとよくわかるさま。

びかける場合のホイでもあった。

こうしたごくかぎられた範囲からでも証明されるが、いわゆる鳥ことばの目的には、呼びかける、すなわち注意の喚起《かんき》(五)が古い用例であるのが、のち(六)の分化によって呼び招く意と、同時に追いのける意との、二つに分かれるにいたったようである。

五

鳥に対する語には、なお変わったものもあった。茨城県から福島県にかけて、正月十四日の夜をワアホイという。これは、この夜から十五日の暁《あかつき》にかけて、若い男女が集まって鳥追いの行なわれたことと関係がある。

正月十五日の祭りが鳥追いとゆかりがあったことは、各地の行事にその痕跡《こんせき》(一)がうかがわれるが、長野県松本付近で、あの地方のいわゆる三九郎(二)の行事の火をはやすことばは、明らかにそれを物語っている。

三九郎、三九郎、そっちの山から来る鳥と、こっちの山から来る鳥と、おんどりめんどりつんばくら、羽は十六身は一つ、ワンワラノワアイ

小正月(三)とともに、正月七日の暁は、行事的に重要で七草《ななくさ》(四)として全国的のもので

(五)　喚起　呼び起こすこと。
(六)　一つのものが分化して多くのものの出ることを早川先生は注目される。

五

(一)　痕跡　あと。あとかた。
(二)　三九郎　火祭りの柱の名となっているが、本来はこの祭りのときに作られた人形の名ではないかといわれている。
(三)　小正月　地方によって小正月の日どりは一定でない。正月十四日晩から十六日まで、あるいは十四日一日の地方もあり、十五、六日から二十日まで、または二十日だけの土地、さらに二月一日とする土地もある。正月と同じ行事をする。
(四)　七草　春の七草（せり・なずな・ごぎょう・はこべ・ほとけのざ・すずな・すずしろ）。古くは、この七草が万病をのぞくとして、正月七日に羹（あつもの——吸物・汁のこと）にして食べた。後世では、これをまな板にのせてたたき、かゆに入れて食べるようになった。

あるが、これも前にいうように鳥追いの要素をたぶんに持っていた。たとえば、まないたをたたいての唱《とな》え言《ごと》に、鳥取県西伯《せいはく》郡大高《おおたか》(五)村では、

唐土《とうど》(六)の鳥が、日本に渡る、日本の鳥が、唐土に渡る、渡らぬ先に、ヤッホッホ

と唱える。このときの唱え言のうち、最初にトウド、またはトンドの鳥云々《うんぬん》というのも、全国的である。そうしてこれは、唐土の鳥の意だの、東土《とうど》の鳥だなどの説もあるが、尊《とう》との鳥であったろうことにほぼ誤りがない。尊との鳥はすなわち歳《とし》(七)の神との関係を語っている。もっともなかにはまったく別のものにした例もあって、たとえば丹波桑田《たんばくわた》(八)地方では、

　隣の鶏《とり》と、ここの鶏と、かけよて、バサバサ

かように変わったものでも、なおその日にトリをいうことだけは忘れていなかった。しかして、ヤッホッホ、ホイホイ、ホトホト、コトコトなどというのも、必ずしも追いのける意味とはいえなかった。ことに中国の各地のホトホト、コトコト、トヨトヨなどは、一方では歳《とし》の始めの行事の名となっている。

宮城県名取《なとり》郡玉浦《たまうら》(九)村というと、阿武隈《あぶくま》川の下流であるが、あの付近では、正月十五日暁《あかつき》、注連《しめ》(一〇)その他の歳の神の飾《かざ》り物を取りかたづけて神送り(一一)をするが、これを別に鳥追いともいうている。次第《しだい》は年男《としおとこ》が飾り物をひとまとめにしてささげ、

(五)　大高村　今は伯仙町。

(六)　唐土　昔、今の中国を唐土とよんだ。

(七)　歳の神　お正月にこられる歳神様は、全国的には農業の神様と信じられている。

(八)　丹波桑田地方　京都府桑田郡地方。

(九)　玉浦村　今は岩沼町。

(一〇)　注連　もとは神聖な場所を区別する意味で張ったという。

(一一)　神送り　ここでは歳の神を送り出す意味。なお村々の鎮守の神が出雲へ行かれる日として社参する風習は各地にある。その月日は一定していない。

奥座敷から家内一同に付き添われて、庭前に送り出すのである。そのときヤヘーヤヘーとくり返すところから、歳の神の飾り物、すなわち注連《しめ》や供餅《そなえもち》に用いた紙をヤヘイガミといい、これを一部分残しておいて、のちに屋敷の前に立てる。こうすると、そこの畑に虫が付かぬといった。あるいは土地によって唱《とな》え言《ごと》を単にホイホイともいい、屋敷じゅうを回り、注連その他を地内の神の祠《ほこら》に納めるのもある。

また仙台「封内《ほうない》（一二）年中行事」には、そのおりの作法をつぎのように述べている。「七五三《しめ》縄《なわ》の幣紙《へいがみ》（一三）を集めて長い竹の先につけて屋前に立てる。若者が戸外に出て、ヤアヘヤへ、ホーと叫んで屋敷内をめぐり、かつ幣紙をつけた竹をたたく。いまは戸内でみのなどをたたいて、ホーホーと唱えたりして、おっくうがる（一四）ものが多くなった、云々《うんぬん》。」これによると、ヤアヘヤへ、ホーと唱えながら幣紙をつけた竹をたたくことだけで、何をもって打つかは記してないが、たいせつな具ではなかったかと思う。そうして東日本の各地でホージャリ棒、ホイタケ棒などという祝《しゅう》（一五）言《げん》の木に関係があったこともおのずと想像され、羽後飛島《うごとびしま》（一六）のヨンドリ追い（一七）の際のヨンドリ棒がほぼそれに当たる。おもしろいことに、島の対岸の酒田《さかた》付近から最《も》上《がみ》付近では、この棒が、行事のあと山の神（一八）または道祖神《どうそじん》（一九）としてまつられる。

（一二）「封内年中行事」　年中行事を書いたもの。田辺希文著「封内風土記」のこと。
（一三）幣紙　しめに使った紙をいう。
（一四）おっくうがる　めんどうくさがる。
（一五）祝言　祝賀のことば。婚礼。
（一六）羽後飛島　山形県酒田市。
（一七）ヨンドリ追い　ヨンドリとは夜鳥、夕鳥のことらしい。一四一ページ「飛島のヨンドリ棒」参照。
（一八）山の神　山をつかさどる神。
（一九）道祖神　道路の神。行人を守護する神。

宮城県登米《とめ》郡新田《にった》村（二〇）では、前のヤヘイ紙《がみ》に該当《がいとう》するものをホイホイ紙《がみ》といって、さおの先につけて屋敷の入口に立てるが、桃生《ものう》郡大谷地《おおやち》（二一）村五十五人《ごじゅうごにん》などでは、共同の行事として、これをささげて部落をめぐり、最後に部落の境《さかい》に立てておく。こうすれば畑の作物を鳥が荒らさぬとか、また流行病がはいってこぬなどといって、そこにある威力を信じている。その点ホイホイ紙はホイホイ神である。ここまでくると越後《えちご》（二二）の山村で、屋敷の前に立てる雪じるしの棒も同じ根本につながるものであるかもしれぬ。そうしてまた各地のドンド（二三）、ホゲンキョ（二四）などという火祭りのあとで、燃え木じり（二五）や灰を、落雷や熱病その他の、あらゆる災害を防ぐ押《おさ》えとしたことにも通じている。

なお、神祭りに（特に神返しに）鳥ことばと同じ語、すなわちホー、ポウ、ホイなどと唱えたことは、三河遠江《みかわとおとうみ》（二六）などの、花祭り（二七）、田楽《でんがく》（二八）にも付きものである。常陸《ひたち》（二九）の久慈《くじ》郡黒沢《くろさわ》（三〇）村では門松《かどまつ》を倒すとき、やはりこのホウを言うところから想像すると、それが歳の神に対するものであったことがわかるのである。これなどは、去ってゆく者に対する訣別《けつべつ》（三一）がいかにも率直にうかがわれ、いささか卑近《ひきん》（三二）なたとえであるが、子どものことばであるアバアバまたはアッタナア（明日《あした》なあ）に該当するものであった。

（二〇）新田村　今の迫町。
（二一）大谷地村　今の河北町。
（二二）越後　今の新潟県。
（二三）ドンド　トンド。小正月に行なう火祭り。正月十五日に、たきぎを積み、門松・竹・しめなわなどをたく地方が多い。
（二四）ホゲンキョ　九州地方で行なわれる正月七日の火祭り。十五日に行なわれるのはきわめて少ない。
（二五）燃え木じり　燃え残った木。壱岐のホゲンキョでは、燃え残りの竹を二本、家ごとにくばり、門口にたてかけた。これを「鬼の骨」といって魔よけとした。
（二六）三河・遠江　今の愛知県・静岡県。
（二七）花祭り　年の暮れから初春にかけて行なわれる祭りで、歌や舞を中心とする。新年を祝福し、豊年を祈る祭。
（二八）田楽　平安時代から行なわれた民間の楽舞。もと、田植えのときに笛、太鼓を鳴らして歌い舞ったもの。
（二九）常陸　今の茨城県。
（三〇）黒沢村　今の大子町。
（三一）訣別　わかれ。いとまごい。
（三二）卑近な　手近な。

六

いまある鳥ことばが、かつての鳥と人間界との交渉を語る一つの遺物であったように、かがしなども、いずれかと言えば、作物にあだをなすもの、ひいては人間生活に障害を与えんとするものとの(一)関係を示す、いわば(二)しおりのようなものであった。したがってこれは、単純に相手を威嚇《いかく》せんための製作物でもまた装置でもない。

このような例は、ひとり鳥の社会にかぎられたことではない。たとえば、水界の魔のように考えられている河童《かっぱ》にしても、それをめぐって語られている(三)伝承《でんしょう》では、田植えを手伝い、膳椀《ぜんわん》を貸し、必要なさかなを届けてくれたりして、人間の生活に(四)貢献《こうけん》と協力を惜しまなかった。(五)お産《さん》や金瘡《きんそう》薬の(六)伝授にしても、必ずしも自身の安全を期するために、しようことなしにもらしたものではなかった。相手を悪いやつと考えるようになってから、そういうふうに人間のほうで、かってに説明したまでで、ついには悪魔にもひとしいかのように取り扱われて、長く(七)因縁《いんねん》を断つにいたったのも、鳥に対したのと一つ(八)軌道《きどう》をゆくものであった。

豆畑を荒らしに来る山鳩《ばと》を追うために、ヒヤホーなどと美しくやさしい声を放

六

(一) 鳥ことばやかがしは、人に害をなす自然界の害敵に対し、われわれの祖先はどういう考え方をもっていたかをさぐるよりどころとなる、との意味。
(二) しおり　山道などで、木の枝を折りかけて帰路のしるべとすること。案内、手びき。
(三) 伝承　伝えうけつぐこと。
(四) 貢献　力をつくすこと。
(五) 刀傷、切傷をなおす薬を伝えたり、お産の助けをしたりした。
(六) 伝授　いちばんたいせつなわざを伝え、さずけること。
(七) 因縁　ものごとを成立させるもと、つまり「因」と、因を助けて果を結ばせる力、つまり「縁」とによって定められた生滅の関係。
(八) 軌道　きまった路。

ったのも、変な音をたてて、相手を気味悪がらせようなどの魂胆《こんたん》（九）ではなく、はとポッポの唱歌のごとくに、むしろ限りない信頼と愛惜《あいせき》（一〇）の表われであったのが、作物の保護を第一とすることから、これに注意を喚起したのが、知らぬまに憎悪《ぞうお》（一一）の表徴《ひょうちょう》（一二）に変わったのである。鳥ことばの一つであるトウトウ、トッ、トトなどは、追うときと呼ぶ場合の双方に用いられているが、これは犬などに対するトト、ヤコー、ヤコーと同じく、疾《と》（一三）く来《き》たれの略語なりと柳田先生（一四）は説かれた。しかも何やらの書物に説くようにシッシッは獣に対する語で獅子《しし》（一五）の意で、ホーホー（一六）は鳥に対する語で鳳凰《ほうおう》（一七）に擬《ぎ》（一八）しておだてたなどの説は、たんなる臆測《おくそく》（一九）であるにはちがいないが、一種の警告ともとられ、むやみに追いはらうものでなかった古意がうかがわれる。

かりに、おそろしく年老いた山鳩でも、その社会にいたならば、このごろの人間たちのことばは、まったく矛盾《むじゅん》（二〇）していると、あるいは嗤《わら》ったかも知れない。

七

田畑の作物に対して、鳥獣の侵害を防ぐ目的の措置《そち》（一）を、かがし、または、かかしという。これは歴史的にいつの時代からいい出したかしらぬが、かなり古くさ

（九）魂胆　ここでは策略、たくらみの意味。
（一〇）愛惜　惜しんで、たいせつにすること。深く愛すること。
（一一）憎悪　にくむこと。
（一二）表徴　外面にあらわれたしるし。
（一三）疾く来たれ　はやく来い。
（一四）柳田先生　柳田国男先生のこと。民俗学の創始者。明治八年～昭和三十七年（一八七五―一九六二）。兵庫県出身。
（一五）獅子　獅子（ライオン）は百獣の王といわれる。
（一六）ホーホー　鳥の王様がきたから、わるさをせずに帰れという意味。
（一七）鳳凰　めでたい、想像上の鳥の名で、鳥類の長とされている。
（一八）擬して　あてはめて。
（一九）臆測　いい加減な推測。
（二〇）まったく矛盾している　人間が、ことばの本来の意味を忘れ、反対の場合に使っていることを、としよりの山ばとが笑うのである。

七

（一）措置　処置。

かのぼると思われ、足利末期と伝えられる物語本にすでにその名がある。ところで現今では、かかしは標準語として、はるかに沖縄《おきなわ》の離島《はなれじま》にまで通用するが、この語が一般に慣用《かんよう》[二]されるのは、東日本の、ことに関東から東北地方である。その他の地方では、ソメ、シメ、オドシ、オドラ（ロ）カシをはじめ、ボッチ、ボオト、トボシ、マブリ（イ）などの語が行なわれている。これらは、いずれも方言《ほうげん》[三]という結果になるが、そのなかの三、四のものは、慣用の地域も相当に広い。

かがしをソメと呼ぶ地域は、飛騨《ひだ》[四]・美濃《みの》・信濃《しなの》・三河《みかわ》・遠江《とおとうみ》におよぶと、安永《あんえい》四年（一七七五）の「物類称呼《ぶつるいしょうこ》」[五]にも見え、現在の分布ともほぼ一致する。

次はシメという地域で、そちこちに散在するが、特に四国の阿波《あわ》[六]・土佐《とさ》・伊豫《いよ》、九州では豊後《ぶんご》[七]・日向《ひゅうが》・肥後《ひご》の山地に濃厚である。以上に対して、近畿・中国から九州にかけてオドシ・オドラカシの語が大きく線を引いている。この語は日本海に沿って北陸にも深くおよんでおり、カラスオドシ・ガンオドシなどの語もある。

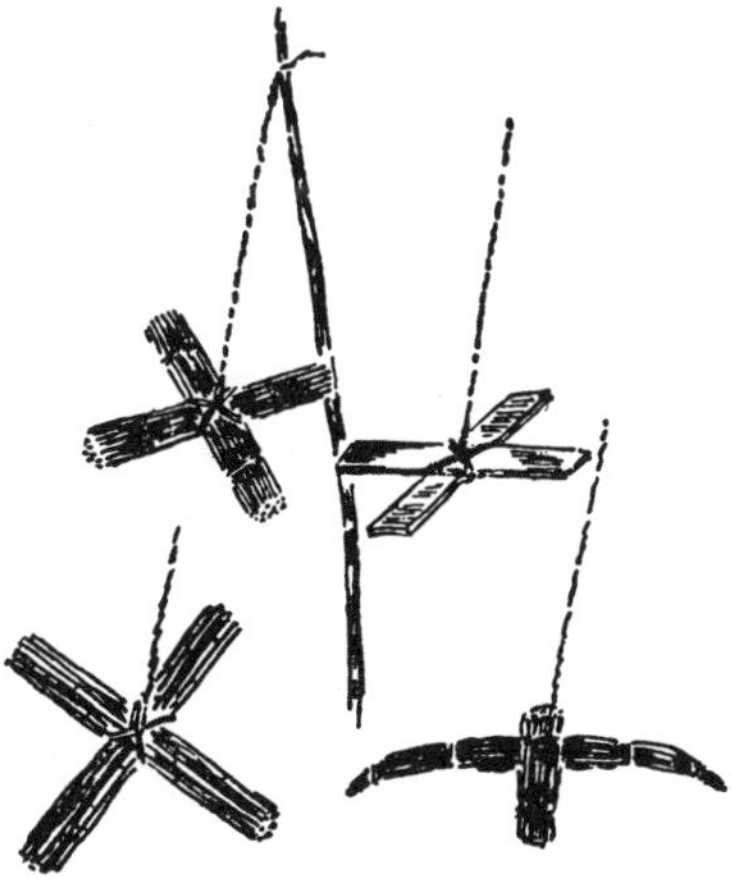

十文字のかがし　宮城県松島付近

（図版説明）
本文中のかがしのさし絵は、全部、早川先生が写生されたものである。
上図の「十字」をたてることが、かがしの原形で、「十字」は占有権の標示であった。

（二）慣用　つかいなれる。

（三）方言　一地域や、ある階層にかぎって行なわれる言語。

（四）飛騨・美濃・信濃　今の岐阜県、長野県あたり。

（五）「物類称呼」　越谷吾山著「諸国方言物類称呼」のこと。安永四年の作。諸国の方言を集めたもの。

（六）阿波・土佐・伊豫　今の徳島、高知、愛媛県。

（七）豊後・日向・肥後　今の大分、宮崎、熊本県。

これに対して関東から奥羽地方は、前にもいうように、かがし、または、かかしの語が分布し、奥羽地方には、別にヤカガシの語が行なわれている。ヤカガシは節分《せつぶん》(八)に門口にさす飾り物にもいい、それとの間に語として差別はない。

以上は、わが国におけるかがしの方言と、その分布の大要《たいよう》(九)である。ひとくちに方言といっても、鳴子《なるこ》・引板《ひた》(一〇)などの、特殊の装置や形式についてもとめると、おびただしい数がある。たとえば、水力を利用して音響を発する装置を取りあげても、バッタリ・ボットリ・ガコなどの擬音《ぎおん》(一一)をとったもの、鹿《しか》づつみ、兎《うさぎ》づつみなどの譬喩《ひゆ》(一二)語から、ボンクラ・アッカリ・サコンタロなどの変わったものを拾いあげると、全国では何十と数えられる。また四国・中国では多くソウズ(添水)といっている。

次に火力利用のものになると、燃焼作用によって臭気《しゅうき》の発散をねらっ

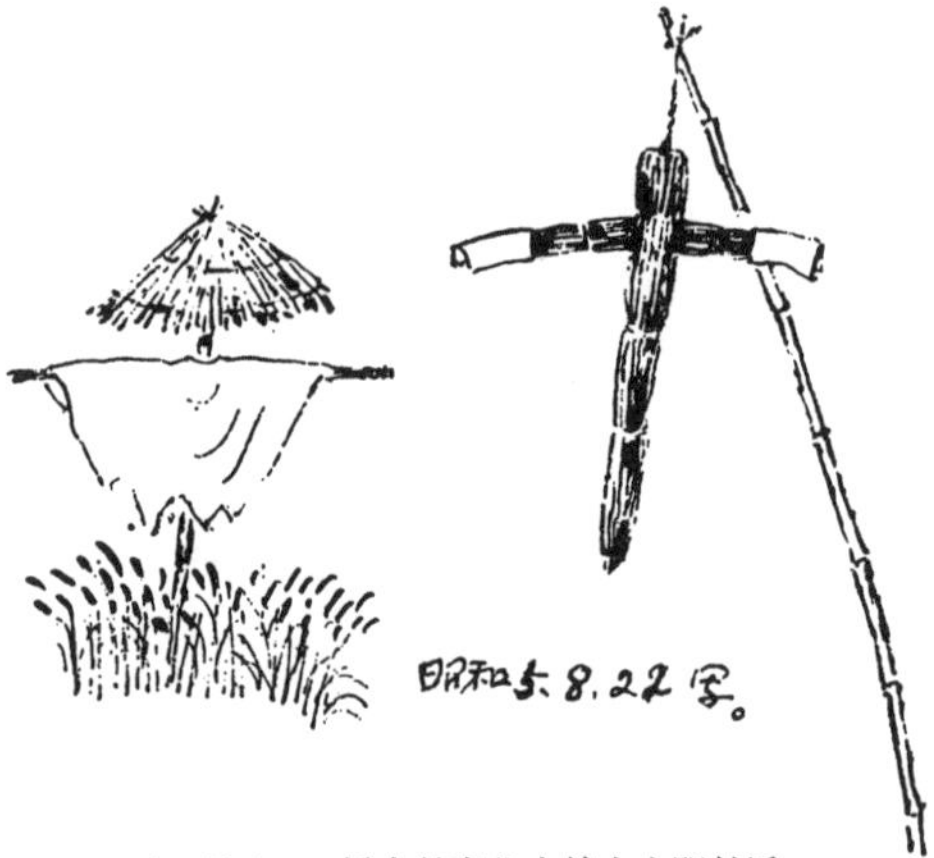

かがし　栃木県東北本線小山駅付近

(八) 節分　気候の移り変わるとき、特に冬の季節から春の季節に変わる立春の前日をいう。この日の夕方、ひいらぎの枝にいわしの頭を刺したものを戸口に立て、いった大豆をまく習慣がある。

(九) 大要　あらまし。概要。

(一〇) 引板　ひきた。鳴子と同じもの。

(一一) 擬音　ここは音によって名づけたとの意味。

(一二) 譬喩語　譬喩はたとえのこと。音を鹿の打っているつづみにたとえていっている。

たものが多い。カビ・カベ・カコ・ホッコ・カグシ・ヒナワ・ヒヅトなど、じつにおびただしい数にのぼり、地域的にも全国におよんでいる。

　これらは、おのおのが方言地域を形成してはいるが、その間に別系統の語が混用される事実もしばしばある。これには近代の交通発達にともなう文化交流の関係と、特定の装置または対象による伝播《でんぱ》(一三)も考えられ、じつに複雑である。たとえば、ソメ地域(一四)と見られる信濃《しなの》の伊那谷《いなだに》には雀《すずめ》オドシの語があり、かがし、またはヤカガシ地域とみられる奥羽地方の各所に、烏《からす》オドシの語がある。土佐・阿波は、いちおうシメ地帯(一五)とみられるが、人形にかぎってボートという。さらに肥前にはトボシの語があるが、トボシは別にトーボシともいって、いわゆる稲積みの名でもあった。また関東の下野《しもつけ》(一六)・上野《こうずけ》・下総《しもふさ》・武蔵《むさし》などで、わら人形のかがしをボッチというが、これまた、一方《いっぽう》に稲積みの名であった。

かがし　岩手県下閉伊郡宇都野　所見

　奄美大島《あまみおおしま》はマブリとシメが併用されるが、沖縄では特殊のもの、たとえば、苗代《なわしろ》に用うるものにマブイの名があり、スタルキというのは、かがしを意味す

(一三) 伝播　伝わり広まること。広く伝わること。
(一四) ソメ地域　かがしを「ソメ」と呼ぶ地域。
(一五) シメ地帯　かがしを「シメ」と呼ぶ地帯。
(一六) 下野・上野・下総・武蔵　今の栃木・群馬・千葉・茨城・東京・神奈川・埼玉県など。

るとも聞いた。さらに、作物保護の目的からいうと、サンまたはフキもその範疇《はんちゅう》(一七)に加わる。

以上のように細かに詮索《せんさく》を加えると、同一地域に各種の語の混用《こんよう》(一八)もあるが、概括《がいかつ》的に前に述べた、かがしと、それにソメ・シメ・オドシ（オドロカシ）の四つでほぼ地域圏を形成する。

八

かがしを形式上、簑笠《みのかさ》一本足の人形を範《はん》(一)とすれば、他の鳴子《なるこ》や火苞《ひづと》(二)の類は埒外《らちがい》に出る。いやなにおいや奇怪な音響を発して、相手にいやがらせや不安を抱《いだ》かせるのを目的とすれば、各地にある萱《かや》を結んだり苧稈《おがら》(三)のしがらみ(四)などは別の存在となる。それかといって、目的の対象を鳥獣に局限(五)すれば、どこにもある菜畑の虫よけや稲虫送りの松火《たいまつ》の燃え木じりなどは同列に加わらない。ことにその名称は、節分《せつぶん》の夜に門に飾《かざ》るゴマメ(六)や柊《ひいらぎ》(七)の枝と区別せぬ地方もある。これを伝説のままに、

かがし　岩手県九戸郡野田村　所見

(一七)　範疇　範囲。

(一八)　混用　まぜて使うこと。

八

(一)　範　手本。模範。

(二)　火苞　田畑や山で働く者がぶよや蚊を防ぐ道具。葛の根のくずを麦わらで包み長さ約六十センチぐらいのもの。これに火をつけ、その煙で虫を追い払う。木綿ぎれを固く巻いて作る所も多い。

(三)　苧稈　苧はあさ（麻）の一種。稈は穀物の茎。

(四)　しがらみ　水の流れをせくためにくい（杭）を打ちならべて、これに竹、木を横たえたもの。

(五)　局限　ものごとや場所をせまく限ること。

(六)　ゴマメ　ひしこという海の小魚を干してつくる。お正月の祝いごとにも用いる。

(七)　柊　もくせい科の常緑喬木。葉にとげがある。秋、単性または両性の白色の小花を密生。よい香りを発する。

鬼や一つ目小僧《こぞう》を寄せつけぬ目的とすると、本義《ほんぎ》(八)は外敵排除とも解される。こうなると、村境に張られた注連縄《しめなわ》、屋根棟《むね》の鬼がわらにもおよぶ。もちろんそれらは、のちの習合《しゅうごう》(九)としても、性格的に通ずるところがあり、最初から別物とする根拠がある訳ではない。かように考察すると、形式もしくは目的の対象によって、限界を定めようとすることは困難である。

ところで問題は農作物の保護そのもので、おびやかす側に対して、どこまで拒否しうるかいなかである。ここで考えられるのは、かがしの場合はまだ侵略を受けたのではなく、侵略を予想しての措置《そち》である。かりに侵略を受けた場合、鳩《はと》に対する豆鉄砲《まめでっぽう》、苧畑《おばけ》を襲《おそ》うヒワに対する竹ざおのように、多少とも相手に制裁《せいさい》(一〇)を加え、または威嚇《いかく》(一一)しうるかは疑問である。

ひるがえってかがしはその行使者の場合、それは自己の監視のおよばぬ際《きわ》を考慮してのその身がわりであるが、全部の意志と実力が付与されていたわけではない。ときには弓矢をもたせ、恐ろしい目口は描いてあっても、それは絵に描(一二)いた虎《とら》と同様で、侵略に対して制裁も膺懲《ようちょう》(一三)もありえない。それかといって、

鳥おどし　福岡県鞍手郡香椎村　所見

(八) 本義　正しい意味。根本の意味。
(九) 習合　あい異なるものを調和すること。
(一〇) 制裁　道徳、慣習または規定にそむいたものに加える苦痛。
(一一) 威嚇　おどかし。
(一二) 絵に描いた虎　おそろしいようで、じつは少しもおそろしくないことのたとえ。
(一三) 膺懲　敵をうちこらしめること。

柵《さく》や濠《ほり》のように、侵略阻止《しんりゃくそし》の機能《きのう》(一四)を持ち合わせているわけでもない。これでは保護を受ける立場としてはすこぶる心もとない。そこに多少とも意義を求めるとすれば、きわめて消極的(一五)な威嚇《いかく》か、さもなくば欺瞞《ぎまん》(一六)である。

　かがしの目的を、財物の保護の措置《そち》とする場合には、矛盾《むじゅん》はただそれだけではない。いささか問題逆転の感はあるが、侵略に対する拒否の理由ないしは根拠がなおあいまいである。もちろんかがしの行使者としては、自己(一七)の権利もしくは作《さく》人《にん》としての丹精《たんせい》をいうであろう。その場合相手が人間ならばともかく、非類《ひるい》(一八)でその種の主張を率直《そっちょく》に受け入れるかどうかは疑問である。のみならず生活権(一九)を掲げて執ように(二〇)迫った場合を想到(二一)すると、諦観《ていかん》(二二)以外に方法はないかもしれぬ。じつはそのための威嚇であり欺瞞というかもしれぬが、それではせっかく丹精の結晶を最初から放擲《ほうてき》(二三)するにひとしい。まさかそんなはずはないから、その点にもたぶん検討の余地がある。

　そこで考えられるのは、財物の保護で、威嚇や欺瞞も一つの方法ではあろうが、むしろその前に、侵略する危険性をもっている者に対し、作人としてその権利もしくは丹精(二四)の結晶たることを表明する、その間の措置である。これには順序として相手の理解に訴え、それが無視された場合につぎの手段がある。それには武器(二五)

(一四)　機能　やくめやはたらき。
(一五)　消極的　ひかえめなこと。
(一六)　欺瞞　だますこと。
(一七)　自己の権利もしくは作人としての丹精をいう　自分には権利があるのだということを主張する、または、作った本人がそれをいっしょうけんめいに作ったものだということを主張する。
(一八)　非類　鳥、けだものの類。
(一九)　生活権を掲げて　鳥類が、自分らにも生活の権利があるということを強く主張して。
(二〇)　執ように　しつこく。
(二一)　想到する　おもいいたること。考えつくこと。
(二二)　諦観　あきらめること。
(二三)　放擲　なげすてること。
(二四)　丹精の結晶たることを表明することは、それを最初から放擲していない証拠である。
(二五)　武器の沙汰　武器をとって争い、決着をつけること。

の沙汰《さた》もあろう。威嚇・欺瞞もあろう。あるいは二者の対立関係を、第三者に訴えて、二対一の関係に持ち込む方法もある。ことに権利そのものからいうと、妥《だ》当《とう》の方法である。それを相手が非類であるからといって最初から謀略《ぼうりゃく》(二六)で臨むなどはおかしい。

かように解した場合、かがしの本義は財物の保護を目的とする権利の表明で、要するに占有権《せんゆうけん》(二七)の標示で、目的の対象は必ずしも鳥獣に局限されない。方法的に注意喚起《かんき》から警告《けいこく》となり、さらに威嚇に発達した過程が考えられ、性格的にどこまでも平和的措置《そち》であった。じつはそこに形式の問題がある。そこには色彩、形態など視覚に訴えるものから、音響・臭気などの感覚に訴えるもの、さらにそれらを通して観念をねらったかと思われるものもある。

(二六)　謀略　はかりごと。策略。

(二七)　占有権　自分の所有であるとする権利。

〔解　説〕

日本は、水田に米を作る農業を、国の基本《もとい》とした国です。政治も祭りも、米作りを中心としてきました。村の秋祭りも、米をとり入れて、神々と人々とがいっしょになっていただくという形式のものです。わが国の神社のなかでも最も尊い伊勢(一)の皇大神宮のいちばん重い祭りは、秋の神嘗祭《かんなめさい》です。それは、その年に新しくとれた米を初めて神に奉る儀式です。この米を作るという生活を考えて、われわれの祖先は、この生活こそ「永遠」といえるものだ、天地とともにきわまることのないものだと信じました。

わが国の神話では、天皇のご先祖の神が、わが民族の先祖の神々とともに、高天原《たかまがはら》(二)からこの地上に降《くだ》ってこられる時、天上の神々の暮らしのもとだった米の種をたまわりました。これを植えて生活をたてるなら、地上でも天上と同じような暮らしができ、子孫は永遠に天地とともに久しく栄えるだろうとのおさとしをうけたのです。

　この神話にしたがって、わが国では米作りを国の基本《もとい》と考えてきました。一つの民族の「神話」というのは、民族の発生《はっせい》の信仰《しんこう》をのべて、その存続《そんぞく》の理想を語るものです。

　それゆえ、米作りの生活のなかには、日本人の根本《こんぽん》の考え方がたくさん残っています。米を作る生活から、日本人のものの考え方や、道徳の原理《げんり》が生まれたのだと考えてよいわけです。

　早川先生が、農業の生活のなかから「鳥を追うことば」と「かがし」という二つのことがらを通じて発見されたことは、日本人の根本のものの考え方といわねばなりません。

「山田のなかの一本足のかかし」の唱歌から、かがしは、だましの弓矢をもって威張り、鳥をおどしているのだと考えていた人は、それがまちがいだったということがわかったでしょう。

　早川先生は各地のかがしを研究して、それは占有《せんゆう》の標《ひょう》識《しき》（しるし）だということを発見されたのです。威嚇《いかく》や欺瞞《ぎまん》や攻撃《こうげき》のためのものでなく、所有物に対する標識として、きわめて平和な態度をあらわすものといわれるのです。この、かがしにあらわれた考え方は、昔からの日本の生活にもとづいた根本の思想です。なんとなれば、米作りの農業こそ日本の生活の根本だったからです。

　早川先生は、このことを説《と》くために、われわれの祖先が、遠い遠い昔から、他の生物に対し、どういう考え方をしてきたかということを、明らかにされています。この、いわゆる日本人の自然観《しぜんかん》を明らかにすることは、日本人のものの考え方や、思想や文学の根本を明らかにすることです。自然観というのは自然や他の生物と人間との関係についての考え方をいいます。それを早川先生は、何によってどういうふうに説かれたでしょうか。そういう他の生物に対する考え方や、態度が、「かがしとは、何か」という問題をとくかぎになったのです。

　農作物を荒らすものは初めから敵か悪魔であって、話しあう余地《よち》がないとすれば、威嚇し、防禦《ぼうぎょ》し、攻撃し、撃退《げきたい》するより他の方法がありません。しかし、昔のわれわれの祖先はそんな考え方をしなかったのです。その祖先の考え方が、「鳥を追うことば」「かがし」の役割《やくわり》としてあらわれています。早川先生は農作における鳥を追うことばは、もともと鳥を招くことばであり、鳥と話し合うことばだったと申されています。このわれわれの祖先の大切な考え方は、この世界の平和の基礎《きそ》となる唯一《ゆいいつ》の考え方です。早川先生は、かがしの研究によって日本の米作りの根本の考え方や道徳は、平和の基《もと》となる生活だということを教えられたのです。

平和は、頭で考えるだけでも、口でわめく人々によっても、けっしてやってこないことをみなさんは知ったはずです。これがほんとうの平和だ、いやこちらこそほんとうの平和だと、今日では平和を口にすることは、激しく争う口実《こうじつ》にさえなっています。

われわれは、どういう生活をすれば平和であるかということをまず考えてみる必要があります。今の世のなかには、必ず喧嘩《けんか》争いや戦争になるような生活のしくみがあります。ところがつねに平和であるという生活がこの世にあったのです。これが日本の民族の先祖が伝えてきた米作りの生活で、われわれの先祖では、祭りとは、米を取り入れて神々とともに食《しょく》することであり、またこの生活が政治の根本だったのです。

早川先生（一八八八―一九五六）は愛知県の出身で、初め画家になるつもりでしたが、柳田国男先生の学問に感動して柳田先生の門下となられました。それは柳田先生の始められた民俗学（三）という学問です。民俗学は近代日本で新しく生まれた最もすぐれた学問の一つです。この民俗学は柳田先生を中心にして、早川先生や折口信夫《おりぐちしのぶ》（四）先生の作られたものです。早川先生は文学者としてもりっぱな仕事を残されました。ほんとうのエッセイスト（随筆家）として近代において数少ない存在のひとりでした。民俗学のほうでは、三河《みかわ》（今の愛知県）の「花祭り」の本が特に知られています。また、農業や農政（五）の学者としても多くの仕事をされています、この「鳥を追うことば」という文章は、遺稿（六）として「天魚《てんぎょ》」（京都昭英社発行）という雑誌に出ました。

〈注〉

（一）伊勢の皇大神宮　三重県宇治山田市にある。天照大神（あまてらすおおみかみ）をはじめ、多くの神々がまつってある。（二）高天原　日本神話で、神々の住んでいた国。（三）民俗学　民間伝承のいろいろの事実を研究し、日本の歴史や生活を明らかにする学問。（四）折口信夫　国文学者、歌人（一八八七〜一九五三）。（五）農政　農事に関する行政のこと。（六）遺稿　死後に残した草稿。

〔問題のしおり〕

一　早川先生は、この文章のなかで、農業を中心として人と鳥との交渉を考え、遠い遠いだれも知らない時代から伝わった行事をしらべ、その源《みなもと》にさかのぼってことがらを明らかにされました。年月の間にまちがってしまったことや、もとの意味とは反対になってしまったようなことがらもしらべあげられました。

二　早川先生は、今日でもなお残っている「鳥を追うことば」をていねいにしらべあげて、昔のわれわれの祖先たちが、鳥との間で使ったことばの意味を究明されました。このことから、遠い昔のわれわれの祖先が、農作を荒らす鳥類に対し、どういう考え方と態度をもっていたかがわかりました。そのことを、この文章のなかに書かれています。われわれの祖先は作物を荒らす鳥を、敵とも悪魔とも考えなかったのです。農夫が鳥に向かって「ここはわたしのところだから、きみはまちがわないで、自分の場所へ行ってくれ」というのが、「鳥を追うことば」や「かがし」のもとの意味です。

三「かがし」や「鳥を追うことば」が、田畑の侵略に対しては無力無意味な迷信《めいしん》にすぎないと考えるような人は、非常に単純皮相な考え方しかできない人です。かがしは、日本人の生き方として、いちばん、だいじなことを今日でも教えてくれているということを、早川先生はわれわれに教えられたのです。早川先生が「鳥を追うことば」や「かがし」を迷信として捨てるまえに、その意味をさぐろうとされたゆき方が、学問の態度です。これは、学者である早川先生が、すぐれた詩人としての愛情をもたれたからできたことです。多くの人が長い年月にしてきたことを、思い上がった心で片づけてしまうまえに、ものごとを知りたいという思い、自分は何も知らないのだという思いから、知ろうという努力をされたことが、学問の仕事の始まりとなるたいせつなところです。この文章は、詩人のおもいと、学者の態度を学ぶための教材です。

四　早川先生は、ある時旅さきで、かがしを作っている老人に「そういうものを作っても何か役にたつのか」とたずねました。するとその老人は「役に立つかどうか知らないが、昔から百姓がしてきた、きまった仕事の一つをせぬことは、なまけていると思われるから、自分はつくるのだ」といったそうです。この老《お》いた農夫は、かがしに実用性がないことを知っていたようです。しかし農夫は、きまった仕事の上で「手をぬく」ということを自分にはできなかったのです。しかしこの農夫は、みのり前の田にかがしを立てることによって、非常な喜びを味わったにちがいありません。その喜びが、次の仕事の原動力となり、そうしたことから生甲斐《いきがい》を感じるにちがいありません。早川先生は、老農夫のことばから、生々《せいせい》した喜びと、道徳のもととなるものを味わわれたのです。これは人が生きてゆく上でだれにでもたいせつな問題です。

〔探究のしるべ〕

一「山田の中の一本足のかかし」という句にはじまる歌があります。「かがし」は、このような歌によって、みのりの秋の風物として日本人に親しまれてきました。しかし、このかがしが、日本人の長い暮らしの歴史の上からみると、さらに深い思想に根をおろしていることを、早川先生は教えられました。かがし一つの意味をさぐることによって、日本人とはどういう考え方をした民族であるかということを知ることができました。

二「かりに、おそろしく年老いた山鳩《やまばと》でも、その社会にいたならば、このごろの人間たちのことばは、まったく矛盾《むじゅん》していると、あるいは嗤《わら》ったかも知れない」とありますが、「矛盾している」とは、どういうことをいうのでしょうか。これはたいへん皮肉《ひにく》ないいかたです。

飛島《とびしま》のヨンドリ棒

羽後《うご》の飛島（山形県酒田《さかた》市内）では田畑も少なく鳥を追う必要などないのだが、やはり小正月《こしょうがつ》の行事として少年少女がヨンドリ棒を持って遊んだ。

正月の十日または十二日から子どもたちが集まって、軒端《のきば》によしずをかけてヨンドリ小屋をつくる。中にはむしろをしき、人形などを飾りつけ、おとなはいっさい入れない。

四、五歳から十二、三歳までの子どもが、四十センチぐらいに切った桑《くわ》の棒に人の顔などをきざんだヨンドリ棒を二本と、樽《たる》、菓子《かし》、餅《もち》などをもちよって、そのなかで鳥追い歌を歌った。夜分には火を焚《た》いてさわぎ、家々の門に立って、ヨンドリ棒をたたいてまわる。その時は家のものの悪口をいくらいってもよかった。十六日の鳥追いをすましてから、その棒は家にもち帰り、井戸神に供《そな》えて、井戸のわきにつんでおく。毎年の分をつみ重ねて残しておいた。

十二　国　原（くにはら）

伊《い》藤《とう》左《さ》千《ち》夫《お》

(一)牛飼《うしかい》が歌よむ時に世のなかの新しき歌大いにおこる

(二)元《げん》の使者《ししゃ》すでに斬《き》られて鎌倉《かまくら》の山のくさ木も鳴りふるひけむ

(三)池水《いけみず》は濁りににごり藤《ふじ》なみの影《かげ》もうつらず雨ふりしきる

ともし火のまおもに(四)立てる紅《くれない》の牡丹《ぼたん》の花に雨かかる見ゆ

さ夜ふけて声(五)乏《とも》しらに鳴く蛙《かわず》一つともきこゆ二つともきこゆ

(一)　左千夫先生は乳牛の牧場を経営しておられた。

(二)　元寇（げんこう）の時、北条時宗（ほうじょうときむね）が元の使者を由比浜（ゆいがはま）で斬ったことを歌っている。

(三)　花の盛りが過ぎた春の終わりの長雨の情景である。藤なみは藤の花。

(四)　ま正面に。

(五)　かわずの鳴き声も、しだいに少なくなってゆく。

(六)　諏訪は信州の諏訪。一方の岸よりにしぐれが通ってゆくけしき。

(七)　きびしい冬に対して身構えをする、人も自然も。

(八)　浜べよりかなり離れたところ。「さ夜ふけ」は「夜ふけ」というのと同じ。「さ」は発語といい、

汲湯《くみゆ》して小舟《おぶね》こぎ行く(六)諏訪少女湖《すわおとめうみ》の片面《かたも》は時雨《しぐれ》ふりつつ

鶺鴒《せきれい》の来鳴《きな》くこのごろ藪柑子《やぶこうじ》はや色づきぬ冬(七)のかまへに

(八)浦《うら》遠く人ら数多《あまた》がさ夜《よ》ふけにものも語らずしづしづゆくも

天地《あめつち》は眠りにしづみさ夜ふけて海原《うなばら》遠く月朱《あけ》(九)にみゆ

(一〇)うつそみの八十国原《やそくにはら》の夜《よる》の上に光乏《ひかりとも》しく月かたむきぬ

高山《たかやま》も低山《ひくやま》もなき地の果《はて》は見る目の前に天(一一)《あめ》し垂《た》れたり

(一二)寂《さび》しさの極《きわ》みに堪《た》へて天地に寄《よ》する命《いのち》をつくづくと思ふ

おもに歌に使う。「園のさ百合」の「さ」も同じ。

(九) 水平線のほうへだいぶかたむいた月である。

(一〇) 「うつそみ」とは「生きている人間の肉体やいのち」をいい、また「あの世」に対して「この世」をいう。「八十国原」は「見ゆるかぎりの、多くの国々のある国土」つまり「広い国土」をいう。「自分の立って見おろしている、この目の前に広い国原の」というのが上二句のだいたいの感じである。荘重に悲痛感のこもった堂々たる調子は、いわゆる万葉調にもとづきつつ、新しい時代のしらべをなしている。

(一一) 海と空が一線をなすところを見て、「天し垂れたり」というのは、未曽有の表現である。

(一二) 「寄する」というのは、自分を「よせかける」のである。左千夫先生は晩年深い信仰にはいられた。この「寂しさ」は、理由のない生まれながらの大きい「寂しさ」、天地時空の大に対する「うつそみ」の「寂しさ」といった感をこめられている。

くぬぎ原《ばら》くま笹《ささ》の原（一三）見とほしの冬がれ道を山ふかくゆく

（一四）帰りせく寂《さび》しき胸に（一五）霜枯《しもがれ》の浅間《あさま》のふもと日も暮るるかも

（一六）物忘《ものわす》れしたる思ひに心づきぬ汽車工場《きしやこうじよう》は今日《きよう》休みなり

いとけなき（一七）児等《こら》の睦《むつ》びや（一八）しが父の貧しきも知らず声楽しかり

ゆづり葉《は》の葉ひろ青葉《あおば》に雨そそぎ栄《さか》ゆるみどり（一九）庭に足《た》らへり

住《す》む土地のめぐみを思ふ心ありて（二〇）そこに住むべき道は開《ひら》けむ

（二一）日の光くまなきかぎり人の行くたゞしき道はたゞ一つなり

（一三）見とほしの　遠くまで見渡せる。
（一四）帰りせく　帰りいそいでいる心をいう。
（一五）霜枯　秋から冬にかけての季節。
（一六）朝から何かもの忘れしたような気がしていたが、やっと気がついたことは、きょうは汽車工場が休みで、いつもの騒音が聞こえてこないからだった。
（一七）おさない子らが、仲よくうれしそうに遊んでいるのである。
（一八）しが父の　自分らの父の。
（一九）庭いっぱいにひろがっているという感じを、庭に足らへりと言った。「足る」は、みちたりるの「たる」である。
（二〇）そこに　その土地に。
（二一）太陽が地上のすみずみまであまねく輝いているかぎり、正しい道はただ一つである。

〔解　説〕

伊藤左千夫先生は、元治元年（一八六四年）八月十八日、千葉県成東《なるとう》町に生まれました。上京して法律を学ぶつもりでしたが目を患《わずら》ったため学業をやめ、牛乳搾取《さくしゅ》業を家業とし、没年《ぼつねん》におよびました。

明治三十一年、正岡子規《まさおかしき》が旧来の和歌の革新《かくしん》を考え、「歌よみに与ふる書」を発表された時、先生は初め子規と論争《ろんそう》されましたが、三十三年、子規の門下として教えをこうようになりました。時に先生三十六歳、子規先生三十三歳でした。先生は歌論も書き、後年は小説をたくさん書かれました。「野菊の墓」はその一つです。先生の門下からは多くの秀才が出て、アララギ派という名で大正から昭和初期の歌壇《かだん》の主流《しゅりゅう》をなしました。先生は大正二年（一九一三年）七月三十日になくなられました。

左千夫先生の門下で、大正時代の歌人として第一流の人であった島木赤彦先生（一八七六—一九二六）が、左千夫先生のことを書かれた文章があります。

『先生は肉体の力旺盛《おうせい》（勢いよくさかんなこと）にして強い心をもっておられた。その強い心が他に向かって発動するときは潮《うしお》の寄するがごとく止めがたい勢いを示されるとともに、内にたたえるときは山の湖のごとき静かさにみずからをおくことができた。これは真に強い心の所有者にのみ見らるべき特徴である。先生は茶を愛し、釜《かま》を愛し、茶碗《ちゃわん》を愛せられた。晩年には茶室兼書斎ともいうべき「唯真閣《ゆいしんかく》」を庭のすみに建てられて、ここにこもって筆をとるかたわら香《こう》を焚《た》き茶を点《てん》ずることを楽しまれた。そして太古人の体につけた玉を多く所持して愛《あい》翫《がん》せられ、その玉と玉と相触れる音を楽しまれた。唯真閣は方丈《ほうじょう》の室にもたとえつべき小閣で室の四方を土壁でかこみ、わずかに出入りの小さな戸口と、小さな明り取りの窓をあけておかれた。四壁居《しへききょ》、四壁道人《しへきどうじん》と自称《じしょう》せられたのは初めからこういう居室を喜ばれたためである。先生はみずから好むものを好むに何の躊躇《ちゅうちょ》（ためらうこと）をもされなかった。明治、大正時代の革新された歌をなすほどのもので、茶道《さどう》などに没頭《ぼっとう》するものは日本じゅうにひとりもいなかった。先生はみずから楽しむ道を楽しむ人が日本じゅうに他にひとりもないことを気にとめておられなかった。かく幽寂孤独《ゆうじゃくこどく》を楽しむ心は、他に対してどこまでも積極的《せっきょくてき》にはたらきかけた先生の心と相対して、先生の人柄《ひとがら》を大きくしている。先生の歌柄《うたがら》が大きいということも、これと関連《かんれん》して会得《えとく》すべきである。』

島木先生は、このように書いておられます。

〔問題のしおり〕

一　「茶を愛し」というのは、ここでは抹茶《まっちゃ》を愛されたことで、抹茶をたてることを「点ず」というのです。

二　方丈は、十尺（三メートルあまり）四方の庵《いおり》をいいます。日本の古典文学のなかに、鴨長明《かものちょうめい》（一一五三―一二一六）の「方丈記」という名作があります。

三　島木先生は「真に強い心の所有者」を、どんな点で見わけられたのでしょうか。

四　島木先生は「人柄の大きさ」の原因をどこに見ておられるのでしょう。

五　島木先生の書いておられるところをよく考えて、「真に強い心の所有者」と、「人柄の大きさ」との間にどんな関係があるかを考えましょう。

〔探究のしるべ〕

一　「牛飼《うしかい》」の歌は、明治三十三年、左千夫先生が正岡子規先生の門人となられた年の作です。そのときすでに三十六歳でした。それまでの左千夫先生は、写生説《しゃせいせつ》に立つ子規先生の和歌革新論にかならずしも賛成ではなかったのです。この歌から「新しき歌」の目標がはっきりつかめたさまが見られます。先生は、自身のめざされる「新しき歌への道」を高らかにこの一首でうたわれたのです。

二　前にあげた歌十九首は、大体制作順にならべてあります。一首一首味わいながら読みすすむと、作者の心境と歌柄の深まりが、よむ人々の心に応じてある程度わかるでしょう。しかし、それを文章として具体的に言いあらわすことは、容易なことではありません。

三　伊藤左千夫先生は、明治の新しい短歌がおこってこのかたの第一の歌人と考えられています。それは人柄の大きさと歌柄の大きさの両方によってです。

十三　北里先生のことども

志《し》賀《が》潔《きよし》

その一

北里柴三郎先生

1

北里先生(一)は昭和六年八十歳でなくなられた。六月十三日のご命日《めいにち》には、毎年青山《あおやま》(二)のお墓所へもうずるならわしであったが、わたしは当地（仙台《せんだい》）に疎開《そかい》(三)以来それもかなわな(四)くなった。わたしも明年は八十歳になるが、自分になぞら(五)えていまさらながら先生の偉大なご生涯《しょうがい》をしのぶに切《せつ》なるものがある。明治二十九年大学を出ると同時に、当時の伝研《でんけん》(六)にはいり、以来最年長の門弟のひとりとして先生に師事《しじ》(七)すること三十余年、その間、留学中の数年と大正九年に朝鮮へ赴任《ふにん》した以後とを除けば、文字どおり朝夕先生にまみえて、研究上のことはもとよ

(一) 北里先生　北里柴三郎（一八五二―一九三一）。男爵。熊本県の人。内務省伝染病研究所長。北里研究所を創設した。世界的な細菌学者。
(二) 青山　東京都港区。
(三) 疎開　戦時中空襲に備えて都会の住民が地方に分散したこと。
(四) かなわない　できないこと。
(五) なぞらえる　くらべる。
(六) 伝研　内務省伝染病研究所。
(七) 師事　師としてうやまってつかえること。

り、公私の処世（八）上に関することまで懇切なご指導を受けたのだから、わたしは先生に最も側近したひとりのわけである。先生の、学究者として、研究指導者として、医政家として、また教育者としての大きな足跡については、すでに多くの人々によって語られ、またりっぱな伝記も出版されていることだから、ここには直接わたしの関係のある挿話《そうわ》（九）を述べ、人としての先生の一面を追懐《ついかい》したいと思う。ただし古い記憶を呼び起こしながら語るのだから順序も脈絡《みやくらく》（一〇）もない断片的な話である。

先日、北研（一一）の高野博士からおたよりをいただいたが、そのなかに、戦災を免《まぬが》れたコッホ祠《し》（一二）の桜は、いまを盛りと咲き乱れていると書き添えてあった。コッホ祠とはご承知のとおり、北研の表玄関の前庭に北里先生の発意で設けられた先生の恩師ローベルト・コッホ（一三）を祭る小祠である。その祠《ほこら》が造られたとき、わたしは郷里仙台の名物である榴ケ岡《つつじがおか》の枝垂桜《しだれざくら》の苗木を二十株取り寄せて祠をめぐる池畔《ちはん》に植えた。地味（一四）のちがう土地に、はたして育つであろうかといろいろ気をつかったが、その時先生は「なんだ仙台の桜か」ぐらいにしかいわれなかったので、じつはいささか拍子抜けの気持ちだった。その苗木の大部分は幸い根づいて年ごとに美しい花を咲かせるようになったが、わたしが朝鮮へ赴任《ふにん》後のある年の春、先生はみごとに咲きそろった枝垂桜の写真をわざわざ事務の上野氏にとらせて京城《けいじよう》（一五）のわたしのもとへ一書を添えて送ってくださった。虚飾《きよしよく》やおせじを極

（八）処世　世わたり。
（九）挿話　ちょっとした話。エピソード。
（一〇）脈絡　すじみち。つづき。
（一一）北研　北里研究所。
（一二）祠　小さな社殿。
（一三）ローベルト・コッホ（一八四三—一九一〇）。ドイツの医学者。近世細菌学の祖。結核菌・コレラ菌の発見。ツベルクリンを発明。
（一四）地味　作物から見た土地の性質。
（一五）京城　今の大韓民国の首都ソウル。旧朝鮮総督府所在地。

度にきらわれた一面、先生にはこのような優しいお心づかいがあった。

　朝鮮に関係のあることでもう一つ思い出したことは、わたしが赴任《ふにん》した大正九年の秋、先生は京城へ来られたが、総督府（一六）の医官が集まって後庭の亭《ちん》で先生の歓迎会を開いて午《ご》餐《さん》をともにした。食後よもやま（一七）の話に花が咲き、古賀玄三郎《こがげんざぶろう》君が山県関東総督《やまがたかんとうそうとく》（一八）の晩餐会《ばんさんかい》の席上で酒気を帯びて乱暴したことなどを話していた。ところへ古賀君が大連《たいれん》（一九）で客死《かくし》（二〇）したという思いがけない電報がはいった。そのときまで、古賀のやろうが、といった調子で話しておられた先生は、その電報を見ると同時に、顔色が急に変わって黙ってしまわれた。あのときほどうちしおれた先生をわたしは見たことがない。あの暗然（二一）とされた、ご様子をいまでもはっきり思い出すことができる。先生は一般にはいかにも傲慢《ごうまん》（二二）で剛腹《ごうふく》（二三）で人情味《にんじょうみ》に乏しいように思われているようだが、門弟に対する衷心《ちゅうしん》（二四）の心やりはまことに深いものがあり、それがこのような機会におのずから吐露《とろ》（二五）されるのである。

　研究指導者としての先生の門弟に対する態度はかなり厳格なほうで、研究態度に不まじめな点のあるときは、毫《ごう》（二六）も仮借《かしゃく》（二七）するところがなかった。晩年はそれほどでもなくなったが、伝研移管前後のころはずいぶん激しく、研究所の廊下など他人に聞こえるようなときでも遠慮会釈《えんりょえしゃく》もなく大声で叱咤《しった》（二八）されたものである。それで「雷《かみなり》おやじ」の異名《いみょう》ができたのであるが、先生ご自身もこの異名のことはご存じであったらしい。あるときの所

（一六）総督府　旧植民地の総督（長官）の役所。
（一七）よもやまの話　いろいろさまざまな話。
（一八）山県関東総督　山県伊三郎公爵。大正五年関東州長官。関東州とは満州の旅順・大連地方。日露戦争後日本が清国より租借した地方。
（一九）大連　満州遼東半島の末端の港。
（二〇）客死　旅行中に死ぬこと。
（二一）暗然　心がふさぐようす。悲しむようす。
（二二）傲慢　いばって人をあなどるようす。
（二三）剛腹　剛胆で太っぱらなようす。
（二四）衷心　まごころ。
（二五）吐露　心の底を示すこと。
（二六）毫も　少しも。
（二七）仮借　許すこと。
（二八）叱咤　大声で叱ること。しかりはげますこと。

員家族の懇親会（当時、毎年どこかの庭園を借りて、余興や模擬店[二九]もある園遊会[三〇]を催すことが行事になっていた）の席でのあいさつで「……いつもの雷おやじが、きょうはいやにきげんがよくにこにこしているなどと、だれかが蔭口《かげぐち》をいっているかもしれないが……」などと冗談《じょうだん》をいわれたのを記憶しているが、先生は婦女子を前にしてこんな座談式の演説をされることもなかなか巧《たく》みだった。

先生はいかにも先生らしい趣味の一つとして相撲《すもう》を好まれた。国技館[三一]にご自身の桟敷《さじき》[三二]をもっておられて、一時は毎場所欠かさずに見物されたものである。栃木山《とちぎやま》[三三]と大錦《おおにしき》[三四]とが東西の正横綱として覇《は》を争っていたころだから大正四、五年のころと記憶するが、ある日わたしはふたりの子供を連れて国技館に出かけた。満員で子供には土俵も見えないほどの見物人である。やむをえず厚かましいとは思いながら、先生の桟敷へ行って、子供だけ先生の席へ入れてくださるようにお願いしたが、帰宅してから子供らのいうには「……初めは何だかこわい人のように思われたが、いろいろなお話をするようになって相撲の手など説明していただいた。宮城山《みやぎやま》（のちに横綱になった力士でなく、小結《こむすび》ぐらいで終わった力士）が出たとき、あれはきみたちのおとうさんの同郷の仙台の出身だよと教えてくださった……」。先生にはこのように子供にも親しまれる一面があった。

ある年、ドイツの衛生技師が日本に来て、先生に敬意を表するために研究所を訪問し

（二九）模擬店　園遊会などで、来会者に饗応するため、実物の店に擬して設けた飲食店。

（三〇）園遊会　多くの客を招き、家の外で立食や余興などをする会合。

（三一）国技館　東京都墨田区東両国に常設した相撲興行場。

（三二）桟敷　劇場などで土間の左右に高く構えた見物席。

（三三）栃木山　栃木山守也。二十七代目の横綱。栃木県出身。五尺七寸、二十八貫。

（三四）大錦　大錦大五郎。二十八代目の横綱。愛知県出身。五尺九寸、三〇貫。

たことがある。先生は彼を一夕《いっせき》紅葉館《こうようかん》(三五)に招待された。席上彼が話すには、東京市中を見物して、いたるところ樹木の多い美しい町で、いかにも健康都市と思われたとほめておいてから、ただ腑《ふ》(三六)に落ちないのは、町々の両側にある小さな堀《ほり》に不潔な薄黒い水がたまっているところが多く、臭気まである。自分の考えでは、あれは上からふたをおおうて暗渠《あんきょ》(三七)としたらよいと思うがどんなものだろうかという。この若僧《わかぞう》、皮肉《ひにく》をいうなと聞いておられた先生は言下(三八)に、いやあれは日光にさらして消毒するためだと、笑いもせずにいいのけられた。こんな当意即妙《とういそくみょう》(三九)の奇知(四〇)は、先生の最も得意とされるところだった。

2

北里先生が、前後七年にわたるドイツ留学から帰朝されたのは、明治二十五年（一八九二）の五月のことであるが、その年の秋に、わたしは第一高等学校(四一)を卒業して、当時の東京医科大学(四二)に入学したのである。それより少し前のこと、当時宗教家で北畠道竜《きたばたけどうりゅう》(四三)という人が、木挽町《こびきちょう》(四四)の厚生館で宗教改革の講演をやっていたのを、わたしも熱心に聞きにいった。この人はドイツで勉強したとかで、しばしばドイツの話をしたが、そのなかに青年医学者のことを引き合いに出し、北里先生がドイツで新しい学問を研究し、医学革新の機運を作り出していることを激賞して、宗教改革も北里の意気で当たらねばならぬ

(三五)　紅葉館　東京芝の料亭。
(三六)　腑に落ちない　がてんがゆかない。
(三七)　暗渠　おおいをした水路。道路、鉄道、軌道などの下を水をとおすもの。
(三八)　言下　言い終わってすぐあと。
(三九)　当意即妙　その場にうまく適応した、すばやい気転。
(四〇)　奇知　普通とは異なる知恵。
(四一)　第一高等学校　旧制のころの一高。
(四二)　東京医科大学　東京大学医学部の前身。
(四三)　北畠道竜　学僧。西本願寺学寮の学頭。インドをめぐり、帰国後宗教改革をとなえる。明治四十年没。
(四四)　木挽町　東京都中央区東銀座のもとの町名。

とくり返した。わずか三十代の先生が、当時それほどまでに学外においても注意をひいていたのである。これが、わたしが先生のお名前を知った初めである。

先生の風貌《ふうぼう》(四五)に接したのは、明治二十七年、香港《ホンコン》(四六)のペスト(四七)研究の報告演説会のときで、東京医学会主催で、たぶん東大の生理学教室においてであったと思うが、ペスト菌の培《ばい》(四八)養《よう》について話された。そのとき、先生が羽織袴姿《はおりはかますがた》であったことをいまもはっきり覚えている。歯切れのよい熊本弁《くまもとべん》と、満堂を圧する風采態度《ふうさいたいど》に、聞く者は皆打たれてしまった。

北島博士は、明治二十七年に北里先生の助手になられたが、翌二十八年の卒業生からはひとりも伝研に行く者がなかった。二十九年卒業の私のクラスから助手を二名採用するから希望者は申し出るようにとの話があった。首席の佐藤恒丸《さとうつねまる》君は陸軍にきまり、守《もり》屋啓造《やけいぞう》、鳥山南寿次郎《とりやまなすじろう》の二君とわたしとが希望して、守屋君とわたしとにきまった。わたしの養家は代々仙台の藩医であったが、わたしはもともと自分の性格から臨床《りんしょう》(四九)を好まず、基礎医学を志望し、できうれば、当時勃興《ぼっこう》して医学界を風靡《ふうび》(五〇)していた細菌学の研究に一生を捧《ささ》げたい考えでいた。大学における緒方《おがた》(五一)教授のペッテンコーフェル(五二)流の学説には飽《あ》きたらず、北里先生の風貌に接し、その業績を知るに及んで、この人こそわが生涯《しょうがい》の師たるべきかたであると心にきめていたのである。それで当時、すでに伝研と大学との対立は相当深刻になりつつあったが、わたしは進んで伝研入りを志願したわけである。

(四五)　風貌　風采容貌。
(四六)　香港　対岸の九竜半島の一帯とともにイギリスの植民地。
(四七)　ペスト　急性伝染病の一つ。本来はねずみ類の病原菌。
(四八)　培養　研究のために細菌などを養ってふやすこと。
(四九)　臨床　病床にのぞみ、実地の治療診察をすること。
(五〇)　風靡　なびき従う。なびき従わせる。
(五一)　緒方教授　緒方正規（まさのり）（一八五四—一九一九）。日本衛生学細菌学の建設者。東京帝国大学教授。ペスト菌の伝染経路を明らかにした。
(五二)　ペッテンコーフェル（一八一八—一九〇一）。ドイツの医学者。ミュンヘン大学教授。実験衛生学の創始者。

伝研に入所してすぐ、明治三十年の一月から三か月間、先生から細菌学、免疫《めんえき》(五三)学の講習を受けた。それから臨床《りんしょう》のほうへまわされ、当時、臨床部長であった高木友枝《たかぎともえ》博士の指導下に、わたしはジフテリア(五四)と結核の患者の一部を受け持たされた。大学を出たばかりのわたしには、臨床経験などもちろんないので、注射もろくにできず、当時偉《えら》い看護婦長がいて、カンフル注射のしかたが悪いといってしかられたことがある。また死体解《かい》剖《ぼう》も、学生時代には見ていただけで実地に手を下した経験がない。研究所に来て、初めて自分でメスをとって解剖したときには、先輩の村田昇清君に試験された形だったが、内心びくびくしながらもかなり大胆にやってのけた。むつかしい心臓の切開をてぎわよく始末して村田君にほめられたことを記憶している。

こんなふうで、半年ほど臨床のほうを勉強しているうちに、たまたま東京で赤痢《せきり》の大流行があり、それがいわば機縁《きえん》(五五)となって、わたしは先生の指導下に赤痢の研究に没頭《ぼっとう》することになり、幸運にも赤痢病源の本体をつきとめることができたのである。

わたしの赤痢菌研究に先生は異常な関心をもたれ、研究の経過をたえず見守って指導してくださった。研究がようやく有望に見えてきたころからは事務員に向かって、研究に必要な動物は自分の許可はいらないから、自由に購入して志賀に与えよと命じられた(そのころ、動物の使用に関してはいちいち所長の許可が必要だった)。研究が一応の完

(五三) 免疫　人間または動物の体内に病原菌や毒素が侵入しても、抗体によって発病しないだけの抵抗力を有すること。

(五四) ジフテリア　法定伝染病の一つ。小児がかかりやすい。

(五五) 機縁　機会。機会と縁のあることをいう。

成を見るや、先生は特に三十年十二月の芝公園（五六）における日本私立衛生会の席上で、赤痢菌が志賀によって発見されたことを学会に向かって声明してくださった。

北島博士が研究所の第一回留学生として、ベーリング（五七）のもとでジフテリア血清（五八）の研究をおえて帰朝されると、かわってわたしが留学の選にあげられ、北里先生とはコッホ研究所における同門の間柄であった、エールリッヒ（五九）先生への紹介状をいただき、先生の激励と訓戒を胸に納めて、免疫学の本場のドイツで研鑽《けんさん》（六〇）を積むべく、明治三十四年四月渡欧の旅にのぼった。そしてエールリッヒ研究所では、たまたまエールリッヒ先生がかねての理想を実現すべく、実験治療の研究に着手される時期に際会《さいかい》し、先生の助手として化学療法（六一）研究の第一期に参加するの栄誉をえた。思えば北里先生のもとにおける赤痢の研究といい、またエールリッヒ研究所における化学療法の研究といい、幸運にもまことに絶好の機会に恵まれたわけで、むしろ、あまりに若くしてあまりに学運に恵まれすぎたともいえよう。

学問研究における幸運といえば、ここに思い出した話がある。これはずっとのちのこと――昭和四年ごろだったと思う――であるが、北里先生に、先生は破傷風菌《はしょうふうきん》（六二）の培養にどうして成功されたのですか、嫌気性《けんきせい》（六三）培養というのは、どういうことから考えつかれたのですか、と伺《うかが》ってみたことがある。すると先生は、きわめて無造作《むぞうさ》に、寒天《かんてん》斜面にも

（五六）　芝公園　東京都港区にある公園。旧増上寺境内。
（五七）　ベーリング　エミール・フォン・ベーリング（一八五四―一九一七）。ドイツの細菌学者。コッホ研究所にはいり、ノーベル医学賞を受ける。
（五八）　血清　かたまった血からとり出した、黄色をおびた、すきとおった液体。免疫抗体を含み、免疫となった動物の血清を伝染病者のからだに注射し、病毒を中和無害にする。（これを血清療法という）一八九〇年北里柴三郎博士およびベーリングの創始による。
（五九）　エールリッヒ　ドイツの医学者（一八五四―一九一五）。細菌学を研究し、血清療法を進歩させた。中でも秦佐八郎博士との協同によるサルバルサンの創製は有名。
（六〇）　研鑽　研究。
（六一）　化学療法　微生物によって起こる病気を化学薬品で特効的に治療する方法。

培養したし、また高層寒天（六四）にも穿刺《せんし》（六五）培養してみた、すると、高層の上部には何ら発生を見ないで、深部にコロニー（六六）を形成したので嫌気性ということを考えついたのだと説明された。これはわたしの場合の「時機の幸運」ではなく、「着想の幸運」である。しかしながら、後人にはただの幸運の思いつきと見えることも、その裏に、うむなき（六七）研鑽《けんさん》と鋭い観察があって初めて可能であることを知らねばならぬ。

研究室における先生は、沈思熟慮ののちに研究の方針を定め、一度きめた方針は、いかなる障害に出会っても曲げないで猛進貫徹された。そして作業に従事せられるや、きわめて正確に、またきわめて慎重《しんちょう》に、一歩一歩と押し進めていかれた。これはみなコッホから学ばれたところと思われる。助手に対してもこの方針で臨まれ、もし助手の作業に粗漏《そろう》や欠陥があるとき、研究態度に不まじめや怠慢の徴《きざし》があるときは、毫《ごう》も仮借《かしゃく》することなく大声で叱責《しっせき》せられた。

この叱責に縮み上がるような者は伸びることはできない、みずから反省して進む者のみが大成すると話されたことを記憶している。研究指導もまたコッホのそれと同じく、助手に問題を与えると、これをもらった助手は、自分で文献《ぶんけん》を調べ、自分でくふうしてやる。先生は大綱《たいこう》を統《す》べるだけで、細かいことにはいちいちさしずしない。助手はごく自由に、しかし自分の責任において、自力で研究を進めてゆくという方針であった。

（六二）　破傷風菌　菌は一八八四年ニコライアーによって発見されたが、一八八九年北里博士がその抗毒素血清培養に成功。

（六三）　嫌気性培養　酸素の存在せぬところに生育し、空気にふれると死ぬ細菌、たとえば破傷風菌などを培養する方法。

（六四）　高層寒天　寒天の菌培養基を、肉汁その他の養分を与えて厚くしたもの。

（六五）　穿刺培養　あなをあけてほりうめて培養すること。

（六六）　コロニー　むらがって住むこと。

（六七）　うむなき　倦（う）むことのない。倦むとは、あきる、疲れる。

先生の放胆《ほうたん》(六八)の一面のみを知って、他の面を知らぬ人が多いようだが、自分が見るところでは、先生の真面目《しんめんぼく》はむしろ緻密《ちみつ》な点にあったので、実験されるときはじつに用意周到であった。たとえば、実験台上にはメス一つ、ピンセット一つもきちんと並べて整理してあり、机の引き出しにもちり一つない。わたしの赤痢研究のときに、動物を自由に使用するのを許されたことは前にも述べたが、のちになってアナフィラキシー(六九)の研究報告を読み、その追試を思いたってモルモット(七〇)十一匹を請求したときは、その必要を認めずとて許されなかった。このように、動物使用にも慎重な注意を払い、無益な殺生《せっしょう》は厳に戒められたのである。

先生が真に勉強され研究に没頭されたのは、コッホ研究所時代で、六か年余りの間心身を傾けて貴重な業績をあげ、発表された論文も二十五編の多きに達したが、そのうち、「破傷風病原菌」「破傷風毒素の実験的研究」「動物におけるジフテリアおよび破傷風に対する免疫質の生成について」のごときは、まことに細菌学史上不朽《ふきゅう》の業績と称すべきものである。ご帰朝後も、研究所経営に、門下の研究指導にご多忙であられたにもかかわらず、つねにみずから手を下して専門の研究に努められ、十七編の論文を公《おおやけ》にされている。

その後、医事行政に、医療公益事業に、さらに医学教育方面に進出せられてからいよいよご多忙になって、研究所のほうは部長級の自由裁量《さいりょう》(七一)にまかせて、ご自分は大綱を統《す》

(六八)　放胆　ひじょうに大胆なようす。

(六九)　アナフィラキシー　アレルギーの一型。抗原の接種によって体質が変化し、再びこの抗原を注射すると激しいショック症状を起こす。過敏症。

(七〇)　モルモット　うさぎに似たりす科の動物。実験に使う。

(七一)　自由裁量　自由に自分の考えでものごとをきめて処置すること。

べられるだけであったが、毎年一回の研究発表会には万障《ばんしょう》(七二)を繰《く》り合わせて必ず出席せられた。

北里先生は、いつもわたしたちに向かって、人に交わり世に処するには正直であれ、と教えられ、たとえば会議とか宴会などに出られるにしても、必ず約束の時間よりも五分か十分ぐらい早く先方へ到着された。それで主催者のほうでまだ準備が整わないうちに、先生が来られてあわをくうようなこともよくあった。剛腹《ごうふく》で、小事にこだわらぬごとく思われた先生にして、このような厳格な用心深い点があり、また寸時もむだにされぬ点は、われわれ後進はよく反省しなければならぬ。

わたしが朝鮮へ赴任《ふにん》するようになったのは、もとより先生のおさしずに従ってのことである。先生はわたしに向かって、じつは自分に来てくれという話だったが、自分はいま東京を離れることができない、研究に専心できないかもしれないから気の毒ではあるが、わたしのかわりと思って行ってくれぬか、といわれた。赴任の際は、医専の校長兼総督府病院の院長としてであったが、その後だんだん朝鮮の衛生行政や、公益事業にも関与《かんよ》するようになり、京城大学が創設されることになると、わたしの身辺《しんぺん》もいよいよ多忙になってきた。この間、先生はつねにわたしの仕事に関心をもたれ、陰《かげ》になりひなたになって、後援してくださった。わたしも去就《きょしゅう》(七三)に迷うような大きな問題に出会うと、必

(七二) 万障を繰り合わせて　多くのさしさわりの都合をつけて。

(七三) 去就　去ることととどまること。ある地位にとどまるか退くか。進退。身のふりかた。

ず先生にご相談申し上げた。すると先生は、ご自分の豊かな経験に基づいて、親切なご指導を与えてくださるのであったが、不敏《ふびん》のわたしは在鮮《ざいせん》十余年、なんら見るべきものを残しえなかったのは、先生に対してまことに申しわけのないことだと思っている。

先生の大声叱咤《たいせいしった》のことは前にもちょっと書いたが、わたしは、先生から最もかわいがられたと同時に、また最もしばしばおしかりを受けた者のひとりであった。研究所が芝公園にあったじぶんは、先生の「雷」が特にはなはだしく、公園を散歩する人々にも聞こえるような大声で叱咤されたものである。しかし晩年にはあまりしかられることもなくなり、話しぶりもしんみりしていられた。京城に行ってから、わたしは毎年一度は必ず帰京し、そのたびに養生園《ようじょうえん》へお伺《うかが》いして、先生にお目にかかることにしていたが、一年ごとにお話が長くなったように思う。なくなられる前年の秋であったが、京城大学はどんな様子かとのおたずねがあったので、どうも理想どおりまいりませぬ、教授連がやかましいことばかり申して困ります、というようなことをお話すると、一時間近くゆっくり話をされた。こんなことはこれが初めてであった。昭和六年六月十三日、先生が脳《の》(七四)溢血《いっけつ》で急逝《きゅうせい》(七五)されたとき、わたしは任地にあってご臨終《りんじゅう》にまに合うことができず、これが先生にお目にかかった最後となったのである。

（「日本医事新報」昭和二十三年七月）

(七四)　脳溢血　脳の内部の出血。老人に多い。
(七五)　急逝　急死。

その二

1

（一）近ごろ湯川博士は（二）コロンビア大学の正教授として研究を続けるためふたたびアメリカに帰られた。このことに関連して、現在の日本の状況が科学の研究に不便なこと、日本の官民の科学に対する理解が乏しいこと、科学者を待遇する道を知らないことなどについて、さらに進んで日本の科学政策のあり方についての論評が（三）ジャーナリズムをにぎやかにした。

数年来学界の中心から退いて閑地《かんち》に隠居している自分としては、これに関してなんらの批判をこころみる資格もなくまたその意志もない。しかしながらはからずも思い起こしたのは、わが国細菌学の先覚者北里柴三郎博士のことである。すでに六十年前、わたしが医科大学の学生であったころの話であるが、コッホ門下の（四）俊鋭《しゅんえい》として名声世界にあまねかった当時の北里博士は、（五）ケンブリッジ大学や（六）ペンシルバニア大学が（七）三顧《さんこ》の礼をもって博士を迎えようとしたのに対して、何のためらうこともなく（八）招へいを断わられたのである。昨今のジャーナリストの科学論評があまりに目先のことにとらわれて（九）迎合《げいごう》的であり、世人もまたこれに（一〇）追随《ついずい》するやの観《かん》あるを憂《うれ》えて、少しく当時の事情を語りたいと

（一）　湯川秀樹　物理学者。京都大学教授。ここでは、昭和二十六年の渡米のこと。

（二）　コロンビア大学　アメリカ、ニューヨーク市にある大学。

（三）　ジャーナリズム　新聞、雑誌、ラジオなどの報道機関の総称。

（四）　俊鋭　さとく、すぐれている人。

（五）　ケンブリッジ大学　イギリスの大学。一二三三年創立。

（六）　ペンシルバニア大学　アメリカ、ペンシルバニア州のフィラデルフィア市にある大学。

（七）　三顧の礼　人にものごとをたのむのに何度も訪れて礼儀をつくすこと。昔、蜀の劉備（りゅうび）が三度諸葛亮（しょかつりょう）を訪れ、ついに招へいして軍師とした故事から起こった。

（八）　招へい　礼をつくして招きよぶこと。

（九）　迎合　他人の意向を迎えてこれに合うようにすること。他人のきげんをとること。

（一〇）　追随　人のあとにつき従うこと。

思う。

北里博士招へいの話があったのは、一八九一年博士がドイツ留学を終えて帰朝される前後のころのことであった。一八八四年より七年の間、ローベルト・コッホのもとで研《けん》鑽《さん》された博士は、細菌学・免疫《めんえき》学の領域において数々の業績をあげられた。特に当時の世界においてほとんど不可能視されていた破傷風菌の純粋培養に成功し、進んでその治療血清を創製したことはベーリングのジフテリア血清の研究とともに、今日の血清療法の基礎を築いたもので、医学史上まさに特筆さるべき業績であった。コッホが博士を信頼することいかに深かったかは、彼が結核の特効薬として最も大きな期待をもったツベルクリンの動物試験を博士に依嘱《いしょく》したことによっても知られるであろう。

あしかけ八年のドイツ留学を終えて、帰朝せらるるにあたって、ドイツ政府は北里博士にプロフェソル(一)の称号を与えて、その功績に報《むく》いた。けだしプロフェソルの学位は、博士が外国人として初めてただひとり当時最高の学術国であったドイツより受けたのであった。そのころの日本の文化水準を考えれば、このことがノーベル賞(二)受賞にも比すべき栄誉であったとしても過言《かごん》ではないのである。(六十年前(三)の日本は欧米ではシナの属国くらいに考えられていた。ドイツでも日本人のことを一般にヤパーナー(四)と呼ばずヤパネーゼと呼んでいたことを、博士が筆者に話されたことがある。)

(一)　プロフェソル　ドイツで芸術家・学者などに与えた称号。

(二)　ノーベル賞　アルフレッド・ノーベル（スウェーデンの化学者、工業家（一八三三—一八九六）。の遺言によって、一八九六年設定された賞金。物理学、化学、医学および生理学、文学、平和事業に貢献した人におくる。

(三)　この文章は昭和二十六年に書かれたから「六十年前」である。今なら「七十余年前」となる。

(四)　ヤパーナー　ヤパネーゼ　ともにドイツ語で「日本人」の意。ヤパネーゼは未開の意を含む。

ともあれ、新鋭学徒としての北里柴三郎の名は当時の世界医学界に知れ渡っていた。細菌学・免疫学の勃興《ぼっこう》期に際して、いささか立ちおくれの気味があったイギリス、アメリカの学界がベテラン(一五)北里博士を自国に招こうとして食指《しょくし》(一六)を動かしたのもさこそと思われるのである。まずケンブリッジ大学では、同大学の病理学部に細菌学研究所を新設するにつき、博士をその所長として招きたい旨の申し込みがあった。博士が帰朝の途、立ち寄られた米国では、フィラデルフィア(一七)市のペンシルバニア大学、ブルックリン(一八)および(一九)バルチモーア市の病院などからとどまって細菌学研究の指導をしてもらいたいと懇請《こんせい》された。その条件としては、年額二十万ドルを研究費として博士の自由に任せ、別に手当てとして二万ドルを支給することをもってした。これらの好条件に対して博士はなんの顧《かえり》みるところもなく、一路帰国を急がれたのである。

2

ここで読者は当時の日本国立大学なり研究所なりが、博士の帰朝を鶴首《かくしゅ》(二〇)して待っていたことと想像するであろう。ところが事実はまったく然《しか》らず、むしろその反対であったのである。帰国された当時の博士は、七年間ドイツにおいて研究を積んだその学説を講ずべき教壇《きょうだん》も与えられず、その研究を続くべき職場も見いだすことができなかった。い

(一五) ベテラン　経験をつんだ人。
(一六) 食指を動かす　物事を求める心を起こす。
(一七) フィラデルフィア市　ペンシルバニア州の州都。一七七六年の独立宣言の行なわれた都市。
(一八) ブルックリン　マサチューセッツ州の都会。
(一九) バルチモーア市　ボルチモア市。ワシントンの北東にある市。
(二〇) 鶴首　つるのように首を長くのばして待ちこがれること。

まここにその事情を説明する余白がないが、当時すでに官民間にいろいろ錯雑《さくざつ》した事態が生じていたためである。

(二一)福沢諭吉《ふくざわゆきち》氏の義侠《ぎきょう》(二二)的援助により、芝《しば》公園内に二十坪（約六十六平方メートル）ほどの研究所が博士のために設けられたのは一年あまりのちのことであった。それから三年ののち、私立衛生会は愛宕下《あたごした》に新たに研究所を設立したが、伝染病の研究に無理解な区民は当路に猛運動をこころみ、はなはだしきは研究所に瓦石《がせき》を投じて、その移転を迫ったのである。このような例からもわかるように北里博士が故国に帰られて以来、博士の踏み進まれた道は決してたんたんたるものではなかった。博士のことばを借りていえば、「不肖《ふしょう》(二三)みずから　はからずも微生物学《びせいぶつがく》をわが国に移植してより、伝染病の病源、治療およびその予防の方法を考究するため心身を傾倒《けいとう》し、奮励《ふんれい》一日もやまず」して、いばらの道を開いて、進まれたのである。一九〇六年芝白金台町《しばしろがねだいまち》に、コッホ、(二四)パスツール、エールリッヒの研究所と並び称せられる伝染病研究所が創立せらるるにいたったのは、まさに博士の「拮据《きっきょ》(二五)経営十有余年」にわたる労苦の結果であった。

初めにお断わりしたように、わたしはこのようなむかしの例を語った。わたしの意のあるところは明治時代のわれわれの先輩はいかなる苦労をし、いかなる努力をしたか、その一端を伝えて、今日の科学政策を論ずる人の参考に資したいのである。北里博士の

(二一)　福沢諭吉　教育家（一八三四―一九〇一）。明治文明開化の先覚者の一人。

(二二)　義侠　おとこぎ。弱きを助け、強きをくじくこころ。

(二三)　不肖　父に似ていないという意味で、自分をへりくだっていうときに使う。

(二四)　パスツール　フランスの化学者・細菌学者（一八二二―一八九五）。恐水病治療法の発見、血清医学の創始などにより生化学・医学に貢献。

(二五)　拮据　いそがしく働くこと。つとめること。

(二六)　先達　自分より先

場合を例として述べたが、明治文化建設の先達《せんだつ》（二六）は、科学のどの部分においても、程度と性質の差こそあれ、同様な苦難な道をたどってきたのであった。

　こんどの戦争のため、わが国は世界の文化の進展から遠くおき去られてしまった。その時間的な隔《へだ》たりは科学の部門によりまた論者の見方により、あるいは五年といい、十年といい、あるいは三十年、五十年とも評価されている。しかしながら、長い鎖国《さこく》（二七）の夢からさめたわたしらの先覚者が、目を開いて世界を見渡したときに、彼我《ひが》の間に少なくとも二百年の隔たりがあることを知らされたのである。この立ちおくれを、五、六十年の間でともかくも彼らに追随して行くまで引き上げた、われわれの先輩の仕事は、決して生《なま》やさしいものではなかった。為政者《いせいしゃ》にも、民間にも、科学に対する理解を欠くこと今日よりさらにはなはだしかったことは、ドイツ国のプロフェソルの学位を得て帰朝した北里博士をいかに遇したかの一例によっても知られるであろう。今日湯川博士の業績に対してかっさいを送るような「科学ファン」は——彼らの存在が科学の真の発展にあまり役だたないにしても——当時は全然見られなかったのである。鷗外《おうがい》（二八）が彼の短編「妄《もう》（二九）想《そう》」のうちで……これから自分が帰ろうとする日本の国には科学を育てるふんい気がまったく欠けていた……と自分の帰朝当時の感慨を述べているのも無理からぬことである。明治時代のわたしらの先輩はこのような無理解と悪条件と戦いつつ、西洋の文化を日本

に道に達したこと（人）。案内者。

（二七）鎖国　徳川幕府がキリスト教の侵略をさけるため、中国、オランダ以外の外国人の渡来、貿易と邦人の海外渡航を禁じて国をとざしたこと。

（二八）鷗外　森鷗外　文学者（一八六二—一九二二）。医学博士、文学博士、陸軍軍医総監、帝室博物館長。島根県の人。名は林太郎。東大医科出身。

（二九）「妄想」　鷗外先生の作品。明治四十四年三月発表。人生の意義、生死の問題などを中心とし、回想や夢想をおりまぜ鷗外先生の思想的、精神的な自伝ともみられる。

に移植することに身をささげて進んできたのであった。
このたびの戦乱を契機《けいき》として、われわれはいま「昭和維新」とも称すべき時代にある。新たなる文化建設に再出発するには、新たなる構想を練らねばならない。それにはアメリカをはじめ、先進国の科学政策を検討して、範とすべきものを採《と》ることはもとより結構であり、また必要なことにちがいない。しかしながらわれわれのもっと身近にあるものを忘れてはいないであろうか。明治維新以来われわれの先輩がいばらの道を開いて進んだ跡こそ、最も貴重な参考資料であるといったら老人のひが言《ごと》(三〇)であろうか。

(三〇) ひが言　まちがった議論。

〔解　説〕

志賀潔先生

志賀先生は、明治三年（一八七〇年）十二月二十八日、仙台市で生まれられました。父佐藤信《さとうしん》の第八子五男でしたが、母の実家《じっか》志賀氏をつがれたのです。東大の医学部を卒業されたあと、北里先生のもとで研究を続け、赤痢菌の発見者として、若くして世界的な名誉を得られましたが、さらにドイツのエールリッヒ博士のもとで、世界で初めて化学療法《かがくりょうほう》に成功され、いっそう国際的な栄誉《えいよ》を得られました。
この偉大な学者であった志賀先生は、自分の気持ちを次のように申されています。
「もともとわたしは、とくに科学者としての万能に恵まれたというような自信はなく、また生まれつき明敏《めいびん》というより、むしろ研究に熱心であったのみだ。学問の世界に身を投じて、わたしは自家の学説をたて、新たに科学の分野を開拓《かいたく》するがごとき、いわゆる、エポック(一)・メーキングの仕事が自分の任《にん》でないことはもとよりみずから知っていたことである。わたしのなすべきこと、またなし得たことは、生まれつきの器用を生かし努力《どりょく》と精進《しょうじん》とを重ねて先人の拓《ひら》いた道をたどって、こつこつ仕事を続けて行くことであった。」

「わたしの八十年の生涯は、日本国民のひとりとして、また、社会人のひとりとしての面からも回顧《かいこ》すべきであろう。国民として社会人としてのわたしの信念は、自分の学問を通じて祖国の名をあげ、人類の福祉《ふくし》に貢献すべしという一言に尽きる。」

先生は、昭和三十二年（一九五七年）一月二十五日の朝なくなられました。臨終《りんじゅう》の床《とこ》で、孫《まご》たちの手拍子《てびょうし》に合わせて、郷土民謡「(二)さんさ時雨《しぐれ》」を歌いながら、息をひきとられたそうです。

〈注〉

(一) エポック・メーキング　新たに一つの時代を開くような。画期的な。

(二) さんさ時雨　仙台地方の小唄（こうた）。「さんさ時雨か萱野（かやの）の雨か、音もせで来て濡れかかる」が元唄（もとうた）。江戸初期からうたわれ、祝儀（しゅうぎ）唄として、手拍子でうたい、また、宴会などで三味線（しゃみせん）ではやし、踊りも加える。さんさ節。

〔探究のしるべ〕

一　志賀先生は、北里柴三郎先生とパウル・エールリッヒ先生とから、科学者として最もだいじなものを学ばれたわけですが、そのひとり北里先生について随筆風《ずいひつふう》に書かれたものです。北里先生の考え方や生き方こそ、明治の人々の志であり、この信念と愛が世界史の驚異《きょうい》といわれる近代日本をつくりあげたのです。

二　この文章の一の2に、「学問研究における幸運」ということについて書かれたところがあります。そこには「時機の幸運」と「着想の幸運」ということが述べられてあります。明治のすぐれた人々は、自分に関してはつつましい気持ちをもって努力されたのです。功をほこらず努力するということは、国家、社会、世界、人類という第一義《だいいちぎ》の理想がなくてはできません。

三　『「イーリアス」を訳し終えて』の筆者土井晩翠先生と志賀先生とは、少年時代からの親友の間柄《あいだがら》です。そして専門はちがいますが、それぞれヨーロッパ文化を移入して、日本文化の発展につくした恩人です。この二人に見られる共通の精神こそは、明治の精神というものです。

十四　中《なか》江《え》藤《とう》樹《じゅ》

内《うち》村《むら》鑑《かん》三《ぞう》

一

『われわれ西洋人がキリスト教の救いをもたらす以前、日本には、いかなる学校教育が行なわれていたか。諸君日本人は、異教徒《いきょうと》(一)中、最も聡明《そうめい》な国民であるように思う。諸君は何かある徳育《とくいく》(二)と知育《ちいく》を受けて現在のごとき諸君となったに相違あるまい。』

これは、われわれが初めて故国をいで西洋文明人の間に立ち現われたとき、彼らのわれわれに提出する質問であり、また往々《おうおう》にして彼らの語調でもある。

それに対し、われわれの答えは、ほぼ次のごとくであった、——

(三)しかり、われわれは学校教育を受けた、しかもそれはすばらしいものであった。

(四)われわれは母のひざに抱かれながら、「十誡《じっかい》(五)」のうち少なくとも八誡は、これを母

一

(一)　異教徒　キリスト教徒以外のもの。

(二)　徳育と知育　道徳の教育と知識の教育。明治以来のわが義務教育の体系は、徳育を上におき、知育、体育の三本立てであった。

(三)　しかり　そうだ。

(四)　封建時代のわが国の家では、母が「しつけ」として道徳を教えた。

(五)　十誡　旧約聖書で、エホバの神がシナイ山でモーゼに与えたという十か条のいましめ。

の口から学んだと信じている。われわれは、力は正義にあらざること、（六）宇宙《うちゅう》は利《り》己《こ》主義の上に立つものにあらざること、盗《ぬす》みはいかなる形をもって現われようと、それは正義にあらざること、生命と財産とは結局われわれの目的とすべきものにあらざること、その他多くのことを知っている。われわれには学校があり先生があった、それは諸君の（七）偉大なる西洋にてわれわれの見たるもの、そして今日《こんにち》わが国において模倣《もほう》されているところのものとは、まったく異なったものであった。まず第一に、われわれは学校を知識的の（八）年季奉公《ねんきぼうこう》を勤める仕事場《シヨップ》とは考えなかった。われわれが学校にやられたのは、卒業して（九）生計の資《し》を得んがためではなかった。「真の人」、われわれのことばでいえば（英語のジェントルマンに近き）（一〇）君子《くんし》にならんがためであった。さらにまた、われわれは十指《じっし》にあまる種々《しゅじゅ》の課目を一時に教えられなかった。昔も今もわれわれには（一一）二葉《によう》の脳があるにすぎず、十余の脳があるわけではない。そしてわが国の昔の教師たちは、わずかの歳月の間にあらゆる種類の知識をわれわれにつめ込むべきではないと（賢《かしこ》くも、と自分は思う）、考えたのである。これが、わが国の古き教育制度の、一つのすぐれた特徴であった。われわれは歴史、詩歌、行《ぎょう》儀《ぎ》作《さ》法《ほう》を少なからず教えられた。しかし、主たるものは道徳、しかも（一二）実践《じっせん》的な道徳であった。われわれの学校にては（一三）思弁《しべん》的、神知《セオソフイ》

（六）宇宙は……　利己主義では、宇宙の調和も、世界人類の平和もなり立たない。

（七）偉大なる西洋　西洋人のうぬぼれをいう口まねをし、それをからかい気味に「諸君の偉大な西洋」といったのである。

（八）年季奉公　年季をあらかじめ定めてする奉公。

（九）生計の資　生活費。

（一〇）君子　徳のそなわった、りっぱな人。

（一一）二葉の脳　二つの脳髄。大脳と小脳。

（一二）実践的な道徳　実際のおこないをとおして人間性をやしなうという生き方。

（一三）思弁的、神知的、神学的の性質を有する道徳　さきの「実践的な道徳」に対することば。頭のなかだけで物ごとを考え、道徳の議論や知識や学問を尊重するゆき方。

的《カル》、神学的《セオロジカル》の性質を有する道徳は、けっしてしいられなかった。なるほど、わが国の仏教学者は山中に隠棲《いんせい》(一四)して、伝説のかめの甲の毛の長短とか、その他兎《う》の毛《け》ほどなる問題を論じたが、しかし、われわれ下界《げかい》の平野に住んで人間の実際問題に処《しょ》さなければならない者は、このような問題について小心翼々《よくよく》(一五)たる必要はなかった。一言《いちごん》にしていえば、われわれは学校にてはけっして「神学《しんがく》」は教えられなかった。「神学」を教えられるためには、寺(すなわち教会)に行くべきであった。われわれの学校は、往々《おうおう》にして他の国々に見られるような宗派的論争《しゅうはてきろんそう》の埒外《らちがい》にあった。これはわが国の古い教育制度の、もう一つのすぐれた特徴であった。

次にまた、われわれはクラスに分けて教えられなかった。霊魂《れいこん》をもてる人間を、オーストラリヤの牧場のひつじのごとく、クラスに分けるということは、わが国のむかしの学校では見られなかった。わが国の教師たちは、人はクラスに分かつべからざるもの、人は一個の人間として、すなわち面と面、霊魂と霊魂と相対して、取り扱われねばならぬものと信じていた(と余《よ》は直観的に考える)。それゆえに、彼ら(一六)はわれわれをひとりずつ、各自その肉体的、心的、精神的の特質に応じて、薫陶《くんとう》(一七)した。彼らはわれわれひとりひとりをその名をもって知っていた。驢《ろ》(一八)馬《ば》はけっして馬とともに馬具《ばぐ》を着けられることなきがゆえに、驢馬は打ちのめさ

(一四)　隠棲して　かくれ住んで。

(一五)　小心翼々　気が小さくて、びくびくしている。

(一六)　彼ら　「わが国の昔の教師たち」をさす。

(一七)　薫陶した　徳をもって人を感化させた。

(一八)　驢馬はけっして……　驢馬を鈍才に、馬を秀才にたとえた言い方である。わが国の教育方法は、鈍才にも秀才にもそれぞれの才能をよく生かすように行なわれたが、西洋では驢馬も馬も一様に扱われ、その才能を十分に伸ばし得ないか、あるいは伸ばさんとして失敗することがあった。

れて愚鈍《ぐどん》となり、馬は駆り立てられて秀才身を滅ぼすにいたるの危険は、ほとんどなかった。現代のごとき（一九）適者生存《てきしゃせいぞん》の原則にもとづいた教育制度は、（二〇）寛仁愛人《かんじんあいじん》の君子《くんし》（ジェントルマン）をつくるに、最も不適当であると考えられた。それゆえ、この点においては、わが国の旧時代の教師たちは、その教育理論においてソクラテスやプラトンと一致していたのである。

したがって教師と生徒との関係は、最も密接《みっせつ》であった。（二一）われわれは教師を、かの「教授」という近づきがたき名称をもって呼ばなかった。われわれは彼らを「先生」（先に生まれた人）と呼んだ。（二二）かく名づけられたのは、この世に生まれた時の点においてのみならず（二三）（これはつねに必ずしもそうではなかった）、（二四）真理の了解《りょうかい》に達した時の点において、先に生まれたがゆえであった。（二五）かかるものとして先生は、われわれが両親と殿様《とのさま》とに示すことを求められたと同じ最高の尊崇《そんすう》を、われわれに要求した。じつに先生と両親と殿様とは、われわれの敬《うやま》い尊《とうと》ぶべき（二六）三位一体《さんみいったい》をなしていた。日本の青年の最も心を悩ました問題は、その三人が同時にまさにおぼれんとしつつあり、しかも、（二七）なんじはただひとりを救う力をもてるにすぎなかったとしたならば、なんじはだれを救わんと欲《ほっ》するか、という問題であった。それゆえに、弟子《でし》にとりての最高の徳は、先生のために自己の生命を捧《ささ》げることで

（一九）　適者生存の原則　生存競争の結果、外界の状態に最もよく適したものだけが生存繁栄する、これを自然界の姿と見た考え方。
（二〇）　寛仁愛人　心がひろく、あわれみぶかくて人を愛する。
（二一）　われわれは教師を……と呼んだ　「われわれ」というのは昔の日本のことをいっている。近ごろの「教授」（知識を教え授ける人）ということばは、堅苦しくて近づきにくい、いやなことばである。西洋からこういうことばを教えられるまえには、「先生」という親しみのあることばで呼んだ。
（二二）　かく　このように。
（二三）　これはつねに……ではなかった　先生よりも年長の弟子があったからである。
（二四）　真理の……であった　その人が、人よりもさきに真理の道に到達しているということによって「先生」と呼ばれたのである。したがって、おそく生まれた人でも、他人より早く真理に目をひらいておれば「先生」と呼ばれる。
（二五）　かかるものとして　このような存在として。
（二六）　三位一体　三つのもの（先生・両親・殿様）が一体になること。キリスト教で、父（天帝）、子（キリスト）、聖霊の三つをいうのになぞらえたのである。
（二七）　なんじ　君。お前。

あると考えられた。しかし、現代の教育制度において、学生が教授のために死ぬというがごときことは、われわれはこれを聞いたことがない。

　われわれが基督《キリスト》教聖書のなかに「主《しゅ》」(二八)とその弟子との関係を見いだしたとき、われわれをしてただちにそれを理解することを得せしめたものは、このわれわれの師弟関係の観念《かんねん》であった。われわれがそこに、弟子は師にまさらず、(二九)しもべは主人にまさらず、(三〇)善《よ》き羊飼《ひつじか》いはその羊のためにおのが生命を捨つ、その他同様のことばの書かれてあるを見いだしたとき、ほとんど本能的にわれわれはそれらはすでに遠いむかしから自分たちに知られていたものと考えた。そして師とは教授、弟子とは学生、という観念を有するにすぎない基督信徒たちが、われわれに聖書を教えに来た。しかし、聖書の右のごとき教えを彼らがいかにして理解しえたか、われわれはしばしばそれをあやしんだのである。

　われわれは、もちろん、すべての点において古きは新しきにすぐれていたと主張するのではない。しかし、古きがすべて悪いのではなく、新しきがすべて善《ぜん》かつ完全ではない、と主張するのである。新しきはなお大いに改良せらるべきであり、古きはなお更生《こうせい》せらるべきである。いまだにわれわれは、古きはこれを捨て去りて、(三一)全然新しきに忠誠を誓うよう自分自身に勧告《かんこく》することはできない。

(二八)「主」とその弟子との関係　聖書のなかに、主（キリスト）のことばとして、「自分の父、母、妻、子、兄弟、姉妹、そして自分の生命まで憎まないなら、わたしの弟子にはなれない」とある。ここで「憎む」というのは、肉親への愛も神への愛以上に出るものではない、という意味。

(二九)しもべ　主人につかえる身分の低い者。

(三〇)善き羊飼いはその羊のためにおのが生命を捨つ　聖書のなかにキリストのことばとして、「わたしはよい牧者で、よい牧者は羊のために生命を与える」とある。羊とは人々、牧者は救世主イエスのこと。

(三一)全然新しきに忠誠を誓う　まったく新しいものにまごころをささげる。

かようにわれわれは自己を主張した（われわれはいまもなお引き続き右のように自己を主張するものである）。そして（三二）われわれは多くの喝采《かっさい》をもって迎えられなかった。彼ら、すなわち右の（三三）西洋人たちは、日本人は自分たちの想像したように従順《じゅうじゅん》にして御《ぎょ》（三四）しやすくはないと考えた。自分は、さらにわれわれの『頑固《がんこ》（三五）』や『非受容性《ひじゅようせい》（三六）』や『排外主義《はいがいしゅぎ》（三七）』を主張せんがために、われわれが理想的の学校教師

中江藤樹先生画像

（先生）のひとりとしてその名を尊敬しているひとりの人の生涯《しょうがい》を、この論文の中に掲《かか》げる。ただ余輩《よはい》はそれによって、日本人青年の教育に深く心を寄せている、あの善良な「西洋」の友人たちに、一、二の手がかりを与えようとするにすぎない。

（三二）われわれは多くの喝采をもって迎えられなかった　わたしの述べたことは、西洋人によろこんでうけいれられなかった。
（三三）右の西洋人たちは　さいしょに質問した西洋人たちをさす。
（三四）御しやすく　思い通りにしやすく。
（三五）頑固　自分がこうだと思ったことを変えないこと。
（三六）非受容性　他のものをうけいれない性質。
（三七）排外主義　外国人または外国の文化を排斥する（おしのける）考え方。ここの文章は、反語的な表現である。こういういい方を逆説的ともいう。相手の評をうけとってみとめたようなふりをしながら、その反対の議論をたてることである。

二

基督《キリスト》紀元一六〇八年（慶長《けいちょう》十三年）、関《せき》ガ原《はら》の役《えき》（一）のちわずか八年、大阪落城の前七年、いまだ男の主たる仕事は戦うことであり、女の仕事は泣くことであり、文字学問は世の実際家の追い求むる値いなきものと考えられていたときに、かつて日本の産んだ最も聖人らしき最も進歩したる思想家のひとりが、近江《おうみ》の国、琵《び》琶湖《わこ》の西岸、比良《ひら》（二）ガ嶽《たけ》は近くにそのいただきをそびやかし、鏡のごとき湖面にその影を投じているところに、生まれたのである。かれは近江の両親の家を離れ、四国にて、もっぱら祖父母の手によりて育てられたが、主として武芸を仕込まれたその年ごろの武士の子としては、幼きころより、珍しき聡明《そうめい》さを示した。十一歳のとき、孔子《こうし》の『大学《だいがく》（三）』の一節は、かれの心に一つの大望《たいもう》を呼びさまし、これがかれの将来の全生涯を決定したのである。その本のなかでかれは『（四）自二天子一以《テンシヨリシヨニンニ》至二於庶人一《イタルマデ》、壱是皆以レ脩レ身為レ本《イッニコレミナミヲオサムルヲモッテモトトナス》。』の一節を読んだ。『ここにこの経書《けいしょ》（五）が存《そん》する。ああ、天よ感謝す。』と、かれはそのとき叫んだ。『（六）聖人豈《せいじんあに》学んでいたりえないであろうか。』かれは泣いた。そしてその印象は、生涯、かれとともにあった。『聖人たるべし』――これなんたる大望ぞ！

二

（一）関ガ原の役　「関ガ原」は岐阜県にある地名。一六〇〇年に徳川家康が石田三成を破って天下の実権を握った戦役。

（二）比良ガ嶽　比良山。滋賀県の琵琶湖（びわこ）のほとりにある山。

（三）大学　書名。四書の一。

（四）自天子以至於庶人壱是皆以脩身為本　身分の高下や貧富にかかわりなく、まずその身を修めることが根本である、という意味。

（五）経書　儒学の経典とされている、四書、五経のこと。

（六）聖人豈（あに）学んでいたりえないであろうか　学問して努力すれば、どうして聖人になり得ないわけがあろうかと決心し、自分の決心に感動して泣いたのである。

　しかし、この少年は単に(七)祈念内省《きねんないせい》に専心する神経過敏《しんけいかびん》な柔弱者《にゅうじゃくしゃ》ではなかった。あるとき、(八)暴徒《ぼうと》が祖父の家を襲《おそ》うた。かれは人々に(九)伍《ご》し、刀を手に、まっ先に彼らのまっただ中に突進し、彼らをりっぱに撃退し、『(一〇)意気安閑《いきあんかん》、(一一)たえて恐怖の色がなかった』。時に(一二)年歯《ねんし》わずかに十三。

　同じ年ごろ、かれは(一三)天梁和尚《てんりょうおしょう》という学識《がくしき》ふかき僧侶《そうりょ》のもとにやられて、(一四)詩と手《しゅ》跡《せき》とを教えられた。この早熟な少年の先生に提出した(一五)いくたの質問中、左のごときはきわめてよくかれの特徴を表わすものである。藤樹は言《い》うた、『釈迦《しゃか》は生まれて一手《いっしゅ》は天をさし一手は地をさし「(一六)天上天下唯我独尊《てんじょうてんげゆいがどくそん》」と言《い》うたという。もし(一七)じつにかくのごときならば、釈迦は(一八)天下万世の傲慢《ごうまん》の人というべきである。和尚は何ゆえ自己の理想としてこれに礼をなし給うか』と。この少年は、後年《こうねん》も、けっして仏教を好まなかった。かれの理想は(一九)まったき謙遜《けんそん》であった。そして(二〇)仏陀《ぶつだ》はかかる人ではなかった。

　十七歳のとき、かれは孔子《こうし》の『四書《ししょ》』の完全な一そろえを手に入れた。これは当時書籍のいかに乏《とぼ》しかったかを示すものである。しかし、(二一)このことは以前に(二二)倍しかれの(二三)学問欲をそそった。かれはいまや自己の所有となれるこの(二四)宝庫《ほうこ》より知識を獲得《かくとく》するためにあらゆる寸暇《すんか》を捧げた。しかし、武士の第一の仕事は戦うこと

(七)　祈念内省　祈念は一心（いっしん）に祈ること。内省は自分の心をかえりみること。
(八)　暴徒　騒ぎを起こし、社会の平和を乱すもの。
(九)　伍し　いっしょに。
(一〇)　意気安閑　心もちが安らかで、おちつきのあること。
(一一)　たえて恐怖の色がなかった　ちっともこわがるようなようすが見えなかった。
(一二)　年歯　年齢。
(一三)　天梁和尚　当時伊豫（愛媛県）大洲（おおず）にいた僧。
(一四)　詩と手跡　漢詩と書道。
(一五)　いくたの　数多くの。
(一六)　天上天下唯我独尊　宇宙間において、ただ自分ひとり尊い。
(一七)　じつに……ならば　ほんとうにこのとおりであるならば。
(一八)　天下万世の傲慢の人　この世の中でいちばんおごりたかぶった人。
(一九)　まったき謙遜　完全にへりくだること。
(二〇)　仏陀はかかる人ではなかった　釈迦は、このような（謙遜の）人ではなかった。
(二一)　このことは　四書を手に入れたことは。
(二二)　倍し　増して。
(二三)　学問欲をそそった　学問を修めたいという意欲をいっそう高めた。
(二四)　この宝庫　「四書」をさす。

であり、読書は僧侶隠遁者《そうりょいんとん》にふさわしき仕事として(二五)蔑視《べっし》せられていた時代であった。若き藤樹は、かれの勉学をまったく人目を避けて(二六)行なわざるをえなかった。昼の時間は全部武芸に費やされた。(二七)書物に身をゆだぬることのできるのはわずかに夜間にすぎなかった。しかし、かれの秘密は発見されずにはいなかった。一日《いちじつ》、(二八)同僚《どうりょう》のひとりがかれを呼んで『孔子《こうし》どの』と言うた。かれが毎夜読書にふけりつつあることと、当時の(二九)粗野殺伐《そやさつばつ》な青年の間にありてまったく異例なかれの(三〇)寛厚《かんこう》の気質とを、嘲笑《ちょうしょう》していることは明白であった。『さても無知な輩《やから》よ』いまこそ柔和《にゅうわ》なる青年の(三一)憤怒《ふんぬ》する声が聞こえた。『孔子はすでに二千年以前に(三二)卒《しゅっ》し給うた。いまわが輩《はい》を呼んで孔子と言うは、(三三)かかるあだ名をもってこの聖人の名をけがすためか、あるいは学問を好むのゆえをもってわが輩をあざわらうためか。(三四)あわれむべきものどもよ！戦争のみが武士の本職ではない。平和の業《わざ》

藤樹書院跡

(二五)　蔑視せられていた時代　軽蔑の目で見られていた時代。
(二六)　行なわざるをえなかった　行なうよりほかに、しかたがなかった。
(二七)　書物に身をゆだぬる　書物に心身をうちこんで勉強をする。
(二八)　同僚　同じ役目をつとめる人。同じ職場で働いている人。
(二九)　粗野殺伐　ことばづかいや動作があらあらしくひどいこと。
(三〇)　寛厚の気質　ゆったりして温厚な気だて。
(三一)　憤怒する声が　はげしく怒る声が。
(三二)　卒し給うた　おなくなりになった。
(三三)　かかるあだ名　このような(「孔子どの」という)呼び名。
(三四)　あわれむべきものども　あわれなやつら。
(三五)　文字なき武士は道具である　文字を知らない(教養のない)武士は、他人の指令によってしか動くことができない。自分の考えや、判断によって行動できないのは、本当の人間でなく、人間につかわれる「道具」だ。
(図版説明)　藤樹書院は、藤樹先生の故郷、滋賀県高島郡安曇川(あどがわ)町に残っている。先生が伊豫より帰郷の後、村人を集めて学問を教えられたところ。書院とは私立学校の意味。

もまたしかりである。文字[三五]なき武士は道具である。奴僕《ぬぼく》[三六]である。なんじは奴僕たるをもって満足するか』と。藤樹の雷声《らいせい》[三七]は効果があった。その男は自己の無知を告白し、その後は沈黙《ちんもく》[三八]を守った。

　かれはいまや二十二歳であった。祖父はすでに他界《たかい》[三九]し、近くは父をうしなった。かれは父とは一生のわずかな期間をともにしたにすぎない。逆境はかれをいっそう敏感ならしめ、涙[四〇]しげく同情ふかき人たらしめた。いまや唯一《ゆいいつ》の心がかりは、近江《おうみ》に残してある母のことであった。当時かれは、その学識と清廉《せいれん》[四一]な人格とによりて日々名声が高まり、名誉と俸禄《ほうろく》[四二]とは豊かにかれを待ちつつあった。しかし、かれにとりては、ただひとりの女性、かれの母は、全世界[四三]にまさりて重かった。彼女はこのときより以来、かれのいたり[四四]尽くせる孝養を受くることとなった。

(三六) 奴僕　しもべ。他人から命令されて動く、人格をみとめられぬもの。自分自身でも人格を尊んでいない。
(三七) 雷声　かみなりのような大声。
(三八) 沈黙を守った　黙っていた。
(三九) 他界する　死去すること。
(四〇) 涙しげく　涙もろく。
(四一) 清廉な人格　心が清くて私欲のない、りっぱな人がら。
(四二) 俸禄　俸は給料、禄は給与。給金。
(四三) 全世界にまさりて重かった　全世界よりもたいせつだった。
(四四) 藤樹先生は、名誉や財宝に目もくれずに、故郷の母のもとに帰ることを決心されたのである。

〔解　説〕

　この文章は、内村鑑三先生の『代表的日本人』の中に出ています。『代表的日本人』は、明治二十七年（一八九四）先生が三十三歳のとき、英文で書かれたものです。この本はのちにドイツとデンマークとでその国々のことばに訳して出版されています。[一]岡倉天心《おかくらてんしん》先生の『東洋《とうよう》の理想《りそう》』や『茶《ちゃ》の本《ほん》』などとともに、多くの欧米人に読まれ、彼らに日本のほんとうの姿を教え、さらに強い影響を与えました。

　この英文の本の序文のなかで内村先生は、この本を英文で書いたことについて次のように述べておられます。

「文学の名作というもののなかに、他国の国語で書かれたものは一つもない。そのかわりに自国のことについて書くことの利益は、同じ見方からしてきわめて明白である。」「一時間六十五粁《キロメートル》の割合で調査した旅行者の書いたものがうけているときに、自分の書くほんとうの国産《こくさん》は歓迎されぬかもしれない。世界に向かって自分の考えをいうために、外国語を用いねばならぬということを自分はけっして名誉と思っていない。それは自分らの言語の通用《つうよう》する世界が狭《せま》いということをよく知っているからである。日本語をして世界の言語たらしむべしとの(一一)大太閤《だいたいこう》の高貴な野心《やしん》は今もなお実現《じつげん》を期《き》すべきである。しかし、それが成就《じょうじゅ》するまでは、この本のような試《こころ》みもなかなか必要である。」『代表的日本人』を英文で書かれた理由を先生はこのように言われたのです。

　ドイツ語版のあとがきでは、この本の内容について先生の考えを語っています。「この本は現在の自分を示すものではない。これは現在キリストの信徒である私自身が、つぎ木されている台木《だいき》を示すものである。自分はまる裸《はだか》の未開人《みかいじん》として生まれてきたのではない。私が母の胎内《たいない》にやどる以前《いぜん》に、さまざまな感じが、もう私を形成《けいせい》していたのだ。私はキリスト教の外国人宣教師《せんきょうし》から、何が宗教かということについて学んだものはなかった。すでに、(一三)日蓮《にちれん》、(一四)法然《ほうねん》、(一五)蓮如《れんにょ》、その他(一六)敬虔《けいけん》な尊敬すべき人々が、私の先輩《せんぱい》と私に、宗教《しゅうきょう》の本質《ほんしつ》を知らしておいてくれたのである。いくたの藤樹が自分らの教師としてあった。(一七)上杉鷹山《うえすぎようざん》のようなりっぱな(一八)藩侯《はんこう》がたくさんいた。(一九)二宮尊《にのみやそん》徳《とく》のような農業指導者《しどうしゃ》がほうぼうにおり、(二〇)西郷隆盛《さいごうたかもり》のようなすぐれた政治家が、わが国のいつの時代にもいたからこそ、今日のような日本ができ、私自身もつくられた。そういう恩恵《おんけい》をうけたから自分は選ばれた人としてここにキリスト教徒となり得たのである。」

『代表的日本人』は五人の偉人、すなわち西郷隆盛、上杉鷹山、二宮尊徳、中江藤樹、日蓮のことを論じたものです。

　この初版が出てから二十数年をへた大正十年、英文『代表的日本人』の新しい版が出ました。内村先生は「菊花薫《きくかかお》る」という文章のなかでこの新版《しんぱん》のことにふれ、「日本を世界に向かって紹介《しょうかい》し、日本人を西洋人に対し弁護《べんご》するには、いかにしても欧文《おうぶん》をもってしなければなりません。私は一生の事業の一つとして、このことをなし得たことを感謝します。私の貴《とうと》ぶものは二つのJ《ジェー》であります。その一つはJesus（イエス）であります。いま一つはJapan（日本）であります。本書は第二のJに対して私の義務のいくぶんかをつくしたものであります。」としるしてあります。ここで西洋人に対し弁護するといわれているのは、西洋人が、ただ異教徒《いきょうと》であるという観《かん》点《てん》から、日本人の文化も伝統も知らずに、未開野蛮《みかいやばん》と見ているものが多かったからです。

内村先生は、世界に紹介するにたりる日本は、じゅうぶんな国民的性格《こくみんてきせいかく》をもつものでなければならない、世界とふれあって、たちまち征服《せいふく》され、「自分のものと称しうる特殊性がないような」ものではいけない、また西洋に対し弁護されるべき日本人は、「西洋の知恵によって自己の精神を奪われるようなことのない純粋な日本人でなければならない」といわれています。内村先生にあっては日本の精神的《せいしんてき》な文化、遺産《いさん》を尊重《そんちょう》することは、日本の精神的独立《どくりつ》を尊重することと同じ意味であります。

〈注〉

(一) 岡倉天心　(一八六二—一九一三) 東京美術学校長となり、また、日本美術院を創設した。のち米国に招かれてボストン美術館の東洋部長をつとめた。『東洋の理想』『茶の本』などは、日本文化を世界の人に理解させる目的で書かれたもので、いずれも英文で書かれ、欧米人に多くの影響を与えた。

(二) 大太閤　豊臣秀吉を尊敬して呼んだのである。

(三) 日蓮　鎌倉時代の僧。日蓮宗をひらいた。(一二二二—一二八二)

(四) 法然　鎌倉時代の僧。浄土宗をひらいた。(一一三三—一二一二)

(五) 蓮如　室町中期の僧。本願寺第八世。真宗中興の祖といわれる。(一四一五—一四九九)

(六) 敬虔　うやまいつつしむこと。

(七) 上杉鷹山　江戸後期の米沢藩主。節倹を励行し、産業を奨励して、善政をしいた。(一七五一—一八二二)

(八) 藩侯　藩主。とのさま。

(九) 二宮尊徳　江戸末期の偉大な農政学者。道徳をとき、節約をすすめ、多くの疲弊した農村を救った。

(一〇) 西郷隆盛　明治維新の功臣。

〔参　考〕

内村先生は明治の初め奔流《ほんりゅう》のようにはいってきた新しい外国文化に直面して、いち早くキリスト教の信者《しんじゃ》となられました。しかし、新しい文化をうけ入れることは征服されることでなく、独立自主《どくりつじしゅ》の立場をとることでなければならないと考え、それを実行されました。

内村先生が、新しい文化をうけ入れるときの、国民の立場として考えられ、また実行されたことは、精神的独立ということです。その根底《こんてい》となるものとして、内村先生は、日本人は遠い昔からりっぱな文化と道徳をうけ伝えてきた民族だということを『代表的日本人』で実証《じっしょう》されたのです。これを自衛《じえい》の立場——「自己防衛《じこぼうえい》の本能《ほんのう》」の現われとせられ、このような自衛の方法をとらねば民族の精神的独立はあり得ないと考えられました。それで「中江藤樹」の第一章では、文明開化《ぶんめいかいか》以前の日本の教育が、いかにりっぱなものであったか、またそのりっぱさは、キリストの教えを知らないにもかかわらず、それを知っていた西洋人よりも、はるかにキリストその人の教えに相通ずるものであると言っておられます。

真《しん》の日本と真の日本人は、つまり日本の独立と、独立した日本人の真の姿は、ただ西洋的影響を排除《はいじょ》するだけでは見出《いだ》すことができません。真の独立した日本となるには、まず、民族の「自覚《じかく》」ということが必要です。しかもこの自覚は内外《ないがい》に共通《きょうつう》し、古今《ここん》に変わらぬ道徳に立《りっ》脚《きゃく》したものでなければなりません。

日本民族の自覚をもとにした、西洋からの独立、ということを主張された内村先生は、そのためにりっぱな日本の文化的遺産について語られました。これが日本の民族の自覚の根本《こんぽん》となるからです。このことは現在の日本と日本人に対する先生の警《いまし》めであります。先生は日本をほめ、そのたいせつなものを教えつつ、今の眼のまえの日本人をつよく警め、きつく叱《しか》っておられるのです。

キリスト教徒としての内村先生は、キリストの教えはキリストから直接にきくべきだとされ、西洋の教会牧師《きょうかいぼくし》の言うことは、みな正しくないとしてうけ入れられませんでした。これが内村先生の有名な無教会主義《むきょうかいしゅぎ》です。言いかえると内村先生の独立の立場です。人の言うことを無批判《むひはん》にきき、おだてられるままに行動するということは、独立の態度ではありません。内村先生はキリストの教えがもっとも正しいと考え、つぎにその教えは自分自身で、直接にキリストからきこうと決心されたのです。それが自由の立場です。欧米キリスト教会の宗教を日本人が受けて、その権威《けんい》の下に、自分の魂を彼の奴隷《どれい》とすることを拒否《きょひ》されました。それは独立と自由の状態といえないからです。

大正十年（一九二一）八月十一日、先生は日記の中に次のように書かれました。

「英文『代表的日本人』改版の校正をなしつつ今日《きょう》上杉《うえすぎ》鷹山《ようざん》の分を終わり、二宮尊徳《にのみやそんとく》の分を始めた。今より二十八年前にこの著をなしおいたことを神に感謝する。真の日本人はじつに偉《えら》い者であった。今のキリスト教の教師、神学士《しんがくし》と雖《いえど》も遠く彼らに及ばない。米国宣教師《せんきょうし》らに偶像《ぐうぞう》信者《しんじゃ》とよばるるとも、鷹山や尊徳のような人物に成るを得ばたくさんである。余《よ》はあるときはキリスト信者たることを止《や》めて純日本人たらんと欲《ほっ》することがある。」

偶像信者というのは、偶像を信仰する者ということで、神の形をつくって祀拝《しはい》すること、たとえば仏像を礼拝《らいはい》するようなのが偶像信仰です。キリスト教の牧師は、それを未開として軽蔑《けいべつ》するのです。そういう牧師の「公式主義」を先生はきらわれたのです。

内村先生は、他にもたくさんの書物を書かれています。なくなられたのは昭和五年（一九三〇）でした。

〔問題のしおり〕

一　内村先生の考えられた「独立」ということばの内容を考えましょう。さらに「独立」と「自由」の関係を考えましょう。精神上の独立から、生活上の自主独立ということも考えてみましょう。

二　明治維新から数十年間で、わが国は世界で一流の近代文明国となりました。世界中がこのすばらしい進歩に驚きました。こういう大きな事業をした明治のすぐれた人々の考え方や心構えを書いた多くの文章がこの「規範国語読本」にでています。

三　イーリアスを訳するのに苦心された土井晩翠先生の心がまえ、内村鑑三先生のはげしい独立の精神。これらの人々はみな高い理想をいだき、世界人類に通じる第一義のものを心に強くもっていて、まず、国をよくすることを考えたのです。そしていずれも、わが国の伝統的精神文明への自覚を、自分の努力の原動力としています。これらの人々は、日本のために、そしてそれが同時に人類のために、功績のあった人々です。この人たちの考え方となされたことにそって、「愛国心」ということを考えてみましょう。

四　第一義のものというのは、愛とか人道とか理想とか信仰とか道徳とか正義とか、という精神上もっともたいせつなもの、人々として第一に考えねばならないもののことです。国と国民に対して深く大きい愛情があり、さらにその上に奉仕という考え方がこれらの人々に共通してあります。国への自覚が愛国のはじめであるということを内村先生のはげしいことばから考えてみましょう。

五　内村先生が、戦国後期の日本の女性は、ただ泣くだけをこととしていたと書かれているのは、先生の文学者的な感興《かんきょう》のあらわれで、文章上の誇張です。今日一般には、過去の日本女性の社会的地位は低かったようにいわれていますが、古い飛鳥奈良《あすかなら》時代は、偉大な女帝がつぎつぎにあらわれた時代でした。また、平安時代といえば、女性が文化の大きい部分を担当しています。武家時代にはいっても、女性の地頭《じとう》（大名）はたくさんいました。

戦国時代においても、芦名盛興《あしなもりおき》の妻のごとく、夫の死後その強大な領地の政治をとり、同じころ、伊達《だて》家、田村《たむら》家でも、夫の死後その妻が政治と軍事をすべています。いずれも東国の強大な大名です。

六　しかし、内村先生は、わが国を世界にめずらしい文明の国とした歴史の根底に、家における母の教育を重視されたのです。そういう家における女性の役割を強調されるのが、先生の真意でした。わが国の母は、幼《おさな》子《ご》に道徳の学問を「しつけ」として教えたのです。

七　内村先生の「中江藤樹」には「村落教師」という副題がついていて、五章からなっています。ここにでているのは、その第一章と第二章です。村落教師というのは「村の先生」ということです。現在でも日本には、藤樹先生のような「村の先生」が全国のいたるところの小中学校におられるはずです。われわれは、たしかにそれを知っています。

八　この「規範国語読本」の文章は、鈴木俊郎《すずきとしろう》先生の訳文を、現在の語法にしてのせました。この翻訳の文章は大正時代にでき上がった翻訳調の国文としてよくできています。

詩

内村鑑三

雪は降りつゝある。
然《しか》し春は来《きた》りつゝある、
寒《さむさ》は強くある。
然し春は来りつゝある。

風はまだ寒《さむ》くある、
土はまだ堅《かた》く凍《こお》る、
青《あお》きは未《いま》だ野を飾《かざ》らない。
清《きよ》きは未だ空に響《ひび》かない、
冬は未だ我等《われら》を去らない、
彼《かれ》の威力《いりょく》は今尚《いまな》ほ我等を圧する。

然《さ》れど日は稍々《やや》長くなつた、
温《あたた》かき風は時《とき》には来る、
芹《せり》は泉《いずみ》のほとりに生《は》えて、
魚《うお》は時々巣《す》を出て遊ぶ、
冬の威力はすでに挫《くじ》けた、
春の到来《とうらい》は遠くはない。

十五　夜《よ》明《あ》け前《まえ》

島《しま》崎《ざき》藤《とう》村《そん》

（一）木曽路《きそじ》はすべて山の中である。あるところは（二）岨《そば》づたひ（い）に行く崖《がけ》の道であり、あるところは数十間の深さに臨《のぞ》む木曽川《きそがわ》の岸であり、あるところは山の尾をめぐる谷の入口である。一筋の街道《かいどう》はこの深い森林地帯を貫いてゐ（い）た。

東ざかひ（い）の桜沢《さくらざわ》から、西の十曲峠《じっきょくとうげ》まで、（三）木曽十一宿《しゅく》はこの街道《かいどう》に添《そ》うて、二十二里余に亙《わた》る長い（四）谿谷《けいこく》の間に散在してゐ（い）た。道路の位置も幾度か改まつたもので、（五）古道《こどう》はいつの間にか深い山間に埋《うず》もれた。（六）名高い桟《かけはし》も、蔦《つた》のかづ（ず）らを頼《たの》みにしたや（よ）うな危い場処《ばしょ》ではなくなつて、徳川時代の末には既《すで》に渡ることの出来《でき》る橋であつた。新規《しんき》に〳〵と出来た道はだん〳〵谷の下の方《ほう》の位置へと降《くだ》つて来た。道の狭《せま》いところには、木を伐《き》つて並べ、（七）藤《ふじ》づるでからめ、それで街道の狭いのを補《おぎな》つた。長い間にこの木曽路に起《おこ》つて来

（一）木曽路　中山道の一部で、今の長野県西筑摩郡に属する。全長八十余キロ。木曽街道ともいう。大名の参勤交代の道になっていた。

（二）岨　山のけわしいところ。

（三）木曽十一宿　木曽街道にあった十一の宿場。江戸に近いほうから順に贄川、奈良井、藪原、宮越、福島、上松、須原、野尻、三留野、妻籠、馬籠。

（四）谿谷　水のあるたにと水のないたにとでできた大きいたに。

（五）古道　和銅年間に開かれて以来、たびたび改修され、木曽路のもとになった道。

（六）名高い桟　いわゆる木曽の桟で、上松の駅路にあり、尾州藩の徳川義直が命じて作らせたもの。芭蕉の句「かけ橋や命をからむつたかづら」

（七）藤づる　藤かずら。

た変化はいくらかづゝ《ずつ》でも嶮岨《けんそ》(八)な山坂の多いところを歩きよくした。そのかは《わ》り、大雨ごとにやつて来る河水の氾濫《はんらん》(九)が旅行を困難《こんなん》にする。その度《たび》に旅人《たびびと》は最寄《もよ》り(一〇)〱の宿場《しゅくば》(一一)に逗留《とうりゅう》(一二)して、道路の開通を待つこともめづ《ず》らしくない。

この街道《かいどう》の変遷《へんせん》(一三)は幾世紀に亙《わた》る封建《ほうけん》時代の発達をも、その制度組織の用心深さをも語つてゐ《い》た。鉄砲(一四)を改《あらた》め女を改めるほど旅行者の取締《とりしま》りを厳重《げんじゅう》にした時代に、これほど好《よ》い要害《ようがい》の地勢もないからである。この谿谷《けいこく》の最も深いところには木曽福島《きそふくしま》(一五)の関所《せきしょ》も隠《かく》れてゐ《い》た。

東山道《とうさんどう》(一六)とも言ひ《い》、木曽街道六十九次《つぎ》とも言つた駅路の一部がこゝ《こ》だ。この道は東は板橋《いたばし》(一七)を経《へ》て江戸に続き、西は大津《おおつ》を経《へ》て京都にまで続いて行つてゐ《い》る。東海道方面を廻《まわ》らないほどの旅人は、否《いや》でも応《おう》でもこの道を踏《ふ》まねばならぬ。一里毎《ごと》に塚《つか》を築《きず》き、榎《えのき》を植ゑ《え》て、里程《りてい》を知るたよりとした昔は、旅人はいづ《ず》れも道中記《どうちゅうき》(一八)をふところにして、宿場から宿場へとかゝ《か》りながら、この街道筋を往来した。

馬籠《まごめ》は木曽十一宿《しゅく》の一つで、この長い谿谷の尽《つ》きたところにある。西よりする木曽路《きそじ》の最初の入口にあたる。そこは美濃境《みのざかい》にも近い。美濃方面か

(八)　嶮岨　けわしいこと。
(九)　氾濫　水のみなぎりあふれること。
(一〇)　最寄り　付近。ちかく。
(一一)　宿場　鎌倉時代以後、街道筋の便利な地点に旅客を宿泊させ、また荷物の運搬に要する人夫や馬などを供給する設備のあるところをいう。江戸時代に整った。
(一二)　逗留　旅先でしばらく滞在すること。滞在。
(一三)　変遷　うつり変わること。
(一四)　鉄砲を改め女を改める　江戸に人質（ひとじち）として在住させた大名の婦女子の帰国を監視し、また、江戸に鉄砲をもちこんで乱をくわだてるのを防ぐため、「入り鉄砲と出女（でおんな）」をきびしく取り締まった。
(一五)　木曽福島　今の西筑摩郡福島の町。中山道のほぼ中央に位置し、関所がおかれていた。木曽谷の北の関門は鳥居峠、南の関門は馬籠峠、木曽福島は、その中央にあったのである。
(一六)　東山道　中山道の江戸時代の正しいよび名。五街道（江戸を起点とした五つの街道—東海道、中山道、日光街道、甲州街道、奥州街道）の一。東海道と北陸道の間にあるから中山道ともいわれた。
(一七)　板橋　東京都の西北部にあり、中山道の第一駅。荷物の貫目を検査する貫目改所（かんめあらためどころ）があった。
(一八)　道中記　ここでは旅路の宿駅、里数などを記した旅行案内記。旅行の日記もいう。

ら十曲峠《じっきょくとうげ》に添《そ》うて、曲《まが》りくねつた山坂を攀《よ》ぢ《(じ)》登つて来るものは、高い峠の上の位置にこの宿《しゅく》を見つける。街道の両側には一段づゝ《(ずつ)》石垣《いしがき》を築《きず》いてその上に民家を建てたや《(よ)》うなところで、風雪を凌《しの》ぐための石を載《の》せた板屋根《いたやね》がその左右に並んでゐ《(い)》る。宿場らしい高札《こうさつ》(一九)の立つところを中心に、本陣《ほんじん》(二〇)、問屋《といや》(二一)、年寄《としより》(二二)、伝馬役《てんまやく》(二三)、定歩行役《じょうほこうやく》(二四)、水役《みずやく》(二五)、七里役《しちりやく》(二六)（飛脚《ひきゃく》）などより成《な》る百軒ばかりの家々が主《おも》な部分で、まだその他《ほか》に宿内の控《ひか》へ《(え)》(二七)となつてゐ《(い)》る小名《こな》(二八)の家数を加へ《(え)》ると六十軒ばかりの民家を数へ《(え)》る。荒町《あらまち》、みつや、横手《よこて》、中のかや、岩田《いわた》、峠《とうげ》などの部落がそれだ。そこの宿はづ《(ず)》れでは狸《たぬき》の膏薬《こうやく》を売る。名物栗《くり》(二九)こは《(わ)》めしの看板《かんばん》を軒《のき》に掛けて、往来の客を待つ御休処もある。山の中とは言ひ《(い)》ながら、広い空は恵那山《えなさん》の麓《ふもと》の方《ほう》にひらけて、美濃の平野を望むことの出来《でき》るや《(よ)》うな位置にもある。何となく西(三〇)の空気も通つて来るや《(よ)》うなところだ。

本陣《ほんじん》の当主吉左衛門《きちざえもん》(三一)と、年寄役《としよりやく》の金兵衛《きんべえ》(三二)とはこの村に生《うま》れた。吉左衛門は青山《あおやま》の家をつぎ、金兵衛は、小竹《こだけ》の家をついだ。この人達《たち》が宿役人《しゅくやくにん》(三三)として、駅路一切《いっさい》の世話《せわ》に慣《な》れた頃《ころ》は、二人とも既《すで》に五十の坂を越してゐ《(い)》た。吉左衛門五十五歳、金兵衛の方《ほう》は五十七歳にもなつた。これは当時として

(一九)　高札　法度（はっと）や掟書（おきてがき）などを記して、高くかかげた板札。
(二〇)　本陣　江戸時代、諸大名や貴人の宿泊した公認の旅館。
(二一)　問屋　ここでは宿駅の事務、おもに人馬の継ぎたてをつかさどった役所。
(二二)　年寄　宿駅で問屋役を助け、その事務を管理した役人。
(二三)　伝馬役　問屋の下にあって、公用の旅行者のため、必要な人馬を用意し、継ぎたて・休泊・川越えの準備などをする役人。
(二四)　定歩行役　大名行列の先ばらい、辻かためなどをする役人。
(二五)　水役　問屋の下にあって、伝馬役以外の雑役を勤めるもの。馬籠には三十二軒あった。
(二六)　七里役　尾州藩と紀州藩とが東海道筋七里ごとに宿（しゅく）を置き、そこに中間（ちゅうげん）―武家の召し使い―を置いて、江戸から国許（くにもと）への急便にそなえた役。ここではただ飛脚（ひきゃく）の意。飛脚とは、書状、金銀、貨物などを送達する業。
(二七)　控へ　用意としてそなえておくこと。
(二八)　小名　村や町をさらに小分けしたよび名。
(二九)　こはめし　もち米をせいろでむしたもの。小豆（あずき）を入れて赤飯とする。ここは栗を入れたもの。
(三〇)　西の空気　京都のようす。
(三一)　吉左衛門　藤村先生の祖父島崎吉左衛門重韶。隠居（いんきょ）して半六と称した。明治二年没。行年七十一歳。

めづ《ず》らしいことでもない。吉左衛門《きちざえもん》の父にあたる先代の半六《はんろく》(三四)などは六十六歳まで宿役人を勤《つと》めた。それから家督《かとく》(三五)を譲《ゆず》つて、漸《ようや》く隠居《いんきょ》したくらゐ《い》の人だ。吉左衛門には既《すで》に半蔵《はんぞう》(三六)といふ《う》跡継《あとつぎ》がある。しかし家督を譲つて隠居しようなぞとは考へ《え》てゐ《い》ない。福島(三七)の役所からでもその沙汰《さた》があつて、いよいよ引退《いんたい》の時期が来るまでは、まだ〳〵勤められるだけ勤めようとしてゐ《い》る。金兵衛《きんべえ》とても、この人に負けてはゐ《い》なかつた。

(三二)　金兵衛　大脇信興。年寄役および、問屋後見をつとめた。
(三三)　宿役人　宿駅で問屋場を管理し、主として人や馬を送り出す事務をとる役人。
(三四)　半六　島崎吉左衛門重好。隠居して範助と称した。嘉永二年没。行年七十五歳。
(三五)　家督　戸主にともなうすべての権利、義務をいう。「家督をつぐ」。
(三六)　半蔵　藤村先生の父島崎吉左衛門重寛（明治五年に正樹と改名）。
(三七)　福島の役所　尾州藩の木曽代官所と、福島関所。

〔解説〕

島崎藤村先生

「夜明け前」は、藤村先生が最後に完成された長編小説です。昭和四年に始まり、同十年に完成しました。

主人公の青山半蔵は、先生の父正樹翁《まさきおう》をモデルにし、その波乱に富んだ生涯を追いつつ、明治維新前後の動乱期を描いたものです。

木曽の山中にくりひろげられる個人の歴史をたどり、その背後にうつりゆく大きな歴史をほうふつ(一)とさせた、この小説の重量感は比類がありません。

右にかかげた部分は、序の章の㈠で、小説の主要な舞台となる木曽路の自然と、その自然につながって生きている人間の生活を描き出した一節です。ここでは、半蔵の父吉左衛門が登場し、やがて始まる壮大な物語の序曲(二)をなしています。

序の章はこのあと、嘉永《かえい》六年六月の黒船《くろふね》(三)入港の風聞《ふうぶん》（うわさ）を伝えて終わり、第一章以下、半蔵の二十三歳から五十六歳までの三十数年間の生涯がつづられています。

「夜明け前」は、藤村先生を近代日本における最大の国民文学者としました。これはまた、近代日本の「国民文学」として後世に伝わる作品です。

藤村先生は、明治五年（一八七二）三月二十五日、長野県西筑摩郡《にしちくまぐん》神坂村《みさかむら》馬籠《まごめ》に生まれ、昭和十八年（一九四三）、神奈川県大磯《おおいそ》の借家で永眠されました。(四)行年《ぎょうねん》七十一歳でした。

本名は春樹《はるき》。生家は木曽街道馬籠宿の本陣、問屋、庄(五)屋をかねる旧家でした。父は、(六)平田篤胤《ひらたあつたね》派の国学(七)を学んでいます。先生は九歳のとき、東京に出、三田《みた》英学校、共立《きょうりつ》学校などを経て、明治《めいじ》学院に学ばれました。

卒業の前後から文学に心を寄せ、そのころ(八)北村透谷《きたむらとうこく》を知り、二十六年「文学界」を創刊、その同人となられました。二十九年、東北《とうほく》学院の教師として仙台《せんだい》に赴任《ふにん》、詩集「若菜集《わかなしゅう》」を出版、すぐれた叙情詩人としての素質は、そのころ「天地有情《てんちうじょう》」を出版された土井晩翠先生とならび称せられました。

三十二年、小諸義塾《こもろぎじゅく》の教師として、信州《しんしゅう》にゆき、最後の詩集「落梅集《らくばいしゅう》」を出版されました。「千曲川《ちくまがわ》のスケッチ」は、このころ書かれたものです。

明治三十八年、教師をやめて上京し、翌三十九年、「破《は》戒《かい》」を出版されました。以来、明治、大正、昭和の三代にわたる長い作家生活に、多くのすぐれた作品を書きのこされました。

「春《はる》」（明治四十一）、「家《いえ》」（明治四十三）、「新生《しんせい》」（大正七）、「夜明け前」（昭和四）、「東方《とうほう》の門《もん》」（昭和十八）などの長編小説のほかに、随筆、紀行、童話などがあります。すべてに、誠実な先生の思いが描かれ、なつかしい詩人の心をたたえています。

大正二年、フランスへ渡り、五年に帰朝されました。昭和十一年、二度めの外遊に出発、翌年帰国して、十五年には、芸術院会員になられました。

昭和十八年、「東方の門」第三章執筆の中途でたおれ、翌日の八月二十二日永眠されました。のちに、遺髪《いはつ》とつめが郷里の馬籠に埋葬されました。

〈注〉

（一）ほうふつ　目の前に見えるように。　（二）序曲　主要部分が始まる前の劇的な一場面。　（三）黒船　ペリーが乗ってきた船。船体が黒くぬってあったのでこういう。　（四）行年　この世に生きていた年齢。　（五）庄屋　江戸時代に、代官の下で、村の納税その他の事務を取り扱った村里の長。　（六）平田篤胤　江戸後期の国学者（一七七六〜一八四三）。本居宣長の没後の門人にして国学者。門人は非常に多く、江戸時代最大の学派の一つをなし、その復古思想は尊皇（そんのう）思想に大きな影響を与えた。　（七）国学　わが国の古典を研究し、固有の文化と道を明らかにした学問。江戸時代におこった。　（八）北村透谷　明治の文学者（一八六八〜一八九四）。

秋　思

秋は来《き》ぬ
秋は来ぬ
一葉《ひとは》は花は露ありて
風の来て弾《ひ》く琴《こと》の音《ね》に
青き葡萄《ぶどう》は紫《むらさき》の
自然の酒とかはりけり

秋は来ぬ
秋は来ぬ
おくれさきだつ秋草《あきぐさ》も
みな夕霜《ゆうじも》のおきどころ
笑ひの酒を悲しみの
盃《さかずき》にこそつぐべけれ

秋のうた（若菜集より）

島崎藤村

秋は来ぬ
秋は来ぬ
くさきも紅葉《もみじ》するものを
たれかは秋に酔《よ》はざらむ
知恵《ちえ》あり顔のさみしさに
君笛《ふえ》を吹けわれはうたはむ

知るや君

こゝろもあらぬ秋鳥《あきとり》の
声にもれくる一《ひと》ふしを
知るや君

深くも澄《す》める朝潮《あさじお》の
底にかくるゝ真珠《しらたま》を
知るや君

あやめもしらぬやみの夜に
静《しず》かにうごく星くづを
知るや君

まだ弾《ひ》きも見ぬをとめごの
胸にひそめる琴の音を
知るや君

秋に隠《かく》れて

わが手に植ゑし白菊《しらぎく》の
おのづからなる時くれば
一《ひと》もと花の暮陰《ゆうぐれ》に
秋に隠れて窓にさくなり

十六　阿《あ》部《べ》一《いち》族《ぞく》

森《もり》　鷗《おう》外《がい》

（一）従四位下《じゅしいのげ》（二）左近衛少将《さこんえのしょうしょう》兼越中守《けんえつちゅうのかみ》（三）細川忠利《ほそかわただとし》は、（四）寛永《かんえい》十八年（五）辛巳《しんし》の春、余所《よそ》よりは早く咲く領地肥後国《ひごのくに》の花を見棄《す》てて、五十四万石の晴晴《はればれ》しい行列に前後を囲ませ、南より北へ歩《あゆ》みを運ぶ春と倶《とも》に、江戸を志《こころざ》して（六）参勤《さんきん》の途《みち》に上《のぼ》（ろ）らうとしてゐ（い）るうち、図《はか》らず病《やまい》に罹《かか》つて、（七）典医《てんい》の（八）方剤《ほうざい》も功を奏《そう》せず、日に増《ま》し重くなるばかりなので、江戸へは出発日延《ひのべ》の飛脚《ひきゃく》が立つ。徳川《とくがわ》将軍は名君の誉《ほまれ》の高い三代目の家光《いえみつ》で、（九）島原一揆《しまばらいっき》の時賊将天草四郎時貞《あまくさしろうときさだ》を討ち取つて大功を立てた忠利《ただとし》の身の上を気遣《きづか》ひ（い）、三月二十日には（一〇）松平伊豆守《まつだいらいずのかみ》、（一一）阿《あ》部《べ》豊後守《ぶんごのかみ》、（一二）阿部対馬守《あべつしまのかみ》の連名の（一三）沙汰書《さたしょ》を作らせ、（一四）針医《はりい》以策《いさく》と云《い》ふ（う）ものを、京都から下向《げこう》させる。続《つづ》いて二十二日には同じく（一五）執政《しっせい》三人の署名《しょめい》した沙汰《さた》書《しょ》を持たせて、曽我又左衛門《そがまたざえもん》と云《い》（う）ふ侍《さむらい》を（一六）上使《じょうし》に遣《つかわ》す。大名に対する将軍家の取扱《とりあつかい》としては、鄭重《ていちょう》を極《きわ》めたものであつた。島原征伐《せいばつ》が此年《このとし》から三年前

（一）従四位下　朝廷からさずかる位階（いかい）。
（二）左近衛少将　もと朝廷の警護に任じた官職名。
（三）細川忠利　初代肥後（熊本県）藩主（一五八六—一六四一）。
（四）寛永　後水尾天皇、明正天皇時代の年号（一六二四—一六四三）。
（五）辛巳　かのとみ。十干（じっかん）を五行（ごぎょう）（木、火、土、金、水）に配した「甲（きのえ）乙（きのと）丙（ひのえ）丁（ひのと）戊（つちのえ）己（つちのと）庚（かのえ）辛（かのと）壬（みずのえ）癸（みずのと）」とそれに十二支「子（ね）丑（うし）寅（とら）卯（う）辰（たつ）巳（み）午（うま）未（ひつじ）申（さる）酉（とり）戌（いぬ）亥（い）」とを組み合わせて、年、月、日をしるすにもちいた。
（六）参勤　参勤交代。寛永十二年、三代将軍家光は、諸侯に課して、一年おきに江戸と領地に居住することを法制化した。
（七）典医　諸侯に仕えた医者。
（八）方剤　薬のこと。薬を調合することにもいう。

寛永《かんえい》十五年の春平定《へいてい》してから後《のち》、江戸の邸に[一七]添地《そえち》を賜《たまわ》つたり、[一八]鷹狩《たかがり》の鶴《つる》を下《くだ》されたり、[一九]不断慇懃《ふだんいんぎん》を尽《つく》してゐ《(い)》た将軍家の事《こと》であるから、此度《このたび》の大病を聞いて、先例の許す限《かぎり》の慰問《いもん》をさせたのも尤《もつとも》である。

将軍家がか《(こ)》う云《い》ふ《(う)》手《て》続《つづき》をする前に、熊本花畑《はなばたけ》の館《やかた》では忠利《ただとし》の病《やまい》が革《すみや》かになつて、とうとう三月十七日[二〇]申《さる》の刻《こく》に五十六歳で亡《な》くなつた。奥方《おくがた》は[二一]小笠原兵部大輔秀政《おがさわらひょうぶたゆうひでまさ》の娘を将軍が養女にして妻《めあわ》せた人で、今年四十五歳になつてゐ《(い)》る。名をお千《せん》の方《かた》と云ふ《(う)》。

[二二]嫡子《ちゃくし》六丸《ろくまる》は六年前に元服《げんぷく》して、将軍家から光《みつ》の字を賜《たまわ》り、光貞《みつさだ》と名告《なの》つて、従四位下[二三]侍従兼肥後守《じじゅうけんひごのかみ》にせられてゐ《(い)》る。今年十七歳である。江戸参勤中で[二四]遠江国浜松《とおとうみのくにはままつ》まで帰つたが、[二五]訃音《ふいん》を聞いて引返《ひきかえ》した。光貞は後《のち》名を光尚《みつひさ》と改めた。二男鶴千代《つるちよ》は小さい時から立田山《たつたやま》の泰勝寺《たいしょうじ》に遣《や》つてある。京都妙心寺《みょうしんじ》出身の大淵和尚《たいえんおしょう》の弟子《でし》になつて宗玄《そうげん》と云つてゐ《(い)》る。三男松之助《まつのすけ》は細川家に旧縁のある長岡氏《ながおかし》に養は《(わ)》れてゐ《(い)》る。四男勝千代《かつちよ》は家臣南条大膳《かしんなんじょうだいぜん》の養《よう》子《し》になつてゐ《(い)》る。女子は二人ある。長女藤姫《ふじひめ》は松平周防守忠弘《まつだいらすおうのかみただひろ》の奥方になつてゐ《(い)》る。二女竹姫《たけひめ》は後《のち》に有吉頼母英長《ありよしたのもひでなが》の妻になる人である。弟には忠利が[二六]三斎《さんさい》の三男に生《うま》れたので、四男中務大輔立孝《なかつかさたゆうたつたか》、五男刑部興《ぎょうぶおき》

(九)　島原一揆　寛永十四年から十五年にかけて、肥後（熊本県）天草および肥前（長崎県）島原のキリスト教徒が起こした乱。その徒三万七千、首領は天草四郎時貞である。
(一〇)　松平伊豆守　松平信綱（一五九六―一六六二）。江戸幕府初期の功臣。知恵伊豆といわれた。
(一一)　阿部豊後守　阿部忠秋。将軍家光のそばにつかえ、老中となる。
(一二)　阿部対馬守　阿部重次。幼時から家光に仕え、老中となる。
(一三)　沙汰書　将軍の指令書。
(一四)　針医　はりいしゃ。
(一五)　執政　江戸時代は、幕府の老中や諸藩の家老をさしていった。
(一六)　上使　幕府から諸大名に上意を伝えるために出した使者。
(一七)　添地　ある地面に添え加える地面。
(一八)　鷹狩　鷹を山野に放って野鳥を捕える狩猟。将軍家では毎年鶴を捕えて、これを朝廷にたてまつるのを例とした。
(一九)　不断慇懃を尽す　いつも親しくする。
(二〇)　申の刻　午後三時から五時まで。
(二一)　小笠原兵部大輔秀政　徳川家康に仕え、大坂の役で戦死。次子は明石十万石を領す。
(二二)　嫡子　よつぎ。長男。
(二三)　侍従　天皇のそば近くつかえて補佐する職。
(二四)　遠江　旧国名。今の静岡県。
(二五)　訃音　死んだしらせ。
(二六)　三斎　細川忠興（一五六三―一六四五）。忠利の父。

孝《たか》、六男長岡式部寄之《ながおかしきぶよりゆき》の三人がある。妹には稲葉一通《いなばかずみち》に嫁《か》した多羅姫《たらひめ》、烏《からす》(二七)丸中納言光賢《まるちゅうなごんみつかた》に嫁した万姫《まんひめ》がある。この万姫の腹に生《うま》れた禰禰姫《ねねひめ》が忠利《ただとし》の嫡子光尚《みつひさ》の奥方《おくがた》になつて来るのである。

目上には長岡氏を名告《なの》る兄が二人、前野長岡両家に嫁した姉が二人ある。隠居三斎宗立《いんきよさんさいそうりゅう》もまだ存命で、七十九歳になつてゐ《い》る。

この中《なか》には嫡子光貞《みつさだ》のやう《よ》に江戸にゐ《い》たり、又《また》京都其外遠国《そのほかえんごく》にゐ《い》る人達《たち》もあるが、それが後に知らせを受けて歎《なげ》いたのと違つて、熊本の館《やかた》にゐ《い》た限《かぎ》りの人達《たち》の歎きは、分《わ》けて痛切なものであつた。江戸への注進《ちゅうしん》(二八)には六島《むつしま》少吉《しょうきち》、津田六左衛門《つだろくざえもん》の二人が立つた。

三月二十四日には初七日《しょなぬか》(二九)の営《いとな》みがあつた。四月二十八日にはそれまで館《やかた》の居間《いま》の床板《とこいた》を引放《ひきはな》つて、土中に置いてあつた棺《ひつぎ》を舁《か》つぎ上げて、江戸からの指図《さしず》に依《よ》つて飽田郡春日村岫雲院《あきたごおりかすがむらしゅううんいん》で遺骸《いがい》を茶毗《だび》(三〇)にして、高麗門《こうらいもん》の外《そと》の山に葬《ほうむ》つた。この霊屋《みたまや》(三一)の下に、翌年の冬になつて、護国山妙解寺《ごこくざんみょうげじ》が建立《こんりゅう》せられて、江戸品川東海寺《えどしながわとうかいじ》から沢庵和尚《たくあんおしょう》(三二)の同門の啓室和尚《けいしつおしょう》が来て住持《じゅうじ》になり、それが寺内の臨流庵《りんりゅうあん》に隠居《いんきょ》してゐ《い》るから、忠利の二男で出家《しゅっけ》してゐ《い》た宗玄《そうげん》が、天岸和尚《てんがんおしょう》と号して跡続《あとつぎ》になるのである。忠利の法号《ほうごう》は妙解院殿台雲宗《みょうげいんでんだいうんそう》

(二七) 烏丸中納言光賢　藤原北家日野の流れ。江戸時代、千五百石を領し、歌道をもって仕えた。

(二八) 注進　大事、事変を急いで報告すること。

(二九) 初七日　人の死後、七日めにあたる日。

(三〇) 茶毗　火葬。

(三一) 霊屋　人の死後霊（みたま）をまつるところ。

(三二) 沢庵　江戸初期の僧（一五七三―一六四五）。将軍家光の帰依（きえ）をうけて、東京品川に東海寺をひらく。

伍大居士《ごだいこじ》と附《つ》けられた。

　岫雲院《しゅううんいん》で荼毘《だび》になつたのは、忠利《ただとし》の遺言《ゆいごん》によつたのである。いつの事であつたか、忠利が方目狩《ばんがり》(三三)に出て、この岫雲院で休んで茶を飲んだ事がある。その時忠利はふと腮鬚《あごひげ》の伸びてゐ《い》るのに気が附いて住持《じゅうじ》に剃刀《かみそり》は無いかと云《い》つた。住持が盥《たらい》に水を取つて、剃刀を添へ《え》て出した。忠利は機嫌《きげん》好《よ》く児《こ》(三四)小姓《ごしょう》に髯を剃《そ》らせながら、住持に云つた。「どうぢ《じ》やな。この剃刀では亡《もう》(三五)者《じゃ》の頭《あたま》を沢山《たくさん》剃つたであら《ろ》うな」と云つた。住持はなんと返事をして好《よ》いか分からぬので、ひどく困つた。この時から忠利は岫雲院の住持と心安くなつてゐ《い》たので、荼毘所《だびしょ》をこの寺に極《き》めたのである。丁度《ちょうど》荼毘の最中《さいちゅう》であつた。柩《ひつぎ》の共《とも》をして来てゐ《い》た家臣達《たち》の群《むれ》に「あれ、お鷹《たか》がお鷹が」と云ふ《う》声がした。境内《けいだい》の杉の木立に限られて、鈍《にぶ》い青色をしてゐ《い》る空の下、円形《まるがた》の石の井筒《いづつ》の上に笠《かさ》のや《よ》うに垂れ掛かつてゐ《い》る葉桜《はざくら》の上の方《ほう》に、二羽の鷹が輪をかいて飛んでゐ《い》たのである。人人が不思議がつて見てゐ《い》るうちに、二羽が尾と嘴《くちばし》と触れるや《よ》うに跡先《あとさき》に続いて、さつと落《おと》して来て、桜の下の井の中に這《は》入《い》つた。寺の門前で暫《しばら》く何かを言ひ《い》争つてゐ《い》た五六人の中から、二人の男が駈《か》け出して、井の端《はた》に来て、石の井筒《いづつ》に手を掛けて中を覗《のぞ》いた。

(三三)　方目狩　方目は大鷭（おおばん）という、くいな科の鳥で、それを捕える狩猟。

(三四)　児小姓　貴人の側近く召使われて雑用をする少年。

(三五)　亡者　死んだ人。

その時鷹《たか》は水底深く沈んでしまつて、歯朶《しだ》の中に鏡のやう《(よ)》に光つてゐ《(い)》る水面は、もう元のとほ《(お)》りに平らになつてゐ《(い)》た。二人の男は鷹匠衆《たかじょうしゅう》（三六）であつた。井の底にくぐり入つて死んだのは、忠利《ただとし》が愛してゐ《(い)》た有明《ありあけ》、明石《あかし》と云《い》ふ《(う)》二羽の鷹であつた。その事が分かつた時、人人の間に、「それではお鷹も殉死《じゅんし》（三七）したのか」と囁《ささや》く声が聞《きこ》えた。それは殿様がお隠《かく》れになつた当日から一昨日までに殉死した家臣が十余人あつて、中にも一昨日は八人一時に切腹し、昨日も一人切腹したので、家中誰《だれ》一人殉死の事を思はず《(わ)》にゐ《(い)》るものは無かつたからである。二羽の鷹はどう云ふ《(う)》手ぬかりで鷹匠衆《たかじょうしゅう》の手を離れたか、どうして目に見えぬ獲物《えもの》を追ふ《(う)》やう《(よ)》に、井戸の中に飛込《とびこ》んだか知らぬが、それを穿鑿《せんさく》（三八）しようなどと思ふ《(う)》ものは一人も無い。鷹は殿様の御寵《ごちょう》（三九）愛《あい》なされたもので、それが荼毘《だび》の当日に、しかもお荼毘所の岫雲院《しゅううんいん》の井戸に這入《はい》つて死んだと云ふ《(う)》だけの事実を見て、鷹が殉死したのだと云ふ《(う)》判断をするには十分であつた。それを疑つて別に原因を尋ねようとする余地は無かつたのである。

（三六）鷹匠衆　鷹に関することをつかさどった役名。

（三七）殉死　主君の死んだ後を追って、臣下などが死ぬこと。追い腹ともいう。近いころには、明治天皇崩御ののち、乃木大将が殉死された。

（三八）穿鑿　しらべたずねること。

（三九）寵愛　ことのほか愛すること。

〔解説〕

森鷗外先生

「阿部一族」は、鷗外先生が大正二年（一九一三）に書かれた作品です。その前年、乃木大将殉死《じゅんし》に感動して書かれた「興津弥五右衛《おきつやごえ》門《もん》の遺書」につづく歴史小説の第二作です。

物語は——

肥後の細川忠利の病歿《びょうぼつ》にさいし、生前恩顧をうけていた十八人の藩士が殉死したが、自他ともに殉死すべきものとみなされていた阿部弥一右衛門《やいちえもん》は殉死のゆるしを得られず、いったん、殉死を思いとどまる。ところが、藩内の露骨な批判をうけ、追い腹をきらねばならなかった。が、彼に対する藩当局の処置は冷たく、また、家中のものの遺族に対する侮蔑《ぶべつ》も深まった。嫡子権兵衛《ちゃくしごんべえ》は、先君忠利の一周忌の席上で、とつじょたぶさ[注]を切って仏前にそなえ、武士を捨てる決意を見せた。新藩主光尚《みつひさ》は怒って彼をしばり首に処したので、ついに阿部の一族は屋敷にたてこもって反抗の色をあきらかにする。そして、どっと押しよせた討手《うって》をむかえてはなばなしく戦い、ひとたまりもなく滅亡していくのである。——

鷗外先生は文久二年（一八六二）二月十七日、石見国《いわみのくに》（島根県）津和野《つわの》に生まれ、大正十一年（一九二二）七月九日、東京で死去されました。行年《ぎょうねん》六十歳でした。

本名は林太郎、家は代々津和野藩の藩医でした。明治五年、上京。六年、東京医学校予科（東大医学部）に入学。十四年卒業、陸軍軍医副（中尉相当官）となり、十七年五月、衛生学研究のためドイツに留学。二十一年七月、オランダ、イギリス、フランスの諸国をめぐって、九月帰朝されました。

明治二十二年、訳詩集「於母影《おもかげ》」につづいて小説「舞《まい》姫《ひめ》」を発表されました。また、二十五年、アンデルセンの作品を翻訳した「即興詩人《そっきょうしじん》」が出ました。

明治二十七年、日清戦争に出征。三十七年の日露戦争には第二軍軍医部長として出征され、その従軍記として「歌日記」があります。やがて、四十年、陸軍軍医総監、陸軍省医務局長となられました。

明治四十五年八月、明治天皇が崩御《ほうぎょ》され、九月天皇の御大葬の日に、乃木大将ご夫妻が殉死されたことを聞き、日ごろ大将と親しくしていられた先生は、大将の最期《さいご》に異常な感動をうけられました。その感動が「興津弥五右衛門の遺書」に現わされたといいます。これにつづいて「阿部一族」などの歴史小説に、封建時代の武士道精神を描かれました。

鷗外先生は、明治の新しい文学をそだてるために、海外の文芸や思想の紹介をされ、芸術の広い範囲にわたって多くの功績をのこされました。

〈注〉
たぶさ　髪を頭の上でたばねたところ。もとどり。

〔問題のしおり〕

一　明治から大正、昭和とうつり変わってきた小説の文章を歴史的にながめてきますと、今日の文学の文章は鷗外先生によってでき上がったといえるほどです。歴史文学の面でとくに、いちじるしいものがあります。
鷗外先生は、諸方面の文化、演劇、美術、医学、軍事学にまでわたる広範囲な面に有効な仕事をされましたが、国語の問題についても深い関心をもたれたことは、国語を学ぶ者として忘れてならないことです。

鷗外先生は文学者として、国語愛の精神から、また科学者として、合理的な正確さを尊ばれる見地から、正しい国語の文法を守るように、つよくいましめられました。鷗外先生の教えられた国語愛の精神は、古典より一貫する正確な文法を守ることでした。

二　イギリス人は、シェークスピアを民族の第一の宝とし、ドイツ人はゲーテを生んだことを民族の最大の誇りとしています。われわれも世界で最も古い文明をもつ国民として、わが民族の文学者を誇りとします。
近代において鷗外先生はそのひとりです。そういう偉大な文学者の教えられた国語愛の精神を守ることは、光栄ある国の精神的独立の根本です。この「規範国語読本」の「単騎遠征」のなかで、ロシアがポーランドを侵略したとき、ポーランド人からその祖国のことばをとりあげたことがしるされてあります。福島将軍がふかい悲しみと嘆きと、また同情を示されたところです。国が、民族の遠い先祖から伝わった、正しい整然とした文法を失うことは、独立を失う第一歩と考えられるわけです。

国語を正しく守るということのたいせつさは、鷗外先生のように、維新前後からいくたびかの国難を経験し、世界の国々の盛衰興亡の歴史をよくよく研究された人の、十分知っておられたところです。

鷗外先生は自分の作られた文芸によって国語の美しさを示されました。そして、国語の愛とは、古くから伝わった正しい国語の文法を守ることだと教訓されたのです。

〔研修課題〕

わが国の近世の文法の学問は、契沖《けいちゅう》阿闍梨《あじゃり》（一六四〇—一七〇一）や本居宣長《もとおりのりなが》先生（一七三〇—一八〇一）が、ひらかれました。明治維新前には、それが一般に普及《ふきゅう》してゆきました。無造作《むぞうさ》につかっていたことばに、人の力ではとてもつくれぬ整然とした規則があったということの発見が、心ある人々を驚嘆させ、よろこばせ、また自信を与えました。理論はないが、道はあった。これが日本の道だという意味をさとったのです。

吉田松陰《よしだしょういん》先生（一八三〇—五九）も、この文法の学問におどろき、よろこばれたひとりでした。松陰先生は、アメリカ渡航に失敗し獄《ごく》に入れられた時、獄中で国語文法の研究をされました。もちろんその文法は、今日、旧かなづかいといわれている、国語の伝統的な古典文法でした。

短歌

森　鷗外

駒引《こまひ》くを待《ま》つ朝戸出《あさとで》の手《て》すさびに折《を》りてぞ見《み》つる梅《うめ》の初花《はつはな》

遠《とほ》くおもひ深《ふか》くはかれば真心《まごころ》のなかなか世《よ》には知《し》られざりけり

奈良山《ならやま》の常磐木《ときはぎ》はよし秋《あき》の風《かぜ》木《こ》の間《ま》木の間を縫《ぬ》ひて吹《ふ》くなり

黄金《わうごん》の像《ざう》は眩《まばゆ》し古寺《ふるでら》は外《と》に立《た》ちてこそ見《み》るべかりけり

盧舎那仏《るしゃなぶつ》仰《あふ》ぎて見《み》ればあまたたび継《つ》がれし首《くび》の安《やす》げなるかな

「東大寺毘盧遮那仏《びるしゃなぶつ》（大仏）」

落《お》つる日《ひ》に尾花《をばな》匂《にほ》へりさすらへる貴人《うまびと》たちの光《ひかり》のごとく

十七　文芸《ぶんげい》における道徳性《どうとくせい》の本質《ほんしつ》

萩《はぎ》原《わら》朔《さく》太《た》郎《ろう》

自分がこの標題のことを考えたのは、かつて数年前、故芥川龍之介《あくたがわりゅうのすけ》(一)のアフォリズム(二)、「侏儒《しゅじゅ》の言葉《ことば》」を読んだとき以来であった。当時自分は、芥川君の作品を愛読していた。もっとも、自分の読んだのは、その死の二、三年前の作品（「河童《かっぱ》」「歯車《はぐるま》」「西方《せいほう》の人《ひと》」など）であり、その以前の小説については、ごく初期のもの以外に、ほとんど知らないというほうがよいくらいであった。

ところで「侏儒の言葉」は、そのアフォリズムの形式からして、日本では珍しく類のない文学なので、当時やはりその種の文学を書いてた(三)自分は、特に注意して精読し、毎号それを巻頭に連載した雑誌『文芸春秋』を、ほとんど欠かさずに読み通した。前にもいうとおり、当時自分はその作者の小説が好きだったので、このアフォリズムにも期待するところが多かった。しかるにその読後感は、いつも自分の期待を裏切り、はなはだもの足らないものが多かった。単にもの足らないというだけではなく、何かしら自分の

(一)　芥川龍之介　小説家（一八九二―一九二七）。
(二)　アフォリズム　aphorism　断片的な語録。簡潔な、圧縮された形で書かれた人生・社会・文化などに関する批評。
(三)　書いてた…「書いていた」の口語の表記としてはこれが正しいと、萩原先生は主張された。

反感をそそり、ある漠然《ばくぜん》たる怒《いか》りを感じさせるものがあった。なにゆえにその断片語録《アフォリズム》が、自分の感情を刺激し、義憤《ぎふん》(四)に似た反感を感じさせたのだろうか。当時自分は、その不思議《ふしぎ》な原因をいろいろに考えてみた。もちろんその原因は、自分と作者との間における、思想上の異論や衝突にあるのではなかった。実際またそのアフォリズムには、作者のドグマ(五)を強要的に主張するような個所は少しもなかった。のみならず作者の言うところは、理性上においてすべてみな肯定された。だがそれにもかかわらず、自分のなかのある「道徳心」が、ひどくそれを良心的に反感した(六)。ある漠然たる、ことばに言えない判断性が、許しがたくそれを「反道徳の文学」と命名した。そのくせその断片語録には、普通の意味で破倫的《はりんてき》(七)のことや、非道徳的の個所は少しもなかった。

そのとき以来、自分は文学における道徳性の本質を考えてきた。そもそも文芸上におけるモラリティ(八)とは何だろうか。長い間、この疑問が漠然と心のすみに残っていた。ところで最近、偶然また芥川全集を通読して、古い疑問への解決を発見した。自分があらためて読んだものは、乃木大将《のぎたいしょう》のことを書いた「将軍《しょうぐん》」、細川《ほそかわ》(九)ガラシヤ夫人のことを書いた「糸女覚《いとじょおぼ》え書《がき》」、それから「或《あ》る日《ひ》の大石蔵《おおいしくら》之介《のすけ》」等々であった。いずれもみな、一気に読み終わったほどおもしろかった。しかもその読後に残った感想は、何かのある漠然たる、もの足らなさの不満であった。しかもその不満の底には、前にアフォリズムを読

(四)　義憤　自己の利害を離れた高い見地から不義不正をいきどおること。

(五)　ドグマ　dogma　信条。

(六)　反感した　萩原先生はこうした欧文調（ドイツ語的）の語法を好まれた。

(七)　破倫　人の守るべき道にそむくこと。

(八)　モラリティ　morality　道徳。

(九)　細川ガラシヤ夫人　細川忠興の夫人（一五六二―一六〇〇）。明智光秀のむすめ。ガラシヤはキリシタン名。慶長五年、石田三成挙兵のとき、大坂方につくのをこばみ、敗れて自殺した。

(一〇)　シンパシー　sympathy　同情。同感。

んで感じたような、同じ種類の道徳的反感が実在していた。

そこで初めて、自分の一つの原理に到達しえた。つまりこの作者の場合では、対象への（一〇）「同情《シンパシー》」が欠けてるのである。乃木大将という一人物を、作者は一（一一）奇人《きじん》として意地《いじ》悪く（一二）描き出してる。そのかぎりにおいて、この小説は、読者に（一三）諷刺《ふうし》文学的の興味を与える。しかしそこには、乃木大将の（一四）戯画《ぎが》だけが描かれていて、その一将軍の生きてる人間が書かれていない。歴史上で（一五）貞婦《ていふ》の鑑《かがみ》といわれる細川ガラシヤ夫人は、糸女《いとじょ》なる侍女《じじょ》の覚え書によって、作者からさんざんにやっつけられ、鼻もちのならない（一六）倨傲《きょごう》の女に書かれている。それは世の定説を裏返し、逆の一新説を立てたことにおいて、たしかに読者の興味をひく。しかしその興味は、定説を裏返すことの興味に尽きてる。将軍に対すると同じように、ガラシヤ夫人に対してもまた、作者は少しもその実《じつ》の人間を書いていない。

すべての善《よ》き文学者は、一面においての非人情と残酷《ざんこく》さをもたねばならない。多くの偉大なる作家たちは、勇敢に道徳をけり飛ばして、悪魔とともに同棲《どうせい》している。意地悪さは文学の特色である。そこで（一七）ゾラや（一八）モーパッサンやは、聖人を（一九）凡俗化《ぼんぞくか》し、英雄を小人《しょうじん》化《か》し、人間性のあらゆる（二〇）卑劣《ひれつ》さと（二一）醜悪《しゅうあく》とを、残忍《ざんにん》に意地悪くむざむざと暴露《ばくろ》させてる。だがしかし彼らの場合は、その（二二）対象されるもののなかに、普遍的《ふへんてき》なる一般の人（人間性の本相《ほんそう》）を描き出してるのである。彼らの作者は、けっしてその対象を憎んでいるので

（一一）奇人　普通人と異なる人。

（一二）描き出してる　「出している」は、口語文では「出してる」と書くべきだというのが萩原先生の主張だった。

（一三）諷刺文学　社会・人物の欠陥や罪悪などを遠まわしにあてこすり、批判的に書いた文学。

（一四）戯画　ざれてかいた絵。ここでは作品の中で人物を漫画化しているという意味。

（一五）貞婦の鑑　みさおの正しい婦人のてほん。

（一六）倨傲　おごりたかぶること。

（一七）ゾラ　フランスの小説家（一八四〇―一九〇二）。

（一八）モーパッサン　フランスの小説家（一八五〇―一八九三）。

（一九）凡俗化　すぐれたものを、つまらぬものにしてしまうこと。

（二〇）卑劣　性行がいやしく、劣ること。

（二一）醜悪　みにくさ。

（二二）対象される　これも欧文調の先生の好みの語法で「対象として扱われる」との意味。

はない。反対に彼らは、そのモデルのなかに自我の人間性を見ているのである。(二三)ドストイエフスキーの小説は、ときに(二四)醜劣無慚《しゅうれつむざん》の(二五)獣欲漢《じゅうよくかん》や、人間中での最下等の(二六)破廉恥漢《はれんちかん》やを最もひどく暴露的《ばくろてき》に描き出してる。しかもそのひとりひとりの人物が、いずれも作者の分身《ぶんしん》であると思われるほど、深い人間性の理解と同情をもって書かれてるのである。

　それゆえに文学の本質は、結局シンパシーということに存するのである。文学のモラリティには、初めから善悪の観念は存在しない。ただ対象（人間、社会、自然）に対する同感《シンパシー》があるばかりである。ある文学者は対象の悪ばかりを好んで暴露し、ある文学者は反対に善ばかりを描出する。しかしいずれの場合にせよ、作者はひとしく自己の魂《たましい》を書いてるのである。対象と作者は一つである。ゆえにまた文学の本質は、個性の狭い窓を通じて、(二七)万有《ばんゆう》にひろがるところの共感であり、同情であり、そして要するに「愛」なのである。

　芥川龍之介の小説やアフォリズムに対して、自分の漠然と感じた不満は、実にこの文学的モラリティの欠乏からくる不満であった。乃木大将に対しても、ガラシヤ夫人に対しても、作者は、何の共感を感じていないのである。単に対象の人物を、皮肉に意地悪く見ようとして、世間の定説に反対するという興味で書いてるにすぎないのである。「侏儒《しゅじゅ》の言葉《ことば》」にいたっては、それが最もひどく極端だった。それは作者の人生観や文明観やを、断章的な思想に書いたアフォリズムで、もとより小説とは別であった。しか

(二三)　ドストイエフスキー　ロシアの小説家（一八二一―一八八一）。
(二四)　醜劣無慚　みにくい恥知らず。
(二五)　獣欲漢　人間性を失って、まるで獣のように自己の欲望だけを追う人間。
(二六)　破廉恥漢　恥を恥と感じない人間。
(二七)　万有　宇宙間にあるすべてのもの。万物。

しその人生観や文明観やは、小説の人物に対する作者の見方と、まったく同じような見方であり、共感性のモラリティがまったく欠けているのである。文学上においては、抽象上の概念《がいねん》（二八）思想というものは存在しない。思想（二九）する文学者は、詩や小説を書く文学者と同じであり、主観の個性的な窓を通して、普遍の人間相や文明相やを見ているのである。ゆえにある対象をののしるものは、ののしるところに作者のイデア（三〇）と良心が発見される。しかるに「侏儒の言葉」には、その良心が少しもなく、単に、江戸《えど》っ子《こ》ふうの気のきいた皮肉《ひにく》によって、文明や社会にいやがらせを言ってるのである。それには多くの学識《がくしき》と機知《きち》があった。しかも文学の本質すべき魂《たましい》のモラルが喪失《そうしつ》（三一）しているのであった。自分がそれに対して、漠然たる道徳的反感（良心の怒り）を感じたのは、つまり自分のなかのストイック（三二）な芸術家が、許しがたい魂の冒瀆《ぼうとく》（三三）を、それのなかに見たからであった。

　そこで文芸上における道徳性とは、つまり言って万有への共感性、同情性ということになるのであろう。しかしその共感性は、結局自己の人間性に本質しており、自我の「真実の魂」を書くということになるのであるから、要するにまたリアリズム（三四）ということにも同じになる。芸術上では、美も、真実も、現実も、イデアも、モラルも、個性も、すべてみな本質上では同じ一つのことばにすぎない。ただ文芸に対して、倫理《りんり》（三五）上の見地から批判する場合にのみ、それがヒューマニズム（三六）の解説（三七）をとるのである。

（二八）概念　ものごとを抽象して一般的なものとしてとらえた考え方。
（二九）思想する　これもドイツ語風な語法で、「哲学する」「工作する」などの語法と同型である。
（三〇）イデア　idea　理念。
（三一）喪失　失うこと。
（三二）ストイック　stoic　欲望をおさえ、自己にきびしい処世態度。
（三三）冒瀆　けがすこと。
（三四）リアリズム　realism　写実主義とか現実主義と訳している。
（三五）倫理　道徳。
（三六）ヒューマニズム　humanism　人道主義と訳している。
（三七）文学の本質は要するに「愛」であるが、それの現われはいろいろに解説することができる。文学を倫理上の見地から批判する場合にはヒューマニズムによってとかれるのである。

〔解　説〕

萩原朔太郎先生は、わが国の新詩始まってこのかた最も意義深い詩人だといわれています。それは先生によって、初めてヨーロッパ風の近代詩が日本に生まれたからです。

先生は特に日本語を韻律の面から研究され、日本の古典についても多くの研究を残されました。

父は大阪府河内の出身でしたが、群馬県の前橋市にゆき、医を業とされました。先生は明治十九年（一八八六）前橋で生まれられました。なくなられたのは、昭和十七年（一九四二）です。

〔問題のしおり〕

一　萩原先生は、芥川龍之介の書いた「侏儒の言葉」を読んで、そこに普通の意味での道徳に反したことが少しも書いてないのに、自分の気持ちのなかで許しがたいものを感じ、「反道徳の文学」を感じたといっておられます。

それに反し、ゾラ（一八四〇—一九〇二）やモーパッサン（一八五〇—一八九三）や、さらにドストイエフスキー（一八二一—一八八一）のような小説家は、普通の意味で道徳に反し醜悪《しゅうあく》な人間を描いているのに、その作品を反道徳の文学として感じるかわりに、むしろ、人間性の面で同感したといっておられます。その原因を考え、文学者は人間に対する大きい愛情をもたねばならない、大きい愛をもととしない文学は下等《かとう》なものであるといわれています。

それが文芸において最もたいせつなモラリティであり、ヒューマニティであり、道徳性というものであると申しておられます。

芥川龍之介の文学には、文芸において、また人間の態度として、このいちばんたいせつなものが欠《か》けていると批判され、すすんで、一般に正しい文学のありかたを論じられたのです。

二　萩原先生が、文学者は非人情で残酷《ざんこく》さをもたねばならないといわれる意味は、文学者自身の態度として、自己に対し非人情でかつ残酷でなければならぬということにもなるのです。そのことは、このことばのつづきに、すぐれた作家は、対象を残酷に見つめて描くが、けっして相手を単に憎んでいるのではない。反対に彼らは、対象のなかに自分の姿を見ているのだといっておられます。これが、作者の「愛」ということを考えるうえで、たいせつな点です。

三　萩原先生は、文学において、最もたいせつなものは何かということを考え、それは共感であり、同情であり、要するに「愛」であるといわれました。こうした点から文芸における「道徳性」のたいせつさを説かれたのです。同じ意味で、「芸術上では、美も、真実も、現実も、イデアも、モラルも、個性も、すべてみな本質上では同じ一つのことばにすぎない。」と申されたわけです。

この同じ一つの「ことば」は「愛」といってもよいということにもなります。

四　萩原先生は、芥川龍之介のアフォリズムを読んで、思想上で反対ではない、相手はけっして自分の意志をおしつけようと強制してくるのではない、そうした点から何らかの反発が起こる原因はない、そのうえ理性上では、みなもっともだとして受けとられることしか書いてない、それだのに非常に不快なものを感じられたのです。

それは、その作者に「愛」や「同情」というたいせつなものが欠けているから、モラリティのうえで受け入れられないのだと評されたのです。この萩原先生の文芸上の考え方は、「日本語の美しさ」を説かれた佐藤春夫先生の協和という考え方とも共通したものがあります。佐藤先生が、日本のことばが成立する、いちばんたいせつな場所は協和にあるといわれたことは、共通の立場からの指摘《してき》であります。

十八　今　様（いまよう）

二《ふた》川《がわ》相《すけ》近《ちか》

まろめすてたる去年《こぞ》の雪
またふる雪にうもれけり
(一)日数《ひかず》を春の名にたてて
なほ冬ごもる　(二)梅が枝《え》

(三)神の祭りも事《こと》はつる
八幡《やはた》の里《さと》の秋のくれ
月かげほそき山の端《は》に
今こそ来鳴《きな》け初雁《はつかり》

(一)　日数を春の名にたてて　日数を重ねて、暦のうえでは春という名の季節になっているが。
(二)　梅が枝　今様は七五、七五、七五、七五という形であるが、結句の四音のものが多いのは、琴歌の関係かといわれている。
(三)　神の祭りも事はつる　秋祭りもすべて終わってしまった。昔の八幡の風情である。

大城《おおき》の山や（四）城《き》の山や
（五）なべて霞《かすみ》になりぬれば
（六）雪解《ゆきげ》にふかき思川《おもいがわ》
（七）昔《むかし》の春こそゆかしけれ
（八）狛《こま》のわたりの瓜《うり》つくり
（九）瓜を人にとらせじと
（一〇）守《も》る夜《よ》幾多《あまた》になりぬれば
瓜を枕《まくら》につひ寝《ね》たり

のどけき御代《みよ》の楽しみは
春日《はるひ》照る野の松が根に

（四）城の山　筑前（福岡県）と肥前（佐賀県）との境にある山で、歌枕（歌によくよまれる土地）。「大城の山」は城の山をほめたいい方。
（五）なべて霞になりぬれば　春がきてすべてが霞につつまれると。
（六）雪解にふかき思川　山の雪がとけて思川の水が増す。思いが深いという意味にかけている。「思川」も筑前の歌枕。
（七）昔の春こそゆかしけれ　今の春の景色の中に、昔の春をみて、すぎた昔をゆかしく思っている。
（八）狛のわたり　狛は地名。わたりはあたりということ。
（九）瓜を人にとらせじと　瓜を盗まれまいとして。
（一〇）守る夜幾多になりぬれば　夜番の夜がいく夜もつづいたので。

腰うちかけて眠《ねむ》(一一)りをる
わが身にだれかまさらん(一二)

花よりあくる三吉野《みよしの》(一三)の
春のあけぼの見せたらば(一四)
からくにびと(一五)も高麗《こま》(一六)びとも
やまとごころになりぬべし(一七)

梅を植《うえ》ては春を待ち
菊を植ては秋を待つ
花に心を寄せおきて(一八)
のどかに(一九)送れ歳月《としつき》

(一一) 眠りをる　自分のことを「眠りをる」といっているのがおもしろい。
(一二) まさらん　「まさるらん」と五音にいうところが、琴歌の調子で四音となっている。
(一三) 三吉野　奈良県吉野山。桜の名勝で南朝の史跡が多い。
(一四) 見せたらば　今日一般には「見渡せば」と歌っている。
(一五) からくにびと　中国人。
(一六) 高麗びと　朝鮮人。
(一七) やまとごころになりぬべし　日本人のもって生まれた、すがすがしい気持ちになるにちがいない。
(一八) 花に心を寄せおきて　世の中のわずらわしいことを思わず、花のことだけを考えて。
(一九) のどかに　のんびりと。

〔解　説〕

今日世間で「黒田ぶし」といっている、

酒は飲め飲め　飲むならば　日《ひ》の本一《もといち》のこの槍《やり》を
飲みとるほどに　飲むならば　これぞまことの
黒田武士

という歌詞は、歌謡のうえで分類すると「今様《いまよう》」といわれるものです。この結句の「黒田武士」というのは、黒田藩《はん》（今の福岡市に居城があった）の武士のことですが、これを耳から聞いているうちに「黒田節《ぶし》」と思う者があって、いつのほどにか「黒田節」という名で通るようになったのです。しかし、筑前《ちくぜん》で行なわれた今様歌なので、「筑前今様」というのが本来の名称です。

二川相近翁肖像

「今様」の始まりは「いろはにほへとちりぬるを」の「いろは歌」だという説もあって、だいたい平安時代の中ごろには、すでにあったようです。

筑前の「今様」の作者である二川相近は、明和《めいわ》四年、いまの福岡市の桝《ます》木屋《こや》町で生まれ、天保《てんぽう》七年、六十九歳でなくなりました（一七六七〜一八三六）。封建時代末期の歌人として有名な大隈言道《おおくまことみち》は相近の弟子です。その言道の弟子で、歌人として名高い野村望東尼《のむらぼうとうに》は相近の親類でした。

相近は少年のころから賢く気だてがしっかりしていました。その家は代々料理役として黒田藩に仕えていましたが、相近が学問に努め、漢詩をよく作り、また書道にとくにすぐれていましたので、二十七歳のとき「手跡宜《しゅせきよろしき》ニ付《つき》家業替被仰付《かえおおせつけらる》　書家一代家業被仰付《おおせつけらる》」（なかなかじょうずな書き手だから、いままでの家の仕事をかえ、書家として仕えるように申し渡された。書家は相近一代の家業というおおせつけである）ことになりました。

しかし、相近はたんなる書家でなく、人となりが非凡《ひぼん》でした。四十歳になってからは、門外に一歩も出なかったといいます。三十年間家の中にこもったきり、藩庁（藩の役所）からの用事の呼び出しさえ、何かといって断わりました。並みの書家や歌よみでない証拠の一つです。

京都に現在も残っている詩仙堂《しせんどう》は、庭も建物も名高いものですが、これをつくった石川丈山《いしかわじょうざん》も、世間との交渉を嫌《きら》って、ここへ移ってから死ぬまで三十年以上も京の町へ出なかったといいます。丈山は江戸時代以降の文人や風流者中の第一人者として尊敬されている人物です。

「花よりあくる三吉野の、春のあけぼの見せたらば、からくにびとも高麗《こま》びとも、やまとごころになりぬべし」という有名な今様は、頼山陽《らいさんよう》の作といわれていたのを、佐々木信綱《ささきのぶつな》先生が、いまから五十年以上まえの明治四十三年に、「鴫《しぎ》の羽根《はね》かき」という、相近が自作の今様を書きしるしておいた本を調べられて、相近の作ということを明らかにされたものです。

頼山陽は江戸時代の後期の人で「日本外史」を書いた歴史家ですが、漢詩に巧みで、書にもすぐれていました。

佐々木先生は、現在九十歳をこえてなお健在で、明治・大正・昭和の三代にわたって、学問上に数々の功績をのこされた国文学者であり、また明治の新しい和歌をひらかれた歌人です。

ここにのせた相近の「今様」は、歌人の幡掛正浩《はたかけまさひろ》先生の校訂された「鴫の羽根かき」から抜きだしたものです。

〔問題のしおり〕

一　詩歌の味わい方は、深くも浅くも、また、いく通りにもできるもので、定まった一つのものではありません。しかし、ことばの意味は、正しい国語の文法に従ってうけとらねばなりません。その正しいうけとり方を学ぶのが国語の学習です。

二　「まろめすてたる去年《こぞ》の雪」は、冬が過ぎて春がきたと思うような、ある暖かい一日、庭の木立ちのかげや屋根の北すみなどに残っていたふる年以来の雪を、たなごころでまろめて投げすてた、というのがことばのうえの意味です。急に暖かくなり、それがまた急に寒くなって冬にかえるようなことは、春先によく経験するところです。

相近さんの「まろめすてたる去年の雪、またふる雪にうもれけり」というのは、「去年の雪をまろめてすてる」という動作をうたうことによって、もう春がきた、春だ春だとうれしくなり、すっかり冬の寒さをぽいと投げやったような気持ちになったあとで、二、三日のうちに、また冬がきびしい寒さでかえってきたという気持ちを巧みに表現しています。

こうした表現法は、歌謡や詩歌でしばしば用いられています。日本の詩歌や歌謡のおもしろさを鑑賞するときの心得の一つです。

三　「今こそ来鳴け初雁《はつかり》」というのは、初雁に呼びかけて、「ここへ来て鳴け」といいつけているのです。相近さんは、なぜ初雁に、ここへ来なさいと呼びかけたのでしょうか。その気持ちをいろいろに考えてみましょう。答えはめいめいの人によって、いくつもでてくるでしょう。「秋のくれ」というのは、晩秋の日の夕方のことです。

相近さんの住んでいた北九州地方では、雁は海を渡って北から来るのです。山の端《は》に細い月がかかるということから、福岡県北部の人たちは、それが晩秋の何日の何時ごろかという見当をつけることができるでしょう。

四　「雪解にふかき思川」の「ふかき」ということばは、「思川」の「思い」にかけてあります。「わが思いも深い」という意味にきいてもらいたいのが作者の趣好で、日本の歌では、万葉集以来くりかえしてきた技法です、これは「雪解にまさる」というふうになっているのもあります。相近さんも、どちらにしようかときめかねたのです。

「雪解」というのは、「雪どけ」のことで、山奥の雪がとけると、川水のかさが増し、急にいそがしく流れ出します。春の水は早いという感じがして心のはずむころです。

〔研修課題〕

相近さんは、昔から東洋の文人たちの理想としてきた気持ちを多く歌っています。その一つが、「のどけき御代《みよ》の楽しみは」という作です。この歌と、「梅を植ては春を待ち」という歌を比べると、同じ気持ちを表わしつつ、気持ちの表わし方で、ほんのすこしちがうと思いませんか。それが感じられるなら、ちがいがあると思うところを考えてみましょう。

十九　単《たん》騎《き》遠《えん》征《せい》

福《ふく》島《しま》安《やす》正《まさ》

一　ベルリンからワルシャワへ

明治二十五年二月十一日、紀元節(一)の祝日にベルリンを出発する。これよりさき、ドイツ皇帝は余《よ》(二)を引見《いんけん》し、勲章《くんしょう》を賜わる。ベルリン在留《ざいりゅう》の日本人は、一堂に集まって宴会《えんかい》をひらき、余の壮挙を盛んにせられた。

出発の日、騎乗《きじょう》して余をベルリン城外に見送った友人たちは、ハンケチを振り帽子をあげて別れを惜《お》しんだが、「大丈夫(三)涙なきにあらず、離別《りべつ》の間にそそがず」とはいうものの、さすがに別離の涙を禁ずることはできなかった。

余のこのたびの遠征は、前途に酷寒《こっかん》(四)、酷熱《こくねつ》の荒原《こうげん》(五)、砂漠《さばく》をひかえ、無人の荒野《こうや》、幽谷《ゆうこく》(六)を過ぎるものである。そのうえ護身《ごしん》(七)の持ち物としては、ひとふりの軍刀と、友人《ゆうじん》から贈《おく》

(一)　紀元節　もとわが国祭日の一つ。神武天皇即位の日を賀した建国の祝日で、二月十一日。
(二)　余　われ。自分。男子の一人称。
(三)　大丈夫　ますらお。大伴旅人（おおとものたびと）の人に別れるときの歌に「ますらをと思へるわれや水くきの水城（みずき）の上に涙ぬぐはむ」とある。
(四)　酷寒　ひじょうにきびしい寒さ。
(五)　荒原　あれはてた野原。あれの。
(六)　幽谷　奥深い谷。
(七)　護身　身のまもり。

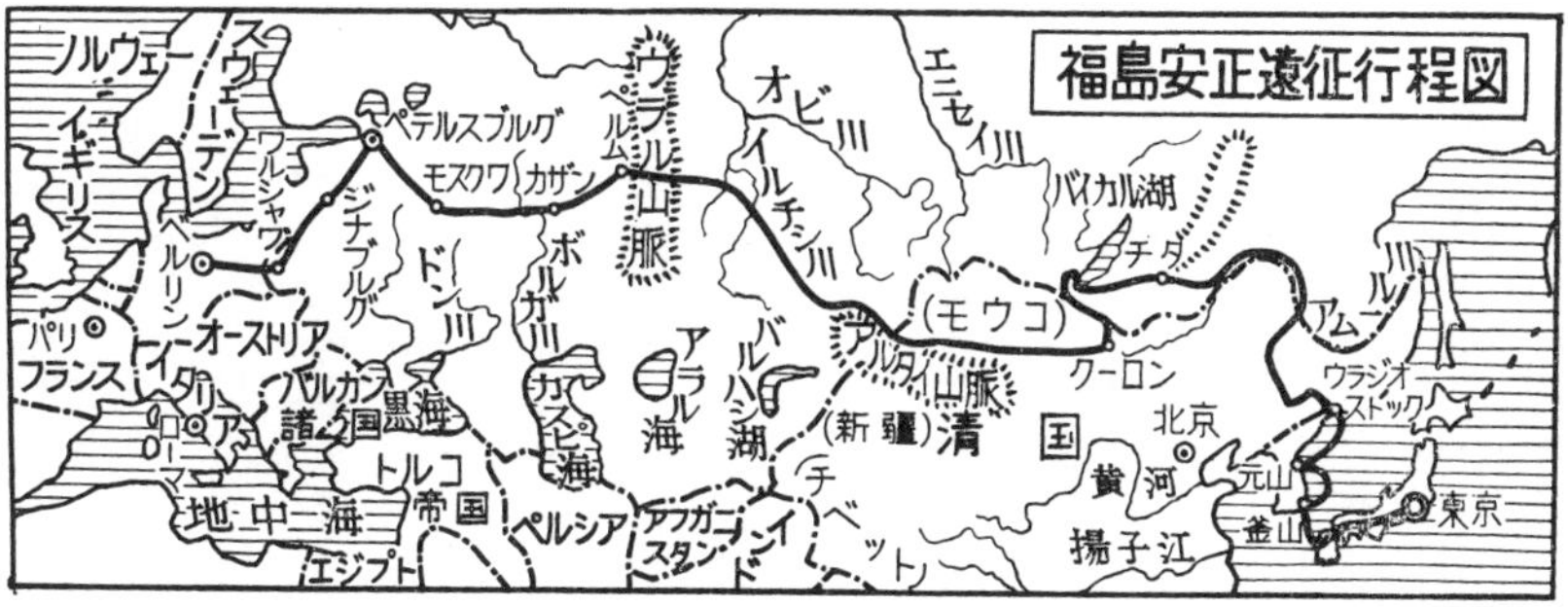

られた拳銃《けんじゅう》のみ。孤鞭《こべん》(八)遠征の旅にのぼるからには、もとより生還《せいかん》(九)を期することはできない。成敗生死《せいばいせいし》(一〇)はともに天にあり、武運《ぶうん》(一一)つたなければ、しかばねを外地の野にさらすばかりだと心に期しつつ(一二)も、親しんだ土地と人々とに別れを告げるときは断腸《だんちょう》(一三)の思いであった。

友のひとりは、郊外《こうがい》(一四)の小村まで余《よ》を送ってくれ酒をすすめ花を贈って別れを惜しみ、またある友は宿泊地の村落に待っていて、ともに出発の第一夜を語る。

翌十二日午前九時三十分、友と手を握って再会を約し、ともに健康を祝して東方に向かう。ときに細雨《さいう》はさむざむと落ち、北風はきびしく吹き渡る。静かに馬を駆《か》って行くこと三百メートル。異域千里の地へ単身遠征すると思えば(一五)そぞろにうしろ髪のひかれるここちがされて、はるかにふり返れば、友はなお道に立って帽子を振る。すなわち馬にひとむち当てて松林に駆け入れば、別離愁傷《しゅうしょう》(一六)の思いきわまって馬上に泣く。

(八) 孤鞭　ただひとり馬にむちうって。
(九) 生還　生きて帰ること。
(一〇) 成敗生死はともに天にあり　成功するか失敗するか、生きるか死ぬかは神のみ知ることである。
(一一) 武運　昔は武士の使ったことば。福島将軍は軍人であるから自分の運勢を武運といわれた。
(一二) 期しつつ　堅く思いながら。
(一三) 断腸の思い　腸(はらわた)をたつような悲しみ。
(一四) 郊外　町はずれ。
(一五) そぞろにうしろ髪のひかれるここち　むやみに思いがあとに残るような気持ち。
(一六) 別離愁傷の思いきわまって　別れの悲しみがいっぱいにあふれて。

余《よ》の単騎遠征の挙《きょ》は、早くから全ヨーロッパに喧伝《けんでん》（一七）せられ、ドイツの全新聞紙がこれを報じたため、各地の村々に至るまで今回のことを知っていて、余が騎馬で通過する各町村では、人々は窓を開き、門口に集まって余を送迎し、口々に「グリュクリッヘ・ライゼ（道中御無事《どうちゅうごぶじ》で）。」と叫んだ。単身異国に旅する身には、ただこれだけのことばが暖かい慰めであった。

かくてロシアとの国境に至る。ロシア政府より交付せられた旅券（一八）を示し、国境の柵門《さくもん》（一九）および税関《ぜいかん》を過ぎる。騎乗の一兵が余を送る。ときに、うしろより蹄《ひづめ》の音がした。ふりかえると十一、二歳の少年が鞭《むち》をあげて駆けてきて、玩具《がんぐ》の軍刀を抜いて敬礼した。

その少年と兵士に別れて、国境に近いコニン駅に近づくと、この地に駐屯《ちゅうとん》（二〇）する軽騎兵第十三連隊の将校は、軍楽隊を率いて余を市外に迎えた。導かれて連隊に至り、夕食のもてなしを受け、かねて準備の旅館に休む。ときにロシア暦（二一）の二月九日。

翌日の出発にあたっては、騎兵一中隊が余を送った。余はまっ先に進み、中隊は余に続き、そのあとから軍楽隊が奏楽する。一隊の兵士はみな行軍《こうぐん》の歌を歌い、痛快きわまりない。ところが乗馬の「凱旋《がいせん》（二二）」はその声に驚いて狂い、そのひょうしに馬の首が余のくちびるにつき当たって前歯を一本折った。中隊長がかけよってさっそく持参の薬をくれたが、歯は歯齦《しぎん》（二三）を離れず食事のたびにじゃまになった。しかし、途中医者もないので、

（一七）喧伝　世間に言いはやし伝えること。

（一八）旅券　外国へ旅行する者の身分、国籍を証明し、その保護を依頼する文書。

（一九）柵門　城柵の入口の門。

（二〇）駐屯　軍隊がある土地に集まり、とどまっていること。

（二一）ロシア暦　革命前ロシアで使っていたこよみで、今のこよみとは十三日のずれがある。

（二二）凱旋　凱旋の語意は戦いに勝って帰ること。

（二三）歯齦　はぐき。

そのまま行途《こうと》(二四)を続け、四日ののちポーランドの故都ワルシャワに着いた。

(二五)「国滅びて山河あり、城《しろ》春にして草木深し」とは、亡国の跡《あと》をとむらった詩句であるが、余はいまポーランドに来たり、故都ワルシャワ市外の日暮れに立つ。国滅びたるに山河むなしく存《そん》し、麦もようやく伸び立ち、煙のひややかに風の寒きを感じた。かつて、ここにすぎし変乱の日を思って感慨《かんがい》しきりであった。

ああ、二百年前のポーランドは、じつに中央ヨーロッパの一大王国であった。その境域は、北はバルト海より南は黒海《こくかい》につらなり、その面積はフランス、スペインに匹敵《ひってき》していた。プロシア(二六)王国はなお成立せず、ロシアはまた取るに足らぬ一小国にすぎなかった。しかも、それより百年にして、北方のロシア、西方のプロシアはしだいに勢力をまし、これにオーストリアの三国は、ポーランドの政情が不安なのに乗じて、これを分割し、領有したのである。ときに西暦一七九五年、ポーランドの国家はここにまったく滅亡したのである。

これよりロシアの圧政は年とともに激しく、ロシア皇帝はポーランド国王を兼ねて、ポーランドはロシアに従属する属国となった。祖国の回復を願う愛国(二七)の志士たちは、しばしば立ってロシアの支配に抗したが、ことごとく失敗して、数万の良将(二八)勇卒はシベリアに流され、雄魂《ゆうこん》(二九)を雪山氷河《せつざんひょうが》の中にうずめた。反乱に加わらなかった同胞《どうほう》も自由を奪わ

(二四) 行途　行きの道。帰りの道は「帰途」。
(二五) 「国滅びて山河あり、城春にして草木深し」　唐の詩人杜甫（とほ）の「春望」という詩の一節。
(二六) プロシア王国　現在のドイツ地方一帯に栄えた国名で、当時ドイツ連邦最大の共和国であった。首府はベルリン。十五世紀に起こり、一八七一年ドイツ帝国の盟主となった。
(二七) 愛国の志士　国を愛し、国家の独立と祖国の伝統の光栄のために、自分の一身にかまわずつくす人。
(二八) 良将勇卒　すぐれた将軍と、勇ましい兵卒。
(二九) 雄魂　雄々しくたくましいますらおの魂（たましい）。

れ、その母国(三〇)の言語を使用することさえ禁止せられた。ああ、なるまじきは亡国の民。余は天を仰いで慨嘆《がいたん》(三一)した。

二　ワルシャワからモスクワへ

二月二十八日、ワルシャワを出発。すでにロシア領を行くこと八百五十キロ。夜を数えること十一夜にして、ジナブルグに達した。国境よりジナブルグに至るまでの間は、いかなる村落にも、いかなる市街にも、至るところに兵士あり、じつに山川草木《さんせんそうもく》兵士に満つ、といっても誇張《こちょう》(一)ではない。歩、騎、砲兵、みな兵営をつらねて駐屯《ちゅうとん》している。余は騎馬であったために、もっぱら騎兵の歓待《かんたい》を受けた。思うにロシアはドイツおよびオーストリアとの国境において、その陸軍の十分の八、九を備えている。その国境兵備の密(二)なることは、かくのごとくであった。

しかしジナブルグより北、首都ペテルスブルグ(三)に至る五百数十キロの間は、プスコフに一隊の駐兵あるばかり、そのほかいたるところうっそう(四)たる大森林であって、兵卒の影を見ることがない。よってジナブルグから北は、送迎する者もなく、余は愛馬の「凱旋《がいせん》」とともに、影(五)となり形となって雪のなかを進んだ。

(三〇)　キュリー夫人の少女時代、ポーランドはロシアに支配されていて、母国のことばを禁止されていた。少女たちがこっそりとポーランド語の歴史の本を読みあったことが「キュリー夫人伝」にしるされている。

(三一)　慨嘆　うれいなげくこと。なげきいきどおること。

二

(一)　誇張　おおげさにいうこと。

(二)　密なる　すきまなくつまっていること。

(三)　ペテルスブルグ　レニングラードの一九一四年以前の名称。

(四)　うっそう　草木が青々と盛んに茂ること。

(五)　影となり形となって　人気（ひとけ）のないさま。形影相弔（けいえいあいとむらう）という孤独をあらわすことばからきている。

これより北上するにしたがってますます寒く、四面みな雪である。満目ただ白く、野も川も山もうずめつくされて一点の青色も見ない。されば往来の大道も雪のためにもとめることもできず、ただ自然に人馬に踏み分けられた一条の小道をたどるばかり。もしそりなどに出会えば、道の狭さのために馬をかわすこともできぬありさまである。すこぶる危険なのは、馬の尿《にょう》によって積雪が解け、大きな穴のできたのを、馬が気づかずに足を踏み込み、急につまずいて倒れることである。

首都に着いたのは三月二十四日。ベルリンを隔《へだ》たること千七百キロ、これまでに四十五日を費やした。この市の南にモスクワ門があり、その門外に騎兵学校の将校数十名が出迎え、余を導いて学校に至った。その夜盛んな宴会が催され、校内の将校集会所を余の宿所にあて、従兵一名をつけて、その待遇は懇切(六)をきわめた。

この学校は騎兵の最高学府であり、付属には蹄鉄《ていてつ》(七)学校があって、全国の蹄鉄工を入学させている。余は首都滞在の十五日間を利用し、毎日この学校に行って、蹄鉄の打ち方を学んだ。かつ出発にのぞんでは、蹄鉄機械を購入したゆえ、そののちはいかに辺地(八)を過ぎるにも、なんらの不自由を感ぜずにすんだのである。

四月九日、首都を出発。モスクワ門外で、騎兵学校の将校に別れを告げ、モスクワに至る道をとったが、路傍に並《な》み木もなく、行く人の影もまれで、積雪は深い。四辺一帯

(六) 懇切をきわめた　たいへんねんごろで、親切であった。

(七) 蹄鉄　馬のひづめにうちつける鉄。

(八) 辺地　へんぴな土地。

は見渡すかぎりの荒野である。ペテルスブルグよりノブゴロドに至る百九十二キロの間、街道は一直線に走って、途中ただ一か所の曲折があるばかり。この距離は東京から信州[九]上田までぐらいで、その間ただいちめんの荒原《こうげん》であるといえば、いかに荒涼《こうりょう》[一〇]たる地域であるか、想像するにあまりあるであろう。

行くこと四日にしてノブゴロドに至り、その地の旅館に一泊する。露都[一一]を出て四日目、はじめて暖炉《だんろ》のある暖かい室に入り、スープと焼肉で空腹をみたし、やすらかに眠ることができた。翌十三日、さらに南に向かう。

十四日、零下二度の風雪のなかを、人も馬も苦しみつつ進み行く。おりから一台のそりの来たるに会う。年若き男女ふたりが乗って、余を見て帽子を振りつつ健康を祝し、かつ[一二]いうには、「貴下《きか》[一三]がきょう、ここを過ぎられる由を聞いて、久しく待っていたが、あいにくの風雪に、ご道中さぞ困難であろうと途中まで出迎えた」と。

余は深くその好意を謝し、ともに進んでクレスツオフという地に着く。この男女は宿屋の主人夫婦で、清潔な二室を余にあてがい、その待遇は親切をきわめた。翌日の出発にあたって、宿賃を払おうとすると、辞退して受けぬ。よって使用人への茶代としてわずかの金を置き、主人夫婦へは感謝のしるしに写真一枚を残して記念とした。人情浮薄《ふはく》[一四]の世にして、異国人のしかも一面識[一五]もない余のために心情を尽くす。まれに見る人とい

(九)　信州上田　長野県上田市。
(一〇)　荒涼たる　荒れはてて、ものさびしい。
(一一)　露都　ペテルスブルグ。
(一二)　かつ　その上。なおまた。
(一三)　貴下が　あなたが。
(一四)　人情浮薄の世　人情のうすい世の中。
(一五)　一面識もない　まったく会ったこともない。

うべきであろう。

この日、宿舎に至るや、付近の老幼が群集してきて、余の馬をさして、「これが新聞の伝えるアルハンブラーという馬だ」といっている。「アルハンブラー」とはスペインの一都市の名であって、(一六)空中楼閣《ろうかく》の意味がある。思うに余がベルリンを発するや、世評はごうごうとまき起こり、あるいは中止するといい、あるいは成功すると主張し、ついに大金を賭《か》ける者を見るに至った。しかも彼らは、なお満足しないでさまざまの(一七)浮説《ふせつ》を新聞紙上に掲げて流布《るふ》する者もあった。「アルハンブラー」の名もその一つであった。

これよりワルダイ・タルジョックを経て四月二十一日ミエドノエに着いた。このあたりは、うっそうたる大森林が続き、林の中は雪解けのどろぬまの道となり、馬蹄《ばてい》を没して騎行は困難をきわめた。日もようやく暖かく、雪解けの水は道にあふれ、きのうの氷《ひょう》田《でん》もきょうは一大湖川《こせん》となる。馬は水を恐れて渡らず、やむなく下馬して、馬を引きつつ渡る。深さ一尺余に達するところもあった。

進むほどに雪はますます解けて、ついに残雪さえ見えぬ。ロシア領にはいって以来、氷雪の上ばかりを歩いた馬は、この日初めて大地を踏むことができたのである。

ミエドノエ村はボルガ川の一支流にのぞんだ村である。川幅七十メートルあまり。日はまだ高いので(一八)対岸へ渡ろうとしたが、上流から一メートル余の氷塊《ひょうかい》が絶えず流れてき

(一六)　空中楼閣　空中に高い建物を築くような根拠のないものごと。架空なものごと。

(一七)　浮説　根拠のないうわさ、評判。

(一八)　対岸　むこう岸。

て、船が出せない。やむなく村内の民家に泊まった。夜半、門外にわかに騒がしくなった。聞けば、氷塊《ひょうかい》のために水流がさえぎられ、河水があふれ出して民家の浸水が激しくなった。よって家財道具を運び出しているのだという。

夜明けに至って氷塊も流れ去り、人々も安心したが、流氷はなお絶え間ない。午後には少しく減じたが、船頭《せんどう》は首をふって船を出そうとはせぬ。対岸を指《さ》して「ウォッカ(一九)、たくさん。」とへたな単語をならべると、船頭はたちまち余の意をさとり、目前の危険も忘れて準備を始めた。

さて、用意ができて、「凱旋」を乗せようとすると、滔々《とうとう》(二〇)たる水勢の濁流が氷塊とあい打って激する、すさまじい光景におそれをなして、引けども引けども船にあがらぬ。そこで、渡舟になれた村の農馬を借りてきて先に乗せ、ようやく「凱旋」を船にあがらせる。

船は、水勢が急なために上流にこぎ上り、氷塊の間を縫ってゆく。途中、あわや氷塊に衝突《しょうとつ》しようとして、肝《きも》を冷やしたこと再三であった。かろうじて岸に達することができ、船頭に酒手《さかて》(二一)を与えて、ふたたび馬上の人となる。このあたりでは、まったく雪が解けつくし、低い所はいちめんの湖水となって、なんともいえぬ風光(二二)である。時もすでに四月の末、寒国もいくらか春めいて天気も好いので、胸中ははなはだ愉快になって、馬上

(一九)　ウオッカ　ロシア特産の蒸溜酒の一種。

(二〇)　滔々たる　水がさかんに流れるさま。

(二一)　酒手　ある仕事に対する一定の報酬のほかに与える金銭のこと。チップ。

(二二)　風光　けしき。ながめ。

にひとり詩を吟《ぎん》じながら進んだ。

　春風雪解けて水盈温《えいおん》(二三)
　ボルガ渡頭(二四)もっとも険難
　舟子《しゅうし》(二五)奮いたつ一杯《いっぱい》の醇《じゅん》(二六)
　危《あやぶき》を冒《おか》し氷をついて彼岸《ひがん》に到る

行くことしばし、大きなれんがづくりの建物がそびえるのが見えた。軽騎兵第一連隊の営舎であった。営舎はボルガ川の左岸にのぞみ、川を隔《へだ》ててツウエル市（今のカリーニン市）と対している。将校はみなツウエルに住むということであった。

翌日、連隊長はツウエルよりきたり、余をともなって官舎にはいる。名をリーゼンカンプといい、先帝の侍従武官(二七)であった。夫人はポーランドの名士パクレフスキー氏の娘である。パ氏は、かつてポーランドの義勇軍(二八)に加わってロシアにそむき、その勇名は一世を驚かせたが、むなしく敗れてシベリアに流罪(二九)になること二十余年、刑期満ちて許されるや、商業に従事して苦心と困難をかさね、ついに酒造をもって家運を復興、いまや支店はシベリア各地にわたり、富は巨万をかさねてシベリア屈指《くっし》の豪商《ごうしょう》となった。パ氏はすでに死し、三子がその遺業《いぎょう》(三〇)を継いでいる。

連隊長夫人も、父の苦しみを目撃したゆえに、すこぶる人情に通じ、同情に厚い。す

(二三)　盈温　盈（えい）は水のみちあふれること。温（おん）は水がぬくもってきたこと。
(二四)　渡頭　渡し場。
(二五)　舟子　船頭（せんどう）。
(二六)　醇　まじりけがなくて味の濃い酒。
(二七)　侍従武官　帝王のおつきの武官。
(二八)　義勇軍　正義のために戦う兵士を、一般民間からつのって編成された軍隊。
(二九)　流罪　罪人を遠く離れた土地に送り、よそに移ることを禁じる刑ばつ。
(三〇)　遺業　故人（亡くなった人）の残した事業。

なわち余の前途の不便を察し、シベリア各地におけるパ氏の各支店長にあてた、懇篤《こんとく》(三一)な添書《てんしょ》(三二)を余に与えた。翌日、出発にあたっては、連隊長夫妻および青年将校一同、余を送って遠く市外に至った。

モスクワに近づくにしたがい、身にぼろをまとった窮民《きゅうみん》(三三)が、路頭(三四)にさまよって食をこうている。この地方は、ききんがもっともはげしく、しかも交通不便であるため、食料の供給ができず、窮民は四方に流離《りゅうり》(三五)しているとのことである。ああ、なんという悲惨《ひさん》さであろう。

四月二十四日午後六時、モスクワに着いた。首都からここまで七百二十キロ。十四日で達する予定だったが、雪解けのぬかるみのため、予定に遅れること二日に及んだ。この地に馬をとどめること十二日。

三　ウラルを越える

五月七日、モスクワ軽騎兵営内の宿舎を出発。余のモスクワにとどまる十二日の間に、気候にわかに変じ、温暖はたちまち加わって、四方の新緑はすでに深く、路傍《ろぼう》の野草もまた咲きそめて紅花点々として春風うららかである。

(三一)　懇篤な　親切ていねいなこと。
(三二)　添書　紹介状。
(三三)　窮民　貧乏な民。
(三四)　路頭にさまよって　道のほとりをさまよい歩いて。
(三五)　流離　郷里を離れてさすらい歩くこと。

兵営から市の東端に至るまで約十キロ。道は丸石を敷いてあるため、市外に出るころ、馬はすでに疲れて、進むことが困難である。それでもびっこをひきながら、無理に歩かせること二日、パクレフ市に至った。

ああ、ベルリンを発してよりきょうまで日を重ねること八十八日、その間風雪の中に堅氷《けんぴょう》を渡り、積雪を踏んで、あらゆる辛苦《しんく》をなめつくした。いまや、ようやく春となって、道平らかに新緑の色も美しく、気さわやかなる風光に対して、愛馬「凱旋」ついに病《や》む。

パクレフで獣医の診断を受けたが、「単なる疲労である。なにほどのこともなかろう。」といって、そのまま進発を勧《すす》めた。しかしだいじ（一）をとって翌日は馬を休ませた。しかも「凱旋」の病状はいぜんとして、歩くことが困難である。獣医は出発を勧める。余もまた前途の遠きを思えば、むなしく一日を費やすことはできない。すなわち決然（二）として、病馬にまたがって出発した。

やはり無理であった。二十キロばかりの間に休むこと二回、そしてついに馬は立つ力を失って、地上に伏してしまった。その背をなで、その首をさすり、励ましつつ徒歩すること十キロあまり、ボロジノにて診察をこえば、急性（三）リュウマチなりという。ここにおいて「凱旋」の再起（四）の不可能であることを知った。

十一日の夜、汽車にてモスクワに引き返し、新馬「ウラル」を求める。十六日、「ウラ

三

（一）だいじをとって　自重して。

（二）決然として　はっきりと思い切って。心をきめて。

（三）急性リュウマチ　関節・筋肉の痛み、硬直などを起こす病気。

（四）再起の不可能　ふたたび立ち上がることができない。

ル」とともにボロジノに至り、翌日は新馬の試乗(五)を行なった。病馬ともいよいよ永遠の別れかと思えば、なごり惜しさにたえない。庭にでて、首すじをなでさすって慰《なぐさ》めながら、青草を取って食わせ、また扇子《せんす》(六)をもって背にむらがる蚊《か》を追いなどして、一日中馬のそばを離れることができなかった。

「(七)たれか畜生《ちくしょう》といひ《い》獣類は無心なりといふ《う》。あは《わ》れむべし「凱旋」は病《や》み疲れて不幸をなぐさむるもののなきとき、長く仕へ《え》(八)親しみむつみし余のなぐさむるを見てはうれしさにたへ《え》ず、首うなだれ、余のいたるごとに双の耳(九)を動かし悲しげにいななきて口ふるは《わ》しなにごとか訴へ《え》んとするもののごとし。これを見て余ますます胸迫りて涙おのづ《ず》から双《そう》(一〇)眸《ぼう》にあふる。じつに八十日の旅、単騎風雪のうちに異郷の荒野をさすらひ《い》森林を徨《こう》(一一)す。このときにあたりてや、またひとりの知人なく、いくた辛苦《しんく》困難をともにするものは、ただ馬あるのみ。されば余が唯一《ゆいいつ》の伴侶《はんりょ》(一二)にしてまた唯一の頼みなりしなり。願は《わ》くば壮健にして、余とともにこの遠征の功を《お》さめしめんと思ひ《い》しに、その効《こう》なく、いまや病んでまた立つあたは《わ》ず。しかして永別(一三)はあすに迫る。もしこれが人ならば彼の心情やいかん。来《こ》(一四)しかたの辛苦を思ひ《い》、しかして永別また逢《あ》ふ《う》の期なき愛馬の行末《ゆくすえ》を思う《つ》ては万(一五)感胸にあふれて離別の悲しみはいよいよ切なり。」(原文)

五月十八日。いよいよ出発である。庭におりて「凱旋」に別れを告げ、記念としてた

(五) 試乗　こころみに乗ること。

(六) 扇子　おうぎ。

(七) たれか畜生といひ獣類は無心なりといふ　だれか、畜生とさげすんだり、けものには心がないといえるだろうか。「たれか畜生といひ」から「離別の悲しみはいよいよ切なり」までは原文のままである。

(八) 親しみむつみし　親しみむつまじくした。

(九) 双の耳　両方の耳。

(一〇) 双眸　両方のひとみ。両眼。

(一一) 徨す　さまようこと。

(一二) 伴侶　つれ。友。

(一三) 永別　永久の別れ。

(一四) 来しかた〜行末　過去〜未来。

(一五) 万感胸にあふれて　さまざまの思いで胸がいっぱいになって。

てがみの毛を切りとり、懐中《かいちゅう》に納めて去ろうとした。しかし永別と思えば心がためらわれる。いくたびか立ちもどった。馬もまた両の前足を集めていないないて、立とうとするが、かなわない。その情たるや、袖《そで》にすがり裾《すそ》にまつわってなごりを惜しむにも似て、余はもちろんのこと、見る人々を断腸《だんちょう》の思いに誘った。この時の悲しみは深く骨身にしみて、いまだに忘れることができない。思い出すたびに、涙が出るのをどうすることもできないのである。

「ウラル」にまたがり、ウラジミル市を経て七日ののち、ニジニノブゴロド市（いまのゴーリキー市）に達した。ボルガ川に面し、モスクワ以東第一の都会である。馬を休めるため、この地にとどまること三日、二十九日に出発する。

この日は雨がはなはだしく、全身ずぶぬれになって、ようやく体温で衣服をかわかしながら日暮れに駅舎に投じた。いなかのこととて、食物は黒パンと鶏卵《けいらん》だけである。この夜、村のおもだった人々が集まってきて、余の健康を祝してくれた。

翌三十日、その村を出発し、カザンに向かう。この数日間の天候は、暴風曇天《ぼうふうどんてん》三日、雨一日、雷雨三日、暑気がはなはだしくすでに気候は夏である。

カザンへの道は、ボルガ川に沿い、左岸は見渡すかぎり平野と森林で、右岸には丘陵《きゅうりょう》（一六）がつらなり、風光はなはだ美しい。川の岸べを行くときは、時々、上流に向かう囚人船《しゅうじんせん》（一七）

（一六）丘陵　こやま。丘。
（一七）囚人船　とらわれびとを運ぶ舟。

を見る。道は平らかなウラル街道、すなわちシベリアに行く者の必ず通る道であって、幅は五十二メートル、その規模は広大で全ヨーロッパに比べるものもない。しかし旅人の多くはボルガ川を汽船によって上下し、川の氷結したときでもなければ、この大道を行く者もない。

カザンの付近は、三年も続いた凶作《きょうさく》(一八)のため、人々は大ききん(一九)に襲われて、平年なら一ポンド(二〇)が六十二カペイカ(二一)の黒パンも、いまは一ルーブル三〇カペイカ以上である。各地に救済所が設けられ、救援に力がつくされてはいるが、路上には餓死者《がししゃ》が横たわり、窮民《きゅうみん》は群をなして道ばたに食をこうている。余も、じゅうぶんな食料を得ることができず、わずかに黒パンと鶏卵を得て、飢《う》えをしのぐありさまで、肉類のごときは見ることもできない。馬に食わすえんばく(二二)も手にはいらず、やむなくパン粉を与えた。はじめは嫌《いや》がって食べなかったが、のちには飢えのため食物を選んでもいられず、よろこんで食べるようになった。

カザン市はボルガ川の左岸にのぞみ、交通の一大要衝《ようしょう》(二三)である。市中にはいると、警部《けいぶ》(二四)に導かれて旅館についた。ドイツ人の経営にかかり、設備は完全にして、モスクワ以来の快適な宿であった。四日間滞在した。

この地で目にふれるものは、ヨーロッパともアジアともいいきることができない。両

(一八) 凶作　不作のこと。
(一九) ききん　農作物がみのらないで、食物の欠乏すること。
(二〇) 一ポンド　重さの単位。約四五三・六グラム。
(二一) カペイカ　ロシアの貨幣の単位。一カペイカは一ルーブルの百分の一。
(二二) えんばく　カラスムギ。家畜の飼料とする。また、オートミールとして食用にする。
(二三) 交通の一大要衝　交通上、とくに重要な場所。
(二四) 警部　警視の下位の警察官。
(二五) タタール人　蒙古(もうこ)民族の中の一種。クリミア・コーカサス・ボルガ・ウラル一帯からシベリアにかけて分布する蒙古系・トルコ系民族の総称。

大陸の境界をなしているようである。第一に気づいたことは、タタール人[二五]（韃靼《だったん》人）の多いことである。彼らはそのむかし、ジンギスカン[二六]に従ってロシアに侵入し、ついでボルガ河畔《かはん》に一国を建てた。以来春風秋雨[二七]七百年、モウコの勢威《せいい》も衰《おとろ》えて、山河は主をかえることいくたびか。しかもタタール人は、いまなおこの付近一帯に住んではいるが、すでに往時《おうじ》[二八]の意気の見るかげもない。かれらの宗教は回教[二九]（イスラム教）で、市上に半月形の塔を安置[三〇]した寺院を建てている。

　カザンにいたるまでの間に暑気はいよいよ激しくなって、日中は摂氏《せっし》三十八度にのぼる。炎天烈日[三一]の下を行けば、馬の気息《きそく》[三二]はたちまち迫り、行くこと数里にして疲労はなはだしい。余は黒ラシャの冬服に夏外とうを重ねていたから、炎熱の下ではたえ難い。呼吸は苦しく、吐きけさえもよおし、日射病が心配となる。よってカザン以東は、昼に宿って夜のみ行くことに決した。

　カザンを発したのは六月十三日午後八時。これより夜行して、二十八日にペルムに着いた。ペルムはウラル山下の小都会である。駐屯《ちゅうとん》部隊は国歌「君が代」を奏し、市民は脱帽して敬意を表した。入浴して快適な夜を過ごす。とどまること三日、いよいよウラル越えにかかった。

　このごろの北方は、いわゆる白夜《はくや》[三三]の時期で、昼はほとんど十八時間、午前三時には日

(二六)　ジンギスカン　蒙古国の創始者。元の大祖（一一六七?～一二二七）。

(二七)　春風秋雨　歳月の過ぎること。

(二八)　往時　昔。

(二九)　回教（イスラム教）　六一〇年～六三〇年ごろ、マホメットが始め、アラビヤ民族によって広められた。現在信徒の数約三億二千万人といわれる。近代ヨーロッパ文化の誕生にも力があった。

(三〇)　安置　安らかにすえること。

(三一)　炎天烈日　夏の焼けつくような暑い空とはげしく照りつける太陽。

(三二)　気息はたちまち迫り　すぐ呼吸がせわしく、苦しくなって。

(三三)　白夜　ロシア（今のソ連）などで、緯度が高いために、夏至およびその前後では、午後十一時ごろ日没となり、午前二時ごろには夜明けとなる。また、夜の間も、太陽の反射光のために暗くならない。

がのぼり、没するのは午後九時である。日が沈んでも天なお白く、一時過ぎには早くも明らむ。暗夜とてはわずかに十二時から一時までの一時間ばかりである。そこで夜は虫もいないかと思ったのに、林の中には蚊《か》、はち、あぶ、はえなど、しきりに人馬を襲撃し、わずらわしさにたえられない。ただ夜中の一時間ばかりは草木も眠る(三四)丑《うし》みつ時《どき》、さすがの虫どもも夢をむすぶのか、その影もなく、人馬ともに意を安んじて(三五)進むことができた。

ペルムを出ると、ただちにウラル山脈である。眼界(三六)いちめんに高い丘が重畳《ちょうじょう》(三七)と起伏して、森林はうっそうと茂り、村落は点々とつらなって、牧童《ぼくどう》(三八)の角笛《つのぶえ》の音が、松林の間から聞こえてくる。道には並《な》み木のあとがあって、むかしのおもかげを残しているが行く人はほとんどない。地勢はゆるやかでわが身がウラルの大山嶺《だいさんれい》のなかにあることもわからぬ。この日天は曇り風は涼しく、騎行はすこぶる愉快であった。

山中にはいってから数日、道は一歩一歩と険《けわ》しさを加え、山はいよいよ高きを知った。層々と重なる山中の起伏は、上がると思えば下がり、かつ林が視界をさえぎって展望がきかず、どこが山頂かわからない。山頂にはアジアとヨーロッパとの両大陸の境を示す標柱(三九)があるはずだから、それを見落とすまいと、石柱を求めて進んでゆく――。

七月九日午前十一時、路傍《ろぼう》の樹木うっそうたるあたりに、一基の石柱を見いだした。

(三四)　草木も眠る丑みつ時　丑三つ。漏刻（みず時計）の時刻。真夜中の三時ごろ。
(三五)　意を安んじて　安心して。
(三六)　眼界　目に見える限り。
(三七)　重畳と起伏して　幾重にも、高くなり低くなりして。
(三八)　牧童　牛などを飼う子ども。
(三九)　標柱　しるしの柱。

馬をとどめて[四〇]碑文《ひぶん》を読めば、まさしく両大陸の境界標である。石の高さは二段の基石を加えて約四メートル、まわりに鉄柵《てつさく》をめぐらし、碑文には、西はヨーロッパ、東はアジアとある。その下に、一八五五年と記してあるのは、これを建設した年であろう。余はここが、まさにウラルの山頂だろうと思い、首《こうべ》をめぐらして見まわしたが、林が道をおおうて遠望がきかない。ただ[四一]波濤《はとう》のような山々が重なりあっているのが、樹間やこずえごしに見られるばかり。馬を一老樹につなぎ、木の根元に坐して石柱に対すると、万感わきたって[四二]慷慨《こうがい》にたえない。

ああ、大地球は、本来、混然たる大塊《たいかい》のみ。なんぞ欧亜の区別あらんや。しかもこれを分けて二となし三となし、さらに千にも万にも分けて雄大な大自然をみずからせばめ、それぞれの小区画にたてこもって、相対し争闘をくり返す。どうしてこれが自然の道であろうか。この世に生をうけた者は、いずれも同じ人間である。それを、自由を唱し平等をとなえ、ひとしく神の子であると[四三]高調しながら、[四四]面色言語の差によって待遇を区別しようとする。なんという矛盾であろうか。ときにあたって、わが国の威光はいまだ現われず、朝鮮、支那《しな》そのほか、かろうじて独立の[四五]面目《めんぼく》を保つのみ。西欧の勢力の[四六]東漸《とうぜん》ようやく盛んにして、東亜の諸国みな[四七]存立の危機に立つ。

[四八]奮然としてひとむち、馬をおどらせて立てば、六年住みなれたヨーロッパの天地をあ

(四〇)　碑文　石碑に彫った文。

(四一)　波濤　おおなみ。

(四二)　慷慨　うれいなげくこと。

(四三)　高調しながら　熱心に主張しながら。

(四四)　面色　顔の皮ふの色(白色・黄色・黒色)。

(四五)　面目　名誉。

(四六)　東漸　しだいに東洋を侵略すること。

(四七)　存立　生存自立していくこと。

(四八)　奮然として　ふるいたって。大いに勇気をふるいおこして。

(四九)　悲喜の情こもごも至るを禁じえない　喜びと悲しみの気持ちがかわるがわる自分をおそってきて、どうしようもない。

(五〇)　路傍　みちばた。みちのかたわら。

とに、いまわが身は両大陸にまたがって、悲喜（四九）の情こもごも至るを禁じえない。石柱のもとをゆきさして、路傍（五〇）の草花をつみ、記念のため手帳の間にはさんで、自《みずか》ら言った。

「花（五一）よ、なんじはヨーロッパの花か、アジアの花か。いずれにもあれ、花は花なり。その色、その香《か》、それ高下《こうげ》あらんや。人もまた、かくのごとし。」

馬おどって土をければ、瞬時《しゅんじ》（五二）にしてアジアの山河《さんが》に入る。かえりみれば陰雲《いんうん》（五三）ひと群《む》れ、天の一方にあり、雷鳴とどろいて山雨（五四）まさに起こらんとし、樹木はことごとくなびきふれあう。

（五一）　このあたりの記述は、明治の最高の詩の一つと言ってもよいもので、将軍のもっておられた詩人のこころがわかる。将軍の人間性にきざした文学的な教養のふかさは、この紀行文中にしばしば出ている。

（五二）瞬時にして　たちまちのうちに。

（五三）　陰雲　暗く空をおおう雲。

（五四）　山雨まさに起こらんとし　山の雨がいまにも降りそうで。

〔解　説〕

近代になって、初めてロシア人が日本にやってきたのは安永《あんえい》七年（一七七八年）六月です。それからペリーが黒船に乗って浦賀《うらが》にあらわれる嘉永《かえい》六年（一八五三年）まで、ロシアやイギリスの船がたびたび日本に来ています。ロシア、イギリス、フランス、アメリカなど欧米の勢力はひしひしと島国の日本に迫っていたのです。日本だけではありません。インドはもちろんアジアの諸国はつぎつぎに欧米の侵入をうけていました。それは明治維新後も続きます。明治十三年には、ロシアは清《しん》国（今の中国）を侵《おか》し、明治十八年、イギリスはビルマを滅します。

この、侵略《しんりゃく》と併合《へいごう》がくりかえされる世界の大勢を見て、明治維新直後の日本はいかにして独立を保つべきかを、明治の人々は真剣に考えました。それは、政治家や軍人だけではありません。学者も、教育者も、文学者も、国民の一人一人にわたっていました。その気持ちは日本一国のことを考えるとともに、アジア全体を考え、すすんで世界を考えていたのです。

この文章は、もとは明治の教養ある人々が用いた文語文という形式で書かれたりっぱな文章ですが、今の口語にかえました。口語文にかえたために文章の力が少し弱くなりました。明治の教養ある人たち、男も女も使った文語体は、明治の人々の心のつよさを示した当時の文体です。

ドイツ大使館付武官であった福島中佐は、いまだ世界のだれもがなしとげたことのない偉業を志されました。それは、単身騎馬でベルリンを発し、ロシアの首都を過ぎ、シベリアを横断して満州にはいり、その諸域を歴訪してふたたびロシア領にはいり、ウラジオストックに出て海路帰朝するという、行程約一万四千キロ、日数にして四百八十八日におよぶ大旅行でした。しかもロシアの地は、人煙まれで、寒威ものすごく、積雪は野にみちて、安眠する所もなく、さらにウラルの東シベリアの地は、人影いよいよまれで、冬季は寒風はだをさす零下何十度という荒野でした。

汽車や汽船によらないで、危険で困難な騎馬をえらんだのは中佐の志のあるところでした。

当時のヨーロッパではこの壮挙が無事に果たせるとは信じませんでした。なかには、狂人のしわざだとさえいう人々もありました。中佐は、その決心をのべて、「安正、ここに思う。困難は事業のもとである。危険は研究の好材料である。初めから希望するところである。ヨーロッパの弱兵に、日本男児の志が理解できようか。日本男児の心中は、ただ一片《いっぺん》の忠愛の至誠があるばかり。死は軍人のつねであり、生は天の命ずるところである。前途の難易《なんい》は、かえりみる必要はない。勇往直進、倒れてのちやまん。」と、しるされています。

この壮挙から満一年後に、日清戦争が始まり、十年後にはシベリア鉄道が完成し、翌三十七年二月、日露戦争が起こるのです。

福島将軍は、嘉永《かえい》五年（一八五二年）信州（今の長野県）松本の武士の子として生まれ、十三歳のとき、江戸に出てオランダ式の調練と鼓笛《こてき》を学ばれました。日清戦争、北清事変、日露戦争に出征、後に陸軍大将になられました。

大将になられてからも、子供たちが焼き芋《いも》の皮を捨てるのを見ると、「そんな、もったいないことをしてはいけない。」と叱《しか》られました。「もったいない」ということばは、日本にしかない考え方です。

福島中佐歓迎の歌

黒川真頼《くろかわまより》

第一章

人は驚く旅路なり
人は危ぶむ旅路なり
過ぎ行く路は幾千里
わけ行く路は未開の地
人の恐るるシベリアの
道ひとり行く旅ごろも
かかる境に思ひたつ
福島中佐の雄々しさよ
君ベルリンを出づる時
駒に打乗り言ひけらく
成ると成らぬの二た道ぞ
其の一と道は死ぬるのみ
去らばと言ひて打つ鞭《むち》の
音こそ耳に留まれど
行方《ゆくえ》も知らずしら雲に
影だに見えず白くもに

第二章

行けど果てなし砂漠の地
人は稀《まれ》なりひろ野原
わくれど尽きず五百重《いおえ》山《やま》
鳥も声せぬ峰つづき
過ぎ行く路は欧州の
ますら丈夫《たけお》も知らぬ道
踏み分け越えて恙《つつが》なく
キャフタに着くぞ勇《いさま》しき
事なし了《お》へぬさらばとて
照る日の本に帰る君
高きいさをを較《くら》ぶれば
ウラルの山も麓《ふもと》なり
轟《とどろ》く浪《なみ》に較ぶれば
イルテス河は音もなし
語り伝へむよろづ世に
書《ふみ》に伝へむよろづ代に

黒川真頼先生のこと

文政十二年（一八二九）群馬県桐生《きりう》に生まれ、旧姓金子氏、国学者黒川春村翁のあとをつぎ、明治二年に江戸に出て、以来文部省や宮内省を始め多くの教育関係の仕事をされました。東京帝国大学名誉教授。国史、国文、国語、美術、考古学などに関する多くの著作があり、明治三十九年（一九〇六）死去されました。

江戸後期から明治にかけて国学者の中には、学識の東西古今にわたった百科事典的な大学者が多くおられました。国家の変革期には、雄大な規模の質実な学者が現われるのです。

黒川真頼先生もそうした型の学者で、神道、考古学から農政、史学に及ぶ広範囲な学問上の業績をのこされました。しかもその各部門の学問見識では、その一つを専門としている今日の学者以上にふかいものがありました。

近い時代では、柳田国男《やなぎだくにお》先生（一八七五—一九六二）、津田左右吉《つだそうきち》先生（一八七三—一九六一）、山田孝雄《やまだよしお》先生（一八七三—一九五八）、幸田露伴《こうだろはん》先生（一八六七—一九四七）がそういう型の学者でしたが、いずれも、近年なくなられました。

行程五百四日 三千八百里

単騎 地球を半周して

福島中佐誉《ほま》れの帰国

陸軍 歩兵中佐 正六位勲三等《しょうろくいくんさんとう》福島安正氏、西比利亜《シベリア》、蒙古《もうこ》、満洲《まんしゅう》の峻《しゅん》嶺曠野《れいこうや》を渡《わた》て至る。大日本帝国東京市民之《これ》を歓迎《かんげい》す。時維《ときこれ》明治二十六年六月二十有《ゆう》九日、満都《まんと》の士女《しじょ》を傾けて新橋《しんばし》停車場に、上野歓迎場《うえのかんげいじょう》に、其《その》他《た》中佐の過る沿道《えんどう》に出迎はしめたり。前年憲法発布《ぜんねんけんぽうはっぷ》の日、満都狂《きょう》するが如くに歓呼《かんこ》し、其の盛況今古《せいきょうきんこ》に絶すと称せらる。中佐歓迎の状《さま》、殆《ほと》んど之《これ》に類す。中佐たるもの何等《なんら》の幸《さいわい》、何等の福《ふく》、何等の名誉《めいよ》。

聖天子《せいてんし》深く中佐の労《ろう》を大《だい》なりとし中佐着京《ちゃくきょう》の前日特《ぜんじつとく》に米田侍従《よねだじじゅう》を横浜《よこはま》に遣《つかわ》し其の旅館に就《つき》て左《さ》の御沙汰《ごさた》を賜《たま》ふ。

長途《ちょうと》の旅行無事帰着《りょこうぶじきちゃく》に付《つき》、御慰問《ごいもん》として米田侍従被差遣《さけんせらる》。

中佐は、聖恩《せいおん》の鴻大《こうだい》なるに感泣《かんきゅう》し、侍従を旅館の正室《せいしつ》に請《しょう》じ、謹《つつしん》で恩旨《おんし》を拝謝《はいしゃ》し奉《たてまつ》る。侍従は即夜《そくや》帰京直《ただち》に参内《さんだい》して中佐健康のことを奏《そう》す、天《てん》顔頗《がんすこぶ》る麗《うるわ》しかりしと承《うけたまわ》る。中佐一身《いっしん》の栄《えい》、此《ここ》に至《いたっ》て極《きわま》ると謂《い》ふべし。

中佐を載《の》せたる列車は、其期《そのき》を違《たが》へず、正午十二時十五分を以《もっ》て新橋停車場に着《ちゃく》せり。着するに先《さきだ》つ数分《すうふん》時《じ》より、場内に設《もう》けし音楽隊は、一《いっ》斉《せい》歓迎の譜《ふ》を奏し、律呂《りつりょ》能《よ》く和《わ》し洋《よう》々《よう》として其《そ》れ楽しむ。

歓迎委員富田鉄之助《かんげいいいんとみたてつのすけ》、三好退蔵《みよしたいぞう》、三井養之助《みついようのすけ》、九鬼隆一《くきりゅういち》、花房義質《はなぶさよしただ》、清浦奎吾《きようらけいご》諸氏、其の他渡辺《わたなべ》、村田《むらた》、牧野《まきの》、児玉《こだま》の諸少将以下《しょしょういか》、陸海軍の将校数十名、列車の前に近づき中佐の下り来るを迎ふ。中佐は横浜に歓迎せし渡辺昇《わたなべのぼる》氏以下の委員、横浜より送り来《こ》し委員及《およ》び令息令弟《れいそくれいてい》等と共に車を下れり。歓迎の人々は争《あらそ》て之《これ》を祝《しゅく》す。中佐一々之《いちいちこれ》に敬礼し、握手《あくしゅ》し、挨拶《あいさつ》し、群衆《ぐんしゅう》に包《つつ》まれて停車場楼上《ろうじょう》に設けし歓迎場に入る。此時東《このときとう》条《じょう》少佐は中佐夫人貞子《ふじんさだこ》、末子《まっし》四郎《しろう》氏其他《そのた》家族親戚《しんせき》を伴《ともな》ひ、楼上なる休憩《きゅうけい》所《しょ》に入らしめ、少佐は進んで中佐に対し、前日賜《ぜんじつたま》はりし勲三等旭日章《きょくじつしょう》を捧持《ほうじ》し、之《これ》を授《さず》く。中佐は最敬礼《さいけいれい》を以《もっ》て之《これ》を拝受《はいじゅ》す。（以下略）

〔明治二十六年六月三十日、東京日日新聞記事〕

二十　航《こう》海《かい》日《にっ》記《き》

村垣淡路守範正《むらがきあわじのかみのりまさ》

三月八日。晴。西南風。六十度。(一)
(二)サントウヰスにては五月ごろの季候《きこう》なれど、きのふけふはまた寒くなりて、御国《みくに》の(三)弥生《やよい》の空にかはることなく、夜、船の上に出《いず》れば月はかすみたり。(四)米利堅《メリケン》のカリホルニヤの地方へ近しといふ。

(五)古郷《ふるさと》に　かはらぬ影《かげ》を　あふぐ哉《かな》
かりほるにやの　はるの夜の月

三月九日。雨。六十度。暁《あかつき》ふかくサンフランシスコ港の入口の山にある(六)常夜燈《じょうやとう》（かのライトハウスといふ）見えるとて、船にて砲声を発す。(七)天明《てんめい》のころ(八)スクーネルといふ船よせて一人乗りうつりける。こは水先案内のよし（昼は(九)遠見所《とおみどころ》にて帆影《ほかげ》見え次第乗出《しだいのりいだ》し、夜分は燈火を目あてに砲発すれば、すみやかに出ることのよし。自国他国《じこくたこく》の軍艦商船の差別なく、船の(一〇)水入《みずいれ》をはかりて案内料をはらふよし。いづれの港もこの規則はおなじ）。この港の新聞紙とて出せしに、御軍艦(一一)咸臨丸《かんりんまる》十五日以前着船せしとしるしありけるよし語りぬ。やがて港口に至れば、左右高山、入口一里ばかりもあるべし。港に入りて巌石《がんせき》の島あり。これにそひて三里ばかり入りてサンフランシスコの市町の前に至りて碇《いかり》を投じける。朝九時半（五半時《いつつはんどき》ごろ）なり。(一二)あまたかかりたる船のうち、合衆国の軍艦は(一三)さらなり、英仏の同じ船もみな御国旗(一四)を(一五)檣《ほばしら》に引揚《あ》げて祝砲を打つ。

(一)　六十度「気温華氏六十度」の意。摂氏約十六度。
(二)　サントウヰス　ハワイ。
(三)　弥生　三月。
(四)　米利堅　アメリカ合衆国。
(五)　この歌は、初めてアメリカ大陸をおとずれて歌った日本人の歌である。
(六)　常夜燈　一晩中点火しておく燈火。
(七)　天明のころ　夜明けごろ。あけがた。
(八)　スクーネル　スクーナー船。二本マストまたは三本マストの縦帆式帆船。
(九)　遠見所　見張り台。
(一〇)　水入をはかりて　水入れとは、船が水に浮かんだとき、その竜骨の下面から水面までの垂直距離をはかること。船の排水量またはトン数を測定することと考えてよい。
(一一)　咸臨丸　安政四年（一八五七年）、江戸幕府がオランダに建造させた軍艦。原名ヤパン号。蒸気内車船。全長一六三フィート。全幅二四フィート。大砲一二門。三〇〇トン。
(一二)　あまたかかりたる　たくさんの船がてい泊している。
(一三)　さらなり　いうまでもないことである。

台場《だいば》にても二十一発を打ちければ、ポーハタンに答砲あり。その砲声鳴る神(一六)のごとくけむり、晴れてみれば、山すそに人家《じんか》建ちつづきて、波戸場《はとば》には男女の群集して、賑《にぎやか》なる街市《がいし》なり。サントウヰスよりはおほいにまさりて、家屋《かおく》も四階、五階造《づくり》にして美麗《びれい》にみゆ。ややありてまた碇《いかり》を引揚《ひきあ》げ、蒸気《じょうき》のみにて静《しずか》にはしりける。両岸の間およそ四、五里もあるべし。しだいに狭《せま》くなり、左右すなほなる山々、木立《こだち》はなし。牧牛馬また綿羊飼立《かいたて》たるが蟻《あり》のごとくに見ゆ。赤くまた黒く、種々奇《き》なる岩島所々にありて風景よし。午後三時に（八時《やつどき》過《すぎ》なり）ネビヤールト（船製造所の事なり）へ着船。かゝる大艦も陸地へつけてつなぎたり。この地は入海の奥なる河口にある島なり。

閏《うるう》(一七)三月二十八日。陰《くもり》。十二時に大統領の謁《えつ》見《けん》なれば、けふ(一八)をはれと、とりぐ〳〵支度《したく》し、左右ケール(一九)隊一行に足並《あしなみ》して楽を奏しつつ行くに、大路は所せきまで(二〇)物見《ものみ》(二一)の車、はた歩行の男女群集かぎりなし。おのれは狩衣《かりぎぬ》(二二)を着《ちゃく》せしまゝ、海外には見も馴《なれ》ぬ服なれば、彼はいとあやしみて見るさまなれど、かゝる胡国《ここく》(二三)に行《ゆき》て皇国《こうこく》(二四)の光をかがやかせし心地《ここち》し、おろかなる身の程も忘れて、誇り貌《がお》に行くもをかし。やがて大統領の居所、鉄の柵門《さくもん》あり。入りて七十間《けん》ばかりも行きて、堂の前に至る。騎兵《きへい》・歩兵《ほへい》・我供人《わがともびと》まで此所《ここ》に至る。車より下《くだ》りて直《ただち》に石の階段を登り、ひと間ふた間をすぎて控所《ひかえしょ》に至る。正副使・鑑察《かんさつ》の席にして、森田行以下各別席にあり。おのれ等が席は楕円《だえん》の形にして、七間に四間もあるべし。花やかなる藍《あい》もて文《あや》(二五)を出《いだ》せし敷物。前に三口、玻璃《はり》(二六)の障子《しょうじ》にして内に戸張《とばり》(二七)を掛け、是《これ》も同じ色の織物なり。四方におほいなる玻璃鏡《かがみ》を掲《かか》げ、前に卓《たく》をおき、我国《わがくに》(二八)の蒔絵《まきえ》(二九)の料紙《りょうし》・硯《すずり》、其《その》他さまぐ〳〵かざりてあり。こはペルリ渡来《とらい》の時、遣《つか》はされし物と聞《きこ》ゆ。此席《このせき》にレウヰス・カス

(一四)　御国旗　日本の国旗、日の丸の旗。
(一五)　檣　船に立てて、帆をかかげる柱。
(一六)　鳴る神　かみなり（雷）。
(一七)　閏三月　当時の太陰暦は平年を三五四日ときめているため、季節と暦月とを調節するために、適当な割合で一年を十三か月とする。これが閏年で、閏三月とは閏月の三月の意。
(一八)　けふをはれと　きょうこそは晴れがましいその当日なのだ、とばかり。
(一九)　ケール隊　ゲベール（オランダ語）銃を持った一隊。
(二〇)　所せきまで　場所が狭いと感じるほど。
(二一)　物見の車　見物の車。
(二二)　狩衣　もと公家（くげ）の服で、狩りに用いたので狩衣といった。のちに、武家の礼装となった。
(二三)　胡国　ここでは、日本に対する外国、すなわちアメリカをさす。
(二四)　皇国　天皇のおられる日本国という意味。
(二五)　文　さまざまの色合（いろあい）や模様。
(二六)　玻璃　水晶、ガラス。ここでは後者。
(二七)　戸張　カーテンのこと。

万延元年の遣米使節の一行

出《いで》て挨拶《あいさつ》して退《しりぞき》ぬ。やがてジュホント、リイ左右に附添《つきそい》、謁見《えっけん》の席へ案内す。成瀬正典《なるせまさのり》、御国書《（三〇）こくしょ》を持《もち》たり。席の入口に至れば、両開戸《ひらきど》を明《あけ》たり。むかふへ五、六間《けん》、横十二、三間もあるべき席の正面に、（三一）大統領（フレシテンといふ。名はブカナン）、左右に文武の官人おびただしく、後には婦人あまた、老《おい》たるも又姿色《あで》なるも、美服を飾《かざ》りて充満したり。正興《まさおき》・おのれ・忠順《ただまさ》一同に席に入り、一礼して中央に至り、又一礼して大統領の前に近く進み、正興御諚《（三二）ごじょう》の趣《おもむき》たからかに述《のぶ》れば、名村《なむら》五八郎通弁《（三三）つうべん》したり。成瀬正典御国書を持出《もちいだ》しければ、正興御書とり出《いだ》し大統領へ手渡しにすれば、箱は正典よりカスへ渡す。最前《さいぜん》の通り中央に退けば、森

（二八）　蒔絵　金粉で模様をかき、うるしをぬってみがきあげて作る工芸品のこと。
（二九）　料紙　物を書くのに用いる紙。半紙のこと。
（三〇）　国書　元首がその国名をもって発する外交の書。
（三一）　大統領　アメリカ十五代大統領、ジェイムス・ビュカナン（在任一八五七—一八六一）。
（三二）　御諚　将軍家のことば。
（三三）　通弁　通訳。

田行・調役《しらべやく》(三四)徒目付《かちめつけ》(三五)、一同出《いず》る。此時《このとき》自分の礼を述《のべ》て控所《ひかえしょ》へ退去《たいきょ》すれば、ジュホント来《きた》りて、我国《わがくに》の礼は右にて済《すみ》しやと問ふ故《ゆえ》、済しと答《こたえ》ければ、又出《いで》よと云《いう》まゝ、一同に出れば、大統領手をとりて、日本鎖国《さこく》以来はじめて和親《わしん》を結び、第一、合衆国へ使節《しせつ》を立てられし事、大統領はさらなり、国中の人民歓喜《かんき》限《かぎり》なきよし、はた厚き御諚《ごじょう》の趣、御国書《こくしょ》賜はりし事ども、殊更《ことさら》に忝《かたじけ》なきよしを述べ、口述《こうじゅつ》の横文《よこぶみ》(三六)を渡しけり。高官の人々五、六輩《はい》(三七)も手をとりて挨拶《あいさつ》すれど、限《かぎ》りなければ、余《よ》は一礼して席を出る。かくて最前《さいぜん》の通り旅舎《りよしゃ》に帰る。夕第《ゆうべ》四時（八半時過《やつつはんどきすぎ》なり）にジュホント、レッテヤールト案内にて、外国在留のミニストル(三八)、はた自国のミニストルの家をとひけるは、普通の例《ためし》なるとてすゝむれど、和親の国のミニストルは左《さ》もあるべし、和親にもなき国の人はとふまじと断《ことわ》ければ、諾《だく》(三九)しけり。されば旅《りよ》服《ふく》に成りて馬車一、二輛《りょう》にうち乗り、いと(四〇)とく走りめぐりて其家《そのいえ》の前に至れば名札《なふだ》(四一)を御者《ぎょしゃ》にもたせて取次《とりつぎ》に渡すのみにて（我《わが》名札は国字にてしるし、脇に横文の訳を添へける）車を下らず済《すまし》ぬ。こは軽便《けいべん》(四二)の事なり。数軒なれど、とくはしり誰《たれ》の家なるやしらず過《すぎ》ける中に、英蘭《イングランド》のミニストルの家は通りて面会せしが、いと美麗《びれい》なる家にて、妻子と出て逢《あい》たり。かくて夕方帰る。うち寄《より》てけふの有《あり》さまを語るに、大統領は七十有余の老翁《ろうおう》、白髪穏和《はくはつおんわ》にして威権《いけん》(四三)もあり、されど商人も同じく黒羅紗《くろらしゃ》の筒袖股引《つつそでももひき》(四四)、何のかざりもなく、太刀《たち》もなし。高官の人々とても、文官は皆《みな》おなじ。武官はイポレット（金にて造《つく》りたる総《ふさ》の如きもの、官の高下《こうげ》によりて長短有《ある》なり）を付《つけ》、袖《そで》に金筋《きんすじ》（是《これ》も三筋《みすじ》を第一とし、二筋、一筋と有り。合衆国はこの錺《かざり》ばかり。西洋各国はゐりに飾りもあり）あり。太刀《たち》も佩《はき》たり。かゝる席に婦人あまた装《よそ》ひて出るも奇なり。能《よ》く考ふるに、欧羅巴《ヨーロッパ》の事は知らね

(三四)　調役　取り調べをする役め。
(三五)　徒目付　江戸幕府の職名。目付の指揮を受け警衛に従事した。
(三六)　横文　横文字。
(三七)　五、六輩も　五、六人も。
(三八)　ミニストル　ミニスター。公使。外交使節。
(三九)　諾しけり　承知した。承諾した。
(四〇)　いととく　いと疾く。たいそう速く。
(四一)　名札　名刺。
(四二)　軽便の事　てがるで便利のよいこと。
(四三)　威権　威光と権力。
(四四)　筒袖股引　洋服とズボンのこと。

ど、サントウヰス島は王国なる故、西洋の王国の風に習《ならい》しや、大《おお》に体裁有《ていさいあり》て、婦人は別に面会せしなり。合衆国は宇内《うだい》(四五)一、二の大国なれども、大統領は総督《そうとく》にて、四年目毎《ごと》に国中の入札《にゅうさつ》(四六)にて定《さだめ》けるよしなれば上下の別もなく、礼義は絶《た》えてなき事なれば、狩衣着《かりぎぬちゃく》せしも無《む》益《やく》の事と思はれける。されど此度《このたび》の御使は、渠《かれ》も殊更《ことさら》に悦《よろこ》び、海外へほこりて、けふの狩衣のさまなど新聞紙にうつして出《いだ》せしよしなり。初《はじめ》て異域の御使、事ゆゑなく仰《おおせ》ごとを伝へけるは、実に男子に生得《うまれえ》しかひ有《あり》てうれしさかぎりなし。

ゑみしらも(四七)　あふぎてぞ見よ　東《あずま》なる
我日本《わがひのもと》の　国の光を
おろかなる　身をも忘《わすれ》て　けふのかく
ほこりがほなる　日本《ひのもと》の臣《おみ》

閏《うるう》三月二九日。薄曇《うすぐもり》。英蘭《イングランド》のミニストルきのふの答礼《とうれい》とて来《きた》りければ面会す。ベルギーのミニストルは名札ばかり置《おき》て去りぬ。けふ大統領へ遣《つか》はさるゝ品々客舎に飾りつけて、目録をジュホントへ渡す。其品々とみに持《もち》ゆきもせず、三、四日そのまま餝置《かざりおき》て、士官男女日毎《ひごと》に来りて、いと珍らしがりて見物し、新聞紙屋は其品《そのしな》を写真鏡にかけ、新聞紙に出しなどして、後に大統領のかたへ送りしなり。かゝる品々大統領の所持にはならず。その事どもを記録して、百物館《ひゃくぶつかん》(四八)に納《おさむ》る事のよし。都《すべ》て吏人《りじん》へ贈りし品とても、大統領出して彼《か》の館《やかた》に納むる事とて、己《おの》がものにはならず。さればいかなる品もワイフ（妻女のことなり）へとて贈れば、我《わが》ものとなるよしなり。かくてけふレウヰス・カスの招請《しょうせい》(四九)なるが、兼《かね》て夜出《よるで》行《ゆき》はせぬ国風《くにぶり》(五〇)なるよしを言《いい》けるが、とかく彼は夜陰《やいん》(五一)をよしとし、今宵《こよい》第九時（五ツ時《どき》なり）の招《まねき》なれど、カスの事なれば断《ことわり》もなりかねて、夜に入《いり》て例のジュホント等の案内にまかせて、馬車に乗りて（夜はじめて出しが、車の前の

(四五)　宇内　天地四方のうち。天下。世界。
(四六)　入札　選挙のこと。選挙ということばが日本でまだ使用されていなかった。
(四七)　ゑみしら　夷等。古来中国で漢民族以外をさげすみ、夷狄（いてき）と呼んだ。ここは「外国人」というほどの意味。
(四八)　百物館　博物館。
(四九)　招請　招き呼ぶこと。
(五〇)　国風　国の風俗や習慣。
(五一)　夜陰　夜の暗いとき。

方に硝子《ガラス》の燈籠《とうろう》二つあり、往来《おうらい》は両側五間置《ごけんおき》くらいにガス・ランプの燈籠ありて、挑灯《ちょうちん》を用《もち》ゐることなし）カスの家に至る。さすが宰《さい》相《しょう》の招《まねき》なれば、いかなる礼かとおもひけるに、堂の入口より、廊下も間毎《まごと》に男女数百人たゞ押し合ひ充満《じゅうまん》して、ガス・ランプは天井《てんじょう》におびただしく掲《かか》げ、金銀もてかざりたる玻璃器《はりき》はり鏡にかゞやきて白昼の如く、いとまばゆきばかりなり。こはいかなることかとあやしみけり。人をおしわけ〳〵一間《ひとま》に入れば、カス出迎《いでむかえ》、殊更《ことさら》に(五二)懇志《こんし》の挨拶《あいさつ》あり。孫女・子供もとり〴〵出て手をとりたり。椅子《いす》にかゝりけれど、席中男女押しあひ、かはるがはる来《きた》りて手をとりて挨拶《あいさつ》すれど、通弁《つうべん》もとゞかねば、何かさらにわからず、雑沓極《ざつとうきわま》りたり。ジュホント手をとりてかなたへ案内するに、奥の一間に至れば、(五三)饗応《きょうおう》の席と見えて、大《おお》なる食盤《しょくばん》に金銀もてかざりたる中に(五四)旭章《きょくしょう》と花簱《かき》を建て、和親《わしん》を表することなりとぞ。こゝにて酒肉をすゝめけり。やがてまた、あなたへ案内にて行けば、一席、板敷《いたじき》をいと清らにして、かたはらにミシュッキとて(五五)胡楽《こがく》に胡弓《こきゅう》やうのものを添へてはやしけるが、男はイポレット付け太刀《たち》を佩《はき》、女は両肩を顕《あらわ》し、多くは白き薄ものを纏《まと》ひ、腰には例の袴《はかま》のひろがりたるものをまとひ、男女組合《くみあい》て足をそばだて、調子につれてめぐること、こま鼠《ねずみ》の廻るが如く、何の風情手品《ふぜいてじな》もなく幾組もまはり、女のすそには風をふくみ、いよ〳〵ひろがりてめぐるさま、いとをかし。これをダンスとて踊《おどり》の事なるよし。高官の人も老婦も若きも、皆この事を好《この》てするよし。数百人の男女、彼《か》の食盤に行《ゆき》て、酒肉を用《もち》ひてはこの席に来り、かはりがはり踊る事とて、終夜かく興《きょう》ずるよしなれど、おのれは実《まこと》に(五六)夢か現《うつつ》か分《わか》ぬばかり、あきれたるまでなり。ジュホントをそゝのかして、主《あるじ》に暇《いとま》を告《つげ》て客舎に帰る。凡《およそ》礼なき国とはいへど、外国の使節を宰相《さいしょう》の招請せしには、不《ぶ》

(五二)　懇志　ねんごろな志。親しい気持ち。
(五三)　饗応の席　酒食をふるまう宴会の席。
(五四)　旭章と花簱　日章旗（日の丸）と米国旗。
(五五)　胡楽に胡弓　外国の音楽に外国の楽器。
(五六)　夢か現か　夢なのか現実なのかその区別がつけにくいこと（ぼうっとした気分でいる状態）。

礼《れい》とがむれば限なし。礼もなく義もなく、(五七)唯親《ただしん》の一字を表すると見て免《ゆる》し置《おき》ぬ。

何事も　姿こと葉の　ことなれば
(五八)夢路《ゆめじ》をたどる　心地《ここち》こそすれ

女子は色白く艶《えん》にして、美服に金銀《きんぎん》を餝《かざ》り、ことなる姿も見なれしが、髪の毛赤きは犬の目の如くにて興《きょう》ざめけり。稀《まれ》には髪《かみ》黒く、目もまた黒きものあり。亜細亜《アジア》の人種なるべし。そはおのづから艶《えん》に見ゆ。

思ひきや　色香《いろか》も深き　(五九)たをやめの
姿ことなる　花を見んとは

四月四日。晴。午時《ひるどき》にコンゲレス館（議事堂なり）に行くの約なれば、例の人々が案内して、車にのりて七、(六〇)八町《ちょう》東へ行《ゆけ》ば、コンゲレス館に至る。長《なが》さ二町ばかり、巾《はば》一町ばかりもある三階造《づくり》の高堂、総体白きマルメレン石もて造り、屋根の上に、丸く大《おお》なる櫓《やぐら》の如きもの、今普請中《ふしんちゅう》にてなかば組《くみ》たてたり。正面の石の階段を登るに(六一)二丈《じょう》もあるべし。入口正面に華《ワ》盛頓《シントン》(六二)国初《こくしょ》の図《ず》、其他《そのた》さまぐ\の額《がく》を掲《かか》げ、所《ところ》々《どろ》見巡《みめぐ》るに、口々に番兵あり。評議の席とて案内するに、二十間に十間もあるべき板敷《いたじき》にして、四方折廻《おりまわ》し、二階桟敷《さじき》にして、合天井《てんじょう》の如く、格子《こうし》に組《くみ》て金銀彩色《さいしき》の模様《もよう》ある玻璃《はり》の板を入《いれ》、高き事二丈余も有《ある》べし。正面高き所に副統領（ワイスフレシテントといふ）、前に少し高き台に書記官二人、其前円《まる》く椅子《いす》を並べ、各机、書類をおびただしく設け、凡《およそ》四五十人も並居《ならびい》て、其中《そのうち》一人立《たち》て大音声《だいおんじょう》に罵《ののしり》、手真似《てまね》などして狂人《きょうじん》の如し。何か云《い》ひ終りて、また一人立て前の如し。何事なるやととひければ、国事《こくじ》は衆議《しゅうぎ》し、各意中をのこさず(六三)建白《けんぱく》せしを、副統領聞《きき》て決するよし。二階桟敷には男女群集して、耳をそばだてて聞たり。かかる評議《ひょうぎ》の席のかたはらに聞てゐしが、何なりと問《とう》べきよし云《いい》ぬれど、素《もと》より言語も通ぜず、又とふべき(六四)ことわりもなければ、そのま

(五七)　唯親の一字を表する　ただ、親しい気持ちだけは表わしている。
(五八)　夢路をたどる　心地こそすれ　まるで夢でも見ているようなぼうっとした気持ちがする。
(五九)　たをやめ　やさしい少女。
(六〇)　七、八町　一町は約一〇九メートル。
(六一)　二丈　一丈は約三、三メートル。
(六二)　国初　建国のこと。
(六三)　建白　政府などに自分の意見を申し立てること。
(六四)　ことわり　理由。道理。

ま出《いで》ぬ。二階に登りてまた此桟敷《このさじき》にて一見せよ、とて椅子《いす》にかゝりて見る。衆議最中《さいちゅう》なり。国政の(六五)やんごとなき評議なれど、例のもゝ引《ひき》掛筒袖《がけつつそで》にて、大音に罵《ののし》るさま、副統領の高き所に居る体《てい》など、我《わ》が日本橋の魚市《うおいち》のさまによく似たり、とひそかに語合《かたりあい》たり。此堂《このどう》常に大統領は出ず、副統領にて多分は事を決したるを、大統領は聞くのみという。国中第一の高堂、美を尽《つく》したるもの也《なり》。かくて客舎に帰る。(六六)江都《こうと》在留のミニストルへ政府より便有《びんあり》とて告《つげ》けるまゝ、此程《このほど》御使の任はてて御条約も取《とり》かはせし事ども同僚《どうりょう》に達す(六七)書翰認《しょかんしたた》め、各《おのおの》万里の外に在《あ》りて(六八)恙《つつが》なき事どもの家書も添へて、ジュホントへ渡しけり（帰国の後、今に此便《このびん》届かず。ふしんなり）。此《この》ころこゝかしこより招《まねき》けれども、とかく夜陰《やいん》なれば国風《くにぶり》とて断《ことわる》。其他《そのた》所々止得《やむをえ》ざるか、また彼《か》の(六九)所レ長《ちょうずるところ》を見て国益にも成《なりぬ》べきと思ふ所には行《ゆき》けるまゝ、遊興《ゆうきょう》は好まぬ国風《くにぶり》とさつしてや、今日此《この》ホテルの広き席にて、小供ばかり集《あつまり》てダンスを催《もよお》しけるが、他所の事にはなし、此客舎のうちの事なれば、しばし一見せよとすゝむるゆゑ、行《ゆき》て見るに、ガス・ランプおびただしく照らし、八、九歳より十七、八歳までの男女美麗《びれい》にかざりて、男女十人二十人程づつ手をとりつながりて、さま〴〵足どりして、あなたへなびき、こなたへくゞり、胡楽《こがく》の調子につれて踊り、男の大人《おとな》一人号令して進退する事種々あり。やがて女子一人、(七〇)四つ竹やうのものを両手に持《もち》て踊るさま、我国《わがくに》のをどりに似たり。こは近き頃《ころ》より初《はじま》りしといふ。されば男女組《くみ》合《あい》て風情《ふぜい》もなくめぐるは古風《こふう》になりて、次第《しだい》に(七一)巧手《こうしゅ》に移る者とみえたり。一段済《すみ》ては見物一同に手を打鳴《うちな》らし、あるひは板敷を叩《たた》くなどしてほめるさま也《なり》。目馴《なれ》ぬ業《わざ》ながら少年の踊にして少しは興《きょう》ありけり。

乙女子《おとめご》が　立《たち》まふ花の　(七二)かざしさへ
姿かはれど　さすがやさしき

(六五)　やんごとなき　たいへん重大な。
(六六)　江都在留　江戸にとどまっている。
(六七)　書翰　手紙。
(六八)　恙なき　恙とはつつが虫のことで、「恙無い」で、健康である、無事である、の意味。
(六九)　所レ長　すぐれているところ。
(七〇)　四つ竹　四枚の竹片を両手に二枚ずつ持ち、指とてのひらとで鳴らし、曲に合わせて踊るもの。
(七一)　巧手に移る　たくみな技に変わってゆく。
(七二)　かざし　花や造花などを頭にさすこと。また、そのさしたものをいう。

五月十一日。晴。八十四度。此度《このたび》使節を送迎の入費《にゆうひ》は彼も莫大《ばくだい》なれど、巴納麻《パナマ》の蒸気車をはじめ、都府に着《ちやく》せしより都《すべ》ての費用は、我《わが》政府より払ふことなれば、ジュホントへ云《いい》けるに、使節の入費は総じてかれの政府にて賄《まかない》ければ、少しも心配はなき様《よう》にと聞《きこ》えければ、かくはあるまじと、ふた度三度《たびみたび》談ぜしに更《さら》にとりあはねば、せんかたなく帰朝の後、国産の品もて謝《しや》せらるゝ事と決したり。合衆国の事なれば、使節送迎の費用は国中にかゝりて、大統領の金庫より出《いず》るにあらず。また(七三)フュルトルヒヤは一万ドルラル、紐育《ニューヨーク》は二万ドルラルを積《つみ》てまちけるよし、新聞紙にも記《しる》して、其高《そのたか》は皆遣《つか》ふよし。始《はじめ》はさま〴〵もてなし、日数重ぬれば(七四)うとく成《なり》ぬ。こは(七五)積金《つみがね》の残り少《すくな》になりしゆゑといふ。かく部落〳〵市民までにかゝりしことなれば、客舎の下男、警衛の兵卒《へいそつ》などはその時限りのものなれば、警衛の兵卒はた華盛頓《ワシントン》をはじめ諸部落にて、(七六)軽輩《けいはい》のものへ、祝酒《いわいざけ》として二万ドルラル贈りけるまゝ分配せよ、とジュホントに渡しけるが、(七七)一己《いつこ》にはからひ兼《かね》て、(七八)テレガラフもて華《ワ》盛頓《シントン》に達しければ、速《すみやか》にレッテヤールト来《きた》りて、好意なれども断《ことわり》て返すべし、と大統領の命《めい》なるよし云《いい》けるとて、ジュホント断けるまゝ、和親《わしん》の国へ来り、使節より祝酒《いわいざけ》を贈るを断るといふは(七九)不理《ふり》なりと責《せ》めければ、彼もこまりたるさまなり。(八〇)とかう押し合《あい》けるが、祝酒料とて出《いだ》せしを断なればとて納《おさむ》ることは成《な》らぬと云切ければ、ジュホントも政府の命《めい》は背《そむき》がたく、せんかたなく案じけるが、ベルモントは此府《このふ》にて一、二のものにして、大統領の命《めい》といへども、彼とりはからへば済《す》むことのよしにて、ペルリの因縁《いんねん》あれば、彼に頼むべしと云まゝ、そのはからひにまかせければ、(八一)彼領掌《りようしよう》したり。

(七三)　フュルトルヒヤ　アメリカ東岸のフィラデルフィヤ市。
(七四)　うとく成ぬ　そっけなくなった。
(七五)　積金　予算。
(七六)　軽輩のもの　身分の低い者。
(七七)　一己にはからひ兼て　自分ひとりでは判断しかねて。
(七八)　テレガラフ　電信。
(七九)　不理なり　道理に合わない。
(八〇)　とかう　「とかく」の音便。なんとかかんとか。あれこれ。
(八一)　領掌　聞き入れること。承知すること。

遣米使節の派遣と航海日誌

安政の五か国条約が結ばれたあとも、わが国はまだ鎖国令によって、海外渡航を国禁としていました。安政条約の調印のために渡米する幕府の使節は、こうしたなかで出発しました。正使以下七十七人の多勢でした。

この使節派遣は、米国側の勧告によったものでなく、わが国の発議だったのです。安政六年（一八五九）九月十三日に決定しました。使節一行は、正使として外国奉《ぶ》行《ぎょう》兼神奈川奉行新見《にいみ》豊前守《ぶぜんのかみ》正興《まさおき》、副使として外国奉行兼神奈川奉行箱館《はこだて》奉行村垣《むらがき》淡路《あわじ》守《のかみ》範正《のりまさ》、また目付《めつけ》小栗《おぐり》豊後《ぶんご》守《のかみ》忠順《ただまさ》でした。正使らは米艦ポーハタン号に乗り、別に幕府の咸臨丸《かんりんまる》を派遣することにしました。一行は万延《まんえん》元年（一八六〇）正月十八日品川沖を出帆《しゅっぱん》し、同年九月二十八日品川沖に帰着しました。ところがこの間の三月三日に桜田門外の変（注）があって、使節派遣の最高責任者であった大老《たいろう》井《い》伊《い》直弼《なおすけ》は横死《おうし》し、政情は急変していたのでした。そのうえアメリカ側でもこの翌年から南北戦争が始まったため、この使節派遣の壮挙もひきつづいて成果をあげ得ませんでした。

副使村垣淡路守は時に四十七歳、帰朝後、旅中の備忘録をもととして「航海日記」を書きました。使節拝命に筆を起こして、上中下三巻となっています。執筆の動機については、本書のあとがきで「神国のたふときことを知り、また風土人情の豊かなさま、海路の辛苦《しんく》まで忘れんも本意《ほい》なければ」と書いています。村垣淡路守は文化十年（一八一三）出生、明治十三年（一八八〇）三月十五日没しました。

〈注〉

桜田門外の変　万延元年（一八六〇）三月三日の雪の朝、時の大老井伊直弼（いいなおすけ）の安政の大獄などの弾圧政策を憎んだ水戸浪士ら十八名が、桜田門外で登城行列をおそい、直弼を刺殺した事件。

〔参　考〕

使節一行の送迎および滞在費は、米国政府がいっさいこれを負担《ふたん》したので、使節は、帰朝《きちょう》ののち国産品を贈って謝礼することに決議した。

使節の計算では、往路のポーハタン、ロアノーク両艦の石炭代五万九千八百八十ドル、パナマ地峡横断費用三千六百五十ドル、帰路ナイアガラ艦の石炭二万一千二百七十五ドル、合計八万四千八百五ドルである。

〔問題のしおり〕

一　「古郷《ふるさと》にかはらぬ影をあふぐ哉《かな》かりほるにやのはるの夜の月」という歌は、日本人として初めてアメリカ大陸へ渡って作られた歌です。日本の長い歌の歴史のうえでも、そういう意味で、たいせつな歌です。

二　村垣淡路守のこの日記の文体は、普通に文語体といわれるもののなかで、最も簡単なもので、日記などをしるすに適した文体です。当時から明治、大正、昭和初期にも、わが国の教養ある人たちのよく使った文体です。簡潔で、調子のはきはきした特徴があります。今日でも、新聞雑誌や広告文などの記事や標題には、文語文の形で出来ているのがすくなくありません。

三　以前の学校の作文は、簡潔で、てきぱきと、歯ぎれのよい文章を書くことをけいこしたものです。

四　咸臨丸は、日本人の手で初めて太平洋を横断した汽船です。当時は幕府の海軍ができて日も浅く、航海の仕事をする人手《ひとで》がありません。この時幕府の役人は、瀬戸内海の塩飽《しあく》諸島の漁民たちにたのみました。彼らの先祖は何百年も以前から、黄海や東シナ海から今のインドネシア方面まで小舟に乗って渡っていました。そして彼らの子孫が咸臨丸を無事に航海させたのです。この時の幕府の役人の思いつきは、伝統という考えから出てきた知恵です。

五　伝統といわれることについてのいろいろの意味と内容を考えてみましょう。そして身近なところで「伝統」をさがしましょう。

六　村垣淡路守は、日本の服装をしてアメリカへゆき、「皇国の光をかがやかした」といっています。「誇り貌《がお》に行くもをかし」というのは、その時の自分のようすを、自分でおもしろがっているという意味です。初めてアメリカを見た淡路守たちのこうした態度や印象について、今日の若い人々はどういう感想をもつでしょうか。村垣淡路守は、隠退後は風流な生活をした、温雅《おんが》な学者肌《がくしゃはだ》の人です。

規範国語読本　新装版に寄せて

『規範国語読本』は、教育図書出版社である小社が昭和三十八年、中学校国語の副教材として刊行し、当時国語力の低下を憂慮していた全国の心ある先生方から支持されました。

本書の編纂者である保田與重郎《やすだよじゅうろう》は、かつて日本浪曼派《にほんろうまんは》という文学運動を率いた論客であり、我が国の歴史や美を顕彰する数々の名作を産みだした昭和を代表する文人です。本書は保田與重郎が作品選定から解説にいたるまで、すべてをみずから行ないました。そして監修は、その師であった文豪佐藤春夫《さとうはるお》がすすんで引き受けたのです。

国語の真髄《しんずい》やその美しさを知りつくしたこの二人の文学者が、正しい教養を培い、さらに日本人としての情緒・情操を育成するためには何が必要かを真剣に考え、出来上がったのがこの『規範国語読本』です。

国語力・読書力の低下がさらに深刻な問題となっている現在、この最高峰の文学者による国語読本を、装《よそおい》も新たに再び世にわかつことにいたしました。新装版にあたって、できるだけ初版当初の雰囲気を残そうと、収録作品や解説も当時のものをそのまま復元しています。

国語力の低下は国力の衰えや国情の紊《みだ》れにつながるものとして、常に大きな教育問題として取り上げられ、その対応が様々に議論されています。混迷深まる今日、本書が路傍の懐かしい道しるべのように、国民に、慎ましくも確かなる自信と安心を付与せんことを願ってやみません。また、国語副読本としてのみならず、ひろく大学の教養課程や生涯教育のテキストとしてもご愛読いただければ幸甚です。

（編集部）

【写真・図版提供】
アマナイメージズ　河井寛次郎記念館
菊水鉾保存会　北里研究所
中江藤樹記念館　日本カメラ博物館
芳賀ライブラリー　PANA通信社
早川彌比古　フォト・オリジナル
福岡市博物館　二川昭一
毎日新聞社
悠工房

規範国語読本

発行日　平成二十年三月十九日　新装版第一刷発行
令和二年十月二十五日　第五刷発行
著者　佐藤春夫・保田與重郎ほか
発行者　中川栄次
発行所　株式会社新学社
〒六〇七―八五〇一　京都市山科区東野中井ノ上町十一―三九
[URL] http://www.sing.co.jp/
DTP　株式会社昭英社
印刷・製本　大日本印刷株式会社
ISBN 978-4-7868-0171-6

[お問い合わせ先]
〒六〇七―八五〇一　京都市山科区東野中井ノ上町十一―三九
新学社一般書係　TEL 〇七五―五八一―六一六三